"十四五"普通高等教育规划教材

应用文写作

(第2版)

主　编　孙发禄　徐景宏
副主编　王长义　顾静瑶　舒伟光
　　　　赵　琼　何　叶

中国财经出版传媒集团
中国财政经济出版社
· 北京 ·

图书在版编目（CIP）数据

应用文写作 / 孙发禄，徐景宏主编. --2 版. --北京：中国财政经济出版社，2024. 7
ISBN 978 - 7 - 5223 - 3139 - 3

Ⅰ. ①应… Ⅱ. ①孙… ②徐… Ⅲ. ①汉语 - 应用文 - 写作 - 高等学校 - 教材 Ⅳ. ①H152. 3

中国国家版本馆 CIP 数据核字（2024）第 091794 号

责任编辑：田明晖　　责任校对：张　凡
封面设计：陈宇琰　　责任印制：史大鹏

应用文写作（第 2 版）
YINGYONGWEN XIEZUO

中国财政经济出版社 出版
URL：http：//www. cfeph. cn
E - mail：cfeph@ cfeph. cn

社址：北京市海淀区阜成路甲 28 号　邮政编码：100142
营销中心电话：010 - 88191522　编辑部电话：010 - 88190670
天猫网店：中国财政经济出版社旗舰店
网址：https：//zgczjjcbs. tmall. com
北京中兴印刷有限公司印刷　各地新华书店经销
成品尺寸：185mm × 260mm　16 开　11. 75 印张　285 000 字
2024 年 7 月第 2 版　2024 年 7 月北京第 1 次印刷
定价：40. 00 元
ISBN 978 - 7 - 5223 - 3139 - 3
（图书出现印装问题，本社负责调换，电话：010 - 88190548）
本社质量投诉电话：010 - 88190744
打击盗版举报热线：010 - 88191661　QQ：2242791300

（第2版）前言

“应用文写作”课程是国内外很多大学的必修课程，但是一些学生会问：“怎么大学还开写作课?”甚至有学生说：“不就是写文章吗?都学了十多年了，到大学还专门开写作课，真是浪费时间。”这至少暴露出学生存在三个“不知道”的问题：一是学生不知道“天外有天”，不知道他们在小学、中学虽然学了不少写作知识，也写过不少文章，但是是非常有限的；二是不知道大学要学的应用文写作与他们在中小学所学的一般写作有很大区别；三是不知道应用文写作的重要作用和学习该课的重要意义。

本书主要着力在两个方面：一是阐释应用文写作的基本理论和规律，使学生从根本上提高对应用文写作的理性认识；二是解读常用应用文体的写作，使学生能适应实际工作和生活的需要。

本书着力在三个方面求新：一是及时总结新时代应用写作的新经验，力求在写作方式和语体风格方面体现时代特色，比如如何运用网络资源和新时代的语言表达习惯等；二是在应用文种的选择上力求满足新时代的新要求，比如网络平台对新闻类型文体的更多需求；三是各文种例文选择上力求最新，贴近社会、工作和生活，调动阅读兴趣，满足学习要求。

此次修订《应用文写作》，是根据当前对大学生新的培养目标和要求，更有针对性地构建教材内容，主要突出以下特点：

一、以培养能力为主，突出实用性

全书各章节讲授内容共分两大部分，“写作基本理论”与“写作范例”，做到理论与实践相结合，培养学生的实际动手能力，使教材内容符合培养新型人才的质量与要求。

二、体例与案例相结合的编写设计，突出启发式教学

所选例文具有新颖性、专业性、典型性的特点，思考训练灵活多样，有利于启发学生的创新思维。

三、注重突出专业特点

在选择文体和范例时，都突出了专业性特点，使学生能够学以致用，有的放矢。

前　言

本书编写团队由富有深厚应用文写作研究理论和教学经验的科研教学一线教师组成，老、中、青教师共同研究探讨，既保留了成熟经验，又吸纳了新锐思路，具有较强的理论依据和使用价值。

在编写过程中，我们从一些优秀教材和网站上撷取了很多有价值的观点和资料，并得到了所在单位的大力支持，在此一并表示感谢！

《应用文写作》教材编委会

2024 年 4 月

目录

第一章　应用文写作基础 ………… 1

第一节　应用文的概念和作用 ………… 1
第二节　应用文的特点 ………… 3
第三节　如何学习应用文写作 ………… 5
思考·讨论·练习 ………… 6

第二章　党政机关公文 ………… 7

第一节　党政机关公文概述 ………… 7
第二节　报请性公文 ………… 15
第三节　指挥性公文 ………… 20
第四节　知照性公文 ………… 27
第五节　党政机关公文例文评析 ………… 37
思考·讨论·练习 ………… 52

第三章　事务文书 ………… 55

第一节　事务文书概述 ………… 56
第二节　计划 ………… 58
第三节　总结 ………… 62
第四节　调查报告 ………… 65
第五节　礼仪文书 ………… 70
第六节　条据 ………… 75
第七节　求职信 ………… 77
第八节　事务文书例文评析 ………… 80
思考·讨论·练习 ………… 98

第四章　商业文书 ………… 100

第一节　商品说明书 ………… 100
第二节　商品说明书例文评析 ………… 103

第三节　商业广告 …… 106
第四节　优秀广告词例文评析 …… 109
思考·讨论·练习 …… 110

第五章　新闻类文体 …… 112

第一节　新闻概述 …… 112
第二节　消息 …… 116
第三节　通讯 …… 124
第四节　新闻类文体例文评析 …… 129
思考·讨论·练习 …… 136

第六章　毕业论文 …… 137

第一节　毕业论文概述 …… 137
第二节　毕业论文的写作 …… 140
第三节　毕业论文例文评析 …… 152
思考·讨论·练习 …… 179

第一章

应用文写作基础

【本章导读】

人类社会产生文字之后，便开始了写作。随着社会的发展，人们在工作和生活中的交往越来越频繁，事情也越来越复杂，因此应用文的功能也就越来越多了。所谓应用文是人们在生活、学习、工作中为处理实际事务而写作，有实用性的特点，并形成惯用格式的文章。最早的写作，大部分都是为了解决实际问题，或为沟通关系而写，因此，应用文写作不仅源远流长，而且在社会生活中具有十分重要的地位。飞速发展的现代社会，应用文写作仍然发挥着不可代替的作用。可以说，应用文写作是现代人必备的一门写作技巧。本章主要对应用文写作进行简要的介绍，对应用文的概念、作用和特点做具体的分析，同时对本书的体例进行说明。

第一节

应用文的概念和作用

应用文写作是研究应用文的结构形式和写作规律的学科。应用文是人们在社会生活中为解决实际问题而撰写的文章的统称。它是人们在日常生活、工作和学习等实践活动中根据实际工作需要而撰写的具有相对规范格式的各种文体。是人类在长期的社会实践活动中形成的一种文体，是人们传递信息、处理事务、交流感情的工具，有的应用文还用来作为凭证和依据。

文章从功能来分，大致有两类：一类是文学作品；一类是应用文。文学作品的写作是作者为抒发主观感情，反映现实生活，进行艺术创作，如小说、诗歌、散文、戏剧等；应用文的写作是为了处理公务和个人事务，它的写作目的全在于应用，应用文的写作源远流长，人类社会产生文字之后，便开始了写作。它不是一种文体的名称，而是一类文章的统称，即为办事而写，为沟通关系而写，不是为欣赏和抒情而写。

应用文在我国古代便已出现。清代刘熙载在《艺概・文概》卷中说："辞命体推之即可为一切应用之文。应用文有上行，有平行，有下行。"辞命体是古代外交使节来往时相互应对的言辞，应用性很强，因为辞命的好坏往往牵涉影响两国的关系。这里，刘熙载提出的"应用文"是狭义的应用文，主要是指公务文书。从现代使用的角度看，应用文除了公务文书之外，还有私人事务应用文、经济事务应用文、法律事务应用文、毕业论文等。

在不同的历史时期，应用文作为统治者维护统治、管理国家社会个体和群体之间相互联系、传播信息的手段，在社会发展中发挥了难以估量的作用。魏文帝曾说过："盖文章，经国之大业，不朽之盛事。"（《典论・论文》）这里的"文章"，指的不是文学作品，而是泛指应用性的文章。在飞速发展的现代社会中，实用文体写作日益加强，科技发展一日千里，信息传播瞬息万变，但应用文在政治、经济、军事、文化领域所发挥的积极作用，仍然不可代替。现代社会，应用文的作用主要体现在以下四个方面：

（一）指挥管理作用

在机关、团体、企事业单位的公务活动中，应用文具有指挥管理的作用。例如，党政机关公文，便是管理国家的有效工具，它可以使中央的方针、政策、意图、指示、安排等逐层下达，深入到基层单位，变成全国人民的行动，达到管理的目的。反过来，基层单位的情况，也可以通过公文迅速地反映到中央，为中央制定正确的方针政策提供参考和决策依据。

（二）沟通协调作用

社会是一个整体，机关、团体、企业、个人之间因工作关系经常需要交流信息、互通情报、商协问题、协调步调。应用文能突破时间与空间的限制，是把国内各个地区甚至世界各国的有关单位及个人联系起来的有效工具，它起到沟通协调的桥梁作用，把人们紧密联系在一起，互相配合，加强协作，共同实现预定的目标。

（三）总结指导作用

在现代社会，我们面对新形势、新任务、新问题、新挑战，如何摒弃旧观念，从新的视角审视我们的工作，提高工作效率，争取最佳的经济效益和社会效益，是时代摆在我们面前的课题。这方面，很多行业、部门，在实际工作中创造了不少好经验。这些行业、部门的经验总结，不仅可以作为本行业、部门以后工作的指导，也可以为其他行业、部门提供借鉴，从而提高其工作质量，促进社会的发展。

（四）凭证依据作用

应用文常常记载了机关、团体、企事业单位和个体之间不同时期、不同地域、不同事件中的具体事实，它具有凭借和依据的作用。如团体或个人之间的交往、协调，只要订立了经济合同或字据，就有"立字为据"的说法，可以作为日后解决纠纷时的一个凭证；党政机关公文，它具有法定效力，是机关单位办事的依据、工作的指针，而且这些公文完成了其当时的特定任务之后，往往会作为文献资料归档保存，作为后人参考、查询、研究的依据。

应用文写作无论是在国内还是国外越来越受到人们的重视，应用写作课在我国高校早已普遍开设，成为一门基础必修课。各级组织录用人才，也把应用文写作能力作为一项重要考核项目。这就说明应用文写作的重要地位和使用价值，已成为越来越多人的共识。可见，学好应用文写作非常重要。

第二节

应用文的特点

应用文是帮助人们处理公私事务的工具，它涉及面广，使用频率高，实用价值大。可以说，处在社会关系中的人，谁也离不开应用文。一个有文化的人，更应该会使用应用文，会写一般应用文。但是，目前我们有相当一部分大学毕业生不会写或写不好应用文。有的大学生会写散文、诗歌、小说，却不会定计划，不会写总结，不会写请示，不会写报告，甚至写不好一张条据！这不能不引起我们的重视。

学好应用文，首先必须理解应用文的特点。应用文与其他文体相比，主要有以下几个方面的特点：

（一）实用性

这是其本质属性。应用文是人们物质实践活动过程中精神活动的文字表述。“远在上古时代，文学尚未发明，先民即以结绳记载事物，表达情意”，这就是“原始之应用文”。王安石提出的“要之以适用为本，不适用，非所以为器也”。正是以“用”为标准来衡量文章。刘熙载言：“辞命体，推之即可为一切应用之文，重其辞乃所以重其实也。”这也是强调文章的实用性。应用文的实用性特点使它鲜明地区别于欣赏性的文体。实用性就是有实际用途，应用文写作是为了解决现实中的实际问题，为了工作和生活的实际需要而写的，因此，每一篇应用文都应该在现实生活中发挥实际作用，缺乏实用价值的文章不能称为应用文。

（二）真实性

这是其生命。应用文“为解决现实中的实际问题而写”的特点，决定了其内容上的真实性。文学创作可以虚构，可以进行艺术加工，但应用文不可以。文章要解决实际问题，有实用价值，决不能离开真实确凿的现实状况，因此，应用文写作中所涉及的人与事，一定要确有其人其事，情节、数字、细节都不能虚构，否则，不仅不能达到解决现实生活中实际问题的目的，还会给工作造成很大的损失。

要做到真实，在写作时需要注意几个方面的问题：①要用正确的是非标准和辩证唯物主义的观点观察问题、分析问题、反映问题、处理问题，避免主观随意性；②进行调查研究，取得可靠材料，忌讳只凭印象，闭门造车；③引用时要反复核实查证，做到准确无误，决不可粗枝大叶，失去真实。例如，引用公众的话，应是公众的原话，不能任意改动；引用的文字，应有出处，以便核对；引用数字，要求准确，不能有差错。应用文要求绝对的真实，文学作品要求艺术的真实。

（三）规范性

这是其质量标准。应用文在长期的使用过程中，不断地规范化，形成了比较固定的格式。所谓格式，包括书写、排印、行款式样、结构层次、习惯用语、称谓、签署等。这些格式的形成大体有两方面的原因：一是“约定俗成”，如书信文件的称谓、祝颂语、落款等的格式；二是“法定使成”，如公文、法律、经济文书的格式。应用文在格式上的规范性，在其他非应用性文体中是少见的。因此，在写作时一定要注意应用文规范性的特点，使用正确的格式。当然，随着时代的演进，这些格式也不是一成不变的，但这种变化必须以社会公认为前提。

（四）简明性

这是其内容表达要求。应用文为解决生活中的实际问题而写的特点，决定了它在内容、结构、语言上应尽量简单、明确。因为要办事情，文章越简明，对方就越容易把握，办起事来效率也越高。

应用文内容的简明，主要指材料要典型、叙事要概括、观点要鲜明，可有可无的东西应该尽量去掉。

结构的简明，主要是指应用文的写作不像欣赏类文体一样要求写得跌宕起伏，实用性的特点决定了它在写作上一般是开门见山，结构越平直越好，条理越分明越好，力求使人们读了之后马上明白文章的意图。

语言的简明，是指应用文在表达上要求简浅明确，用通俗易懂的文字，简明扼要地把事情叙述清楚。表述时要去掉一切套话、空话和废话，杜绝啰嗦和累赘，用最简洁的文字，包含最多的信息量，做到“约而不失一词，简而不遗不缺”。

（五）时效性

这是其使用价值体现。应用文一般都在客观现实规定的有效时间内撰写完稿，超过了时限，就失去其效用。比如党政机关公文、计划、总结等，如果错过了时间，就失去了指导作用或参考价值。这就要求写作上及时迅速，快发快办，不能拖延时日，搞文件旅行，更不能“马后炮”，否则就会造成严重后果。

虽然应用文与文学作品都是对现实社会生活客观真实的反映，都是用语言文字表达作者的思想、情感，但它们之间有明显的区别，见表1－1。

表1－1

	应用文	文学作品
社会作用不同	治理国家、管理社会、规范行为	服务社会、教育人民、感化行为
适用范围不同	作者和读者的特指性	作者和读者的广泛性
思维方法不同	逻辑思维	形象思维
修辞方式不同	科学思维	艺术思维
语体风格不同	准确、简明、平实、得体	鲜明、生动、精练、含蓄
表达方式不同	叙述、说明、议论	叙述、说明、议论、描写、抒情

我们在中学阶段语文学习过程中，一部分学习和训练是以记叙文、散文等为主的文学性写作，一部分是以说明文、议论文等为主的应用文写作。我们要在理论上了解和掌握二者之间的差异，才能在实践中学会应用文写作。

第三节

如何学习应用文写作

作为一名大学生，学好应用文写作，一是提高自身素质的需要；二是提高活动质量的需要；三是增加择业和谋生手段的需要；四是积累人类智慧的需要。

前面讲过，要学好应用文，必须有基础写作功底，因为根深才能叶茂。那么怎样才能有这个功底呢？应该包括内容和形式两个方面：

内容上要注意求真意，即自己有什么要说的，而且确实值得说的，把它明确的表达出来，不要故弄玄虚。

形式上，即文字表达上要注意准确性，就是说有了好的想法，就还必须用准确的语言来表达。这就要求一个词也不能随便用，一处语法错误也不能有。在文字上下苦功夫，如不认真下番苦功夫，是不能达到这个水平的。

首先就得把自己的头脑锻炼得精密而有条理。因为表达首先是思维问题，是思想认识问题，是思路问题。正如冲洗照片一样，摄入佳景，底片清晰，才能冲出好的照片。有许多人写文章空话连篇，不但冗长，而且因为说了许多不必要的话，反而把事情说得不明白。究其原因，是“有很多人没用过功夫来研究各种权威的文学和科学的著作，没有用研究这些著作来训练自己的思想，使自己的头脑趋于精密和有条理，所以不能把存在于事物内部的条理正确的在文字上表达出来”。这是一段非常精要的论述，每个人都可以认真想想，自己是否也“没用过功夫”？如果没有，就应当从现在做起，切实做一做。只要开始这样做了，即用研究这些著作来训练自己的思想，用所学的正确理论去分析解决具体问题，用不了多长时间就会收到成效。

其次，还必须注意学习典范文章的用词造句、谋篇布局等。

上面说的是写作基础上的真功夫，这是应用文写作能力的根本。而应用文写作又有它的特殊性，要学好应用文写作，还要注意以下三点：

（一）掌握知识要点

阅读教材时，要带着问题去研究、提取知识要点，如各种应用文的性质、作用、使用范围、格式、构成要素、写作要求等。掌握知识要点很重要，比如掌握了计划的“5W1H”要素，再写计划时就不会有疏漏了。

（二）认真进行写作训练

做好写作训练才能将知识转化为能力。训练主要有两种：一是给你个材料，让你写篇应用文。这类题目，要根据材料和问题，设身处地地去思考，使你写出的文章切实可用，同时也要注意形式上符合文体要求。二是给你一篇应用文，让你评价或修改，这类题目取决于你对应用文知识的掌握程度，依赖于你的洞察力和语感。这里有思想认识问题，也有文字水平问题。

（三）在实践中学习

社会生活离不开应用写作。平时要留心阅读现实生活中的各种应用文，并运用学过的写作知识，予以分析和评价。要根据工作、学习、生活的需要，随时随地的写各种应用文，只有把应用写作知识运用到活动的各个环节中去，产生社会和经济效益，才算真正达到学习的目的。

勤写之余还要勤改，会改文章才会写文章。修改练习确实是提高写作水平的一个捷径。必须指出，所有名作家为什么写好了文章还再三的推敲、修改、加工呢？原因就是为了表达得更准确更恰当。要记住“文章是客观事物的反映，而事物是曲折复杂的，必须反复研究，才能反映得恰当”。

要修改好文章，要具备以下条件：

第一，要有现代汉语、古代汉语以及逻辑方面的知识，这好比裁缝裁剪衣裤，医生给病人诊病一样。裁缝掌握了这把尺子，就可以衡量大小尺寸；医生知道了人体的常态，就可以诊断病人的病情。如果不具备这些方面的知识，就很难发现问题并加以改正了。

第二，要有比较丰富的正确的语感。没有丰富的正确的语感，就很难发现文章中的错误，更谈不上修改。

第三，具体修改时，须注意两点：一是先反复研读一两遍要改的文章，只有读完一整篇才能知道全文说的是什么，也才能知道大毛病是什么，小毛病是什么，打算怎么改。没有通读全文，看一句改一句，必多不当。二是要因势利导，顺着原作者的意思来改，不可以把自己的意思强加于人。为了得到更好的效果，最好先把要改的地方用记号标出来，让原作者改，然后再交修改人改。

第四，需强调的是，应用文写作能力是人的综合能力的体现，他与写作者的阅读、经验，教养、理论水平、道德情操、语言文字水平等都有密切关系。所以，要想真正提高应用写作水平，不但要读有字书，还要读无字书，要在更深广的德智体美劳全面发展的基础上培养写作能力，使文章的参天大树植根于各方面的深厚修养的沃土之中。

思考·讨论·练习

1. 应用文与一般文学作品的区别是什么？
2. 应用文的特点是什么？

第二章

党政机关公文

【本章导读】

党政机关公文又可称为“法定公文”，是因为其种类、格式等国家有关部门都有专门的严格规定，2012 年 7 月 1 日起施行的《党政机关公文处理工作条例》，就是其中最为重要的规定，应当认真了解和把握。公文写作应力求文种选用正确、格式规范、语言合乎要求。

党政机关公文的概念、特点、分类及构成要素和写作要求，各类公文的主要用途都必须清楚了解、掌握。使用频率较高、应用范围较广的文种有：通知、通报、报告、请示、函、会议纪要等，须能写、会用。

第一节 党政机关公文概述

一、党政机关公文的定义和作用

（一）公文的定义

党政机关公文（以下简称“公文”）是党政机关实施领导、履行职能、处理公务的具有特定效力和规范体式的文书，它是传达贯彻党和国家的方针、政策，发布党政机关法规和规章，施行党政机关措施，请求和答复问题，指导、布置和商洽工作，报告情况，交流经验的重要工具。

制发、执行和处理公文是党政机关一项重要的履行职能和开展工作内容，作为党政机关及工作人员必须全面掌握和熟练运用党政机关公文，才能胜任工作；作为社会组织及成员必须在知晓和贯彻党和国家的路线、方针、政策，遵守党和国家法律法规的前提下进行组织活动，才能达到组织目的、实现组织的定期目标，创造出更大更好的社会价值和经济价值。

（二）公文的作用

作为党政机关实施管理的重要工具，公文的作用是多方面的，这里仅介绍其中主要的几个方面：

1. 上传下达，沟通协调

党政机关在管理国家事务时，用公文将上级机关的政策、措施等传达给下级机关，下级机关也用公文将情况、问题等向上级机关汇报。不相隶属的机关之间也用公文交流信息、商洽问题，以此达到上情下达、下情上传、互相沟通、协调一致的目的，使各级机关之间的工作正常有序地开展。

2. 指导作用

上级机关既用公文向下级机关传达重要的方针、政策、法令法规，也通过公文对下级机关请示的问题表明看法和态度，指导下级机关的工作。

3. 凭据作用

公文是贯彻党和国家方针、政策，发布法令法规的载体，具有法定的效力。它体现发文机关的意图，是受文机关制定措施，安排工作的依据。公文是公务活动的真实记录，一经整理、归档之后，便成为具有重大价值的档案资料，可作为历史研究的可靠凭证。

4. 沟通作用

党政机关各种公文都有沟通信息和联系公务作用，党政机关公文含有大量确实的信息，是党政机关、企事业单位、人民团体间进行沟通、协调的纽带和工具，也是联系公务的重要手段。

5. 宣传教育作用

大多数公文都阐明党和国家方针政策，讲清指导思想和原则，表明立场观点，说明道理和办法，具有较强的宣传教育作用。

二、公文的特点

公文主要有以下特点：

（一）政治性

公文具有传达贯彻党和国家方针政策，处理党政机关事务的重要职能，其内容必须与党和国家的各项方针政策相一致，必须站在党和国家以及人民的立场想问题、办事情，才能发挥其应有的作用。

（二）权威性

公文的制发者，是依照法律和一定的组织程序产生的法定机关及其负责人，它代表的是法定机关或组织的意图。因此，公文具有法定的权威，对其受文机关有强制阅读、强制执行等不同程度的强制效力，受文机关若违反或置之不理，就要受到党纪政纪的处分或法律的制裁。

（三）规范性

公文是实施具体领导和管理任务的工具。为了维护公文的权威性、严肃性，提高公务处理的效率，中央办公厅、国务院办公厅印发了《党政机关公文处理工作条例》，从公文文种的选用、公文格式、行文规则到公文的起草、校核、签发、办理等都作出了统一的规定。因此，公文的撰写和处理，必须按制度办理，不能另搞一套。

（四）特定性

公文与一般文章不同，它有特定的作者和读者。公文的作者，必须是法定的机关（组织）或其负责人。机关负责人以个人名义制发的公文，也不是以个人身份行事，而是以该机关负责人的身份行使职权。公文的读者也有特定性，一般公文不是任何人都可以阅读的，特别是机密公文，它的读者范围更小。

（五）庄重性

庄重性是指公文的文风。公文的风格，宜庄重严肃，不能寓庄于谐。因为作为策令载体的公文，是处理公务的依据，一字入公文，九牛拔不出，差之毫厘，失之千里。因而，在公文的撰制中，态度必须严肃认真，结构必须严密完整，措施必须准确无误，从而构成了公文庄重严肃的文风。

三、公文的种类和格式

（一）公文的种类

《党政机关公文处理工作条例》中所规定的党政机关公文共15种：包括决议、决定、命令（令）、公报、公告、通告、意见、通知、通报、报告、请示、批复、议案、函和纪要。

1. 决议

适用于会议讨论通过的重大决策事项。

2. 决定

适用于对重要事项作出决策和部署、奖惩有关单位和人员、变更或者撤销下级机关不适当的决定事项。

3. 命令（令）

适用于公布行政法规和规章、宣布施行重大强制性措施、批准授予和晋升衔级、嘉奖有关单位和人员。

4. 公报

适用于公布重要决定或者重大事项。

5. 公告

适用于向国内外宣布重要事项或者法定事项。

6. 通告

适用于在一定范围内公布应当遵守或者周知的事项。

7. 意见

适用于对重要问题提出见解和处理办法。

8. 通知

适用于发布、传达要求下级机关执行和有关单位周知或者执行的事项，批转、转发公文。

9. 通报

适用于表彰先进、批评错误、传达重要精神和告知重要情况。

10. 报告

适用于向上级机关汇报工作、反映情况，回复上级机关的询问。

11. 请示

适用于向上级机关请求指示、批准。

12. 批复

适用于答复下级机关请示事项。

13. 议案

适用于各级人民政府按照法律程序向同级人民代表大会或者人民代表大会常务委员会提请审议事项。

14. 函

适用于不相隶属机关之间商洽工作、询问和答复问题、请求批准和答复审批事项。

15. 纪要

适用于记载会议主要情况和议定事项。

根据公文的行文方向，可分为以下三类：

1. 上行文

即由下级机关向上级机关呈送的公文。如报告、请示、议案等。

2. 下行文

即由上级机关向下级机关发送的公文。如决议、决定、命令（令）、公报、公告、通告、通知、通报、批复等。

3. 平行文

即不相隶属的机关之间来往联系的公文。主要是函等。

有些公文的行文方向并非绝对固定，在不同的情况下有不同的归属，行文可多向的。如意见、纪要等。

根据公文内容的性质和作用，公文又可分为以下三类：

1. 报请性公文

即下级机关向上级机关呈送的陈述性、请求性公文，用于汇报工作、反映情况、请示问题或请求帮助。如报告、请示、议案等。

2. 指挥性公文

即上级机关向下级机关或有关人员发送的公文，用以领导、指挥和指导下级机关或有关人员的工作。如命令（令）、决议、决定、批复等。

3. 知照性公文

即上级机关发布的、需要相关机关和有关人员周知或遵照的公文；或不相隶属的机关之间联系工作，交流情况、互通信息、商洽问题时所使用的公文。如公报、公告、通告、通知、通报、函和纪要等。

（二）公文的格式

公文的格式，指的是公文的组成要素和各要素在版面上的位置及公文的用纸、装订的规格等外部形式。公文的格式是公文规范化的体现，是有关组成公文的各部分文字符号在载体上排列方式的规定。特定规范的格式是公文区别于其他实用文的特点之一。

其作用是提高机关工作效率，便于归档和查阅文件。

《党政机关公文处理工作条例》第三章对公文的格式作了具体的规定。并颁布了《党政机关公文格式》国家标准（GB/T9704－2012）。因此，公文的办理一定要严格按照公文格式国家标准执行。完整的公文格式，由版头、主体、版记三大部分组成。公文首页红色分隔线以上的部分称为版头；公文首页红色分隔线（不含）以下、公文末页首条分隔线（不含）以上的部分称为主体；公文末页首条分隔线以下、末条分隔线以上的部分称为版记。

1. 版头部分

版头由7个要素组成，其中发文机关标志、发文字号和版头中的分隔线是每份文件的必备要素，是版头部分所不能缺少的。份号、密级和保密期限、紧急程度、签发人则可根据需要而确定是否标志在版头部分。

（1）份号。即公文印制份数的顺序号。当同一文件印制多份时，将文件从1开始按顺序排列的顺序号，便是该份文件的文件份号，一般用6位阿拉伯数字。如“份号：000012”，即表示这份文件是该文件总印发数中的第12份。一般公文不用标份号，涉密及重要公文要标明份号，便于分发和回收。公文份号顶格编排在版心左上角第一行。

（2）密级和保密期限。是指公文内容涉及的秘密等级。秘密等级分为绝密、机密、秘密三等。如需标注密级和保密期限，一般用3号黑体字，顶格编排在版心左上角第二行；保密期限中的数字用阿拉伯数字标注。秘密等级位于文头左上角，文件份号之下。

（3）紧急程度。有送达和办理时限要求的公文，应根据时限紧迫程度，标明“特急”或“加急”。如需标注紧急程度，一般用3号黑体字，顶格编排在版心左上角；如需同时标注份号、密级和保密期限、紧急程度，按照份号、密级和保密期限、紧急程度的顺序自上而下分行排列。

（4）发文机关标志。由发文机关全称或规范化简称加“文件”构成，也可以使用发文机关全称或者规范化简称。如“吉林省人民政府文件”“中共长春市委员会文件”。发文机关标志居中排布，上边缘至版心上边缘为35mm，推荐使用小标宋体字，颜色为红色，以醒目、美观、庄重为原则。因此，人们常把公文称为“红头文件”。

联合行文时，如需同时标注联署发文机关名称，一般应当将主办机关名称排列在前；如有“文件”二字，应当置于发文机关名称右侧，以联署发文机关名称为准上下居中排布。

（5）发文字号。由机关代字、年份、顺序号组成。编排在发文机关标志下空二行位置，居中排布。年份、发文顺序号用阿拉伯数字标注；年份应标全称，用六角括号“〔〕”括入；发文顺序号不加“第”字，不编虚位（即1不编为01），在阿拉伯数字后加“号”字。代字，发文机关代字必须是发文机关最具代表性、特征性、最精练的简缩，采用之后不轻易改变。如国发〔2020〕19号，“国发”代表国务院制发的公文，〔2020〕是年份，用四位阿拉伯数字完整书写，外加六角括号，不能简写，不能用圆括号，不用加“年”。“19号”是发文顺序号，每年从1开始，按发文顺序依次排列，上行文的发文字号居左空一字编排，与最后一个签发人姓名处在同一行。

（6）签发人。代表发文机关批准并签发该份公文的领导者。上报公文一般应注明签发人姓名。在发文字号的同行右侧，由“签发人”三字加全角冒号和签发人姓名组成，居右空一字，编排在发文机关标志下空二行位置。“签发人”三字用3号仿宋体字，签发人姓名用3号楷体字。如有多个签发人，签发人姓名按照发文机关的排列顺序从左到右、自上而下依次均匀编排，一般每行排两个姓名，回行时与上一行第一个签发人姓名对齐。

（7）版头中的分隔线。发文字号之下4mm处居中印一条与版心等宽的红色分隔线。

2. 主体部分

版头分隔横线（不含）以下、公文末页首条分隔线（不含）以上的部分，包括公文标题、主送机关、正文、附件说明、发文机关署名、成文日期和印章、附注等要素，是整份公文最主要的部分。

（1）标题。公文标题应当准确简要地概括公文的主要内容。完整的标题由发文机关加事由加文种构成，如《中共中央　国务院关于构建更加完善的要素市场化配置体制机制的意见》《国务院关于同意设立江西内陆开放型经济试验区的批复》。一般用2号小标宋体字，编排于红色分隔线下空二行位置，分一行或多行居中排布；回行时，要做到词意完整，排列对称，长短适宜，间距恰当，标题排列应当使用梯形或菱形。标题中除法规、规章名称加书名号外，一般不用标点符号。

（2）主送机关。即对此公文负责办理或答复责任的机关。准确地写明主送机关，是公文发出后得到及时有效地处理的关键。主送机关编排于标题下空一行位置，居左顶格，回行时仍顶格，最后一个机关名称后标全角冒号。如主送机关名称过多导致公文首页不能显示正文时，应当将主送机关名称移至版记中。

（3）正文。正文是公文的核心部分，不同的文种有不同的写法，本章在以后各节具体讲述。此处只介绍正文的位置。公文首页必须显示正文。一般用3号仿宋体字，编排于主送机关名称下一行，每个自然段左空二字，回行顶格。文中结构层次序数依次可以用“一、”“（一）”“1.”“（1）”标注；一般第一层用黑体字、第二层用楷体字、第三层和第四层用仿宋体字标注。

（4）附件说明。附件是正文不便于表述，对正文进行补充、说明或参考材料或公文，如图表、照片、典型材料等，是公文主体不可分割的部分。如有附件，在正文下空一行左空二字编排“附件”二字，后标全角冒号和附件名称。如有多个附件，使用阿拉伯数字标注附件顺序号（如“附件：1. ×××××”）；附件名称后不加标点符号。附件名称较长需回行时，应当与上一行附件名称的首字对齐。

（5）发文机关署名、成文日期和印章。成文日期是指公文生效的法定时间，以发文机关负责人签发的日期为准；联合发文的，以最后一个发文机关负责人的签发日期为准。成文日期一般右空四字编排，印章用红色，不得出现空白印章。

单一机关行文时，一般在成文日期之上、以成文日期为准居中编排发文机关署名，印章端正、居中下压发文机关署名和成文日期，使发文机关署名和成文日期居印章中心偏下位置，印章顶端应当上距正文（或附件说明）一行之内。

联合行文时，一般将各发文机关署名按照发文机关顺序整齐排列在相应位置，并将印章一一对应、端正、居中下压发文机关署名，最后一个印章端正、居中下压发文机关署名和成文日期，印章之间排列整齐、互不相交或相切，每排印章两端不得超出版心，首排印章顶端应当上距正文（或附件说明）一行之内。成文日期中的数字用阿拉伯数字将年、月、日标全，年份应标全称，月、日不编虚位（即1不编为01）。

（6）附注。注明公文的发布范围或请示事项的联系人及联系方式等。如有附注，居左空二字加圆括号编排在成文日期下一行。

3. 版记部分

文尾部分包括抄送机关、印发机关和日期、印发份数。

（1）版记中的分隔线。版记中的分隔线与版心等宽，首条分隔线和末条分隔线用粗线（推荐高度为0. 35mm），中间的分隔线用细线（推荐高度为0. 25mm）。首条分隔线位于版记中第一个要素之上，末条分隔线与公文最后一面的版心下边缘重合。

（2）抄送机关。是指不负责公文的办理和执行，但又与公文的内容有关，需要了解知晓内容的机关。它可以是发文机关的上级机关，也可以是其下级机关。公文的抄送应根据工作的需要，不能滥送，也不能漏送。

如有抄送机关，一般用4号仿宋体字，在印发机关和印发日期之上一行、左右各空一字编排。“抄送”二字后加全角冒号和抄送机关名称，回行时与冒号后的首字对齐，最后一个抄送机关名称后标句号。

（3）印发机关和印发日期。公文的印发机关指的是负责公文印刷、发送的单位，一般是机关的办公厅（室）。印发日期是指文件印制完成或发出的时间。印发机关和印发日期一般用4号仿宋体字，编排在末条分隔线之上，印发机关左空一字，印发日期右空一字，用阿拉伯数字将年、月、日标全，年份应标全称，月、日不编虚位（即1不编为01），后加“印发”二字。版记中如有其他要素，应当将其与印发机关和印发日期用一条细分隔线隔开。

公文的文字从左到右横写、横排。少数民族文字按其习惯书写、排版。在民族自治地方，可并用汉字和通用的少数民族文字。

公文的用纸采用国际标准A4型（长297毫米、宽210毫米），左侧装订。张贴的公文用纸大小可根据需要而定。

公文的印装规格依照国家标准《国家党政机关公文格式》执行。

（三）公文的行文规则

1. 行文应当确有必要，讲求实效，注重针对性和可操作性。

2. 行文关系根据隶属关系和职权范围确定。一般不得越级行文，特殊情况需要越级行文的，应当同时抄送被越过的机关。

3. 向上级机关行文，应当遵循以下规则

（1）原则上主送一个上级机关，根据需要同时抄送相关上级机关和同级机关，不抄送下级机关。

（2）党委、政府的部门向上级主管部门请示、报告重大事项，应当经本级党委、政府同意或者授权；属于部门职权范围内的事项应当直接报送上级主管部门。

（3）下级机关的请示事项，如需以本机关名义向上级机关请示，应当提出倾向性意见后上报，不得原文转报上级机关。

（4）请示应当一文一事。不得在报告等非请示性公文中夹带请示事项。

（5）除上级机关负责人直接交办事项外，不得以本机关名义向上级机关负责人报送公文，不得以本机关负责人名义向上级机关报送公文。

（6）受双重领导的机关向一个上级机关行文，必要时抄送另一个上级机关。

4. 向下级机关行文，应当遵循以下规则

（1）主送受理机关，根据需要抄送相关机关。重要行文应当同时抄送发文机关的直接上级机关。

（2）党委、政府的办公厅（室）根据本级党委、政府授权，可以向下级党委、政府行文，其他部门和单位不得向下级党委、政府发布指令性公文或者在公文中向下级党委、政府提出指令性要求。需经政府审批的具体事项，经政府同意后可以由政府职能部门行文，文中须注明已经政府同意。

（3）党委、政府的部门在各自职权范围内可以向下级党委、政府的相关部门行文。

（4）涉及多个部门职权范围内的事务，部门之间未协商一致的，不得向下行文；擅自行文的，上级机关应当责令其纠正或者撤销。

（5）上级机关向受双重领导的下级机关行文，必要时抄送该下级机关的另一个上级机关。

5. 同级党政机关、党政机关与其他同级机关必要时可以联合行文。属于党委、政府各自职权范围内的工作，不得联合行文。

党委、政府的部门依据职权可以相互行文。部门内设机构除办公厅（室）外不得对外正式行文。

四、公文写作的基本要求

（一）公文的内容必须符合国家法律、法规和方针政策

公文是党政机关对国家、社会进行管理的重要工具，具有法定的效力，是下级机关开展工作的依据。如果公文的内容与国家方针政策和法律、法规相抵触，必然给国家的管理和社会秩序的维护带来很多麻烦，甚至使社会处于混乱状态。

（二）情况确实、观点鲜明、条理清楚、篇幅力求简短

公文必须实事求是地反映事实的真相，表述时态度要明确，条理清晰，篇幅力求简短，人们才容易理解、领会、把握、贯彻和执行，才能提高公文的办事效率，发挥公文的作用。

（三）语言明晰、简朴、庄重

公文的用词用字必须准确、规范，这是公文写作的基本要求。人名、地名、数字、引文要准确，引用公文应先引标题，后引发文字号；日期应当写具体的年、月、日；必须使用国家法定的计量单位。另外，公文的权威性和严肃性，决定了公文的语言必须简朴、庄重。

第二节

报请性公文

一、议案

（一）议案的定义与特点

议案是各级人民政府按照法律程序向同级人民代表大会或人民代表大会常务委员会提请审议事项的一种公文。

议案具有以下特点：

1. 法律性

议案与一般公文不同，它从提出到处理，都有一定的法律程序。议案的提出，必须是由具有法定议案权的权力机构——人民政府，在人民代表大会规定的截止日期之前，送交会议的专门机构研究审查。审查通过之后，才可提交大会讨论、表决，一旦表决通过，就具有法定效力。

2. 可操作性

议案的提出，是经过较长时间的深入调查研究，并听取多方面的意见，形成一定的办法、措施之后，才用文字固定下来的。因此，议案提出的解决问题的方案，一般是比较成熟的，具有可操作性的。

3. 行文方向的固定性

议案的受理者只能是同级人民代表大会或其常务委员会，除此以外，不能向其他任何机关或单位行文。

（二）议案的分类

议案按所涉及的内容可分为：立法议案、政治议案、任免议案。

（三）议案的写作方法

1. 标题

议案的标题由发文机关名称＋事由＋文种三部分组成，如《国务院关于提请审议设立海南省的议案》。标题中关于议案内容的概括必须准确、清楚。

2. 主送机关

议案的主送机关就是议案提出者人民政府的同级人民代表大会或其常务委员会。

3. 正文

正文一般包括三方面：

（1）提交议案的缘由，即说明提出议案的理由和依据；

（2）提交审议的事项，如果事项是提请任免领导人，就直接列出要求任免何人、何职即可；若被提请审议的事项是比较具体详细全面的，可在正文之后随文附上提请审议事项的草案。

（3）结语，通常用“现提请审议”或“现提请审议批准（决定）”等作结语。

4. 落款（发文机关和发文日期）

议案多用议案提出机关负责人的名义签署，并在姓名前冠上职务。议案的署时应是议案的提交日期而不是最后通过的日期。

（四）写作要求

（1）议案提出的事项，必须是在法定的职权范围之内，议案的提出时间，必须在大会规定的截止日期之前，否则受文机关都将不予受理。

（2）议案提出之前必须经过深入广泛的调查研究，周密的思考和充分的论证，以确保所提交审议的事项切实可行。

（3）议案的语言应当准确、简洁、朴实。缘由表述清楚便可，不必展开论述、说理。

二、报告

（一）报告的定义与特点

报告是向上级机关汇报工作，反映情况，答复上级机关询问的公文，属上行文。

报告便于上级机关及时地了解基层和下级机关的情况，制定正确的方针政策，切实指导下级的工作；下级机关也能通过报告使上级机关了解本单位的实际情况，及时得到上级的指导和帮助，因此，报告是机关单位中使用率最高的公文之一。在使用中，报告主要有三个特点：

1. 汇报性

凡正在进行的或已经完成的工作，为了让上级机关或业务主管部门及时掌握工作进程和工作结果，下级机关都可撰写报告，以使上级机关准确地了解下情，有效地进行指导。因而汇报性是报告最显著的特点。

2. 陈述性

报告主要是向上级汇报工作，反映情况，在行文时，应以陈述为主，将有关事件、情况如实地、客观地陈述清楚，以便上级能够作出判断。

3. 总结性

报告主要是对本机关和单位的工作、情况和问题进行总体概述，说明工作成绩做法和经验的；分析出现情况和产生问题的原因及解决的办法或努力方向。这些具有显著的总结特点，可以称为总结的公文化。

（二）报告的种类

1. 工作报告

下级机关向上级机关汇报一段时间里工作的情况，如工作进程、经验、取得的成绩或存在的问题等。

2. 情况报告

下级机关就职权范围内新近发生的重大情况或突发事件向上级机关进行汇报。它不局限于某一具体工作，强调时效性。

3. 答复报告

用于回答上级机关的查询或询问，或报告上级交办工作的办理结果。

4. 报送报告

下级机关向上级机关说明报送的文件或物件的情况。

（三）报告的格式与写法

报告一般由标题、主送机关、正文、落款等部分组成，报告要有签发人。

1. 标题

报告的标题由发文机关＋事由＋文种组成，如《全国人民代表大会宪法和法律委员会关于〈中华人民共和国刑法修正案（十二）（草案）〉审议结果的报告》《国务院关于财政文化资金分配和使用情况的报告》《黑龙江省人民政府关于大兴安岭特大森林火灾事故和处理情况的报告》，标题中“事由”的概括应集中、明确。

2. 主送机关

报告的主送机关要求单一、有针对性。受双重领导的机关或单位，写情况报告时可同时主送两个同级上级机关或单位。

3. 正文

报告的正文通常由缘由、事项、意见和结语几部分组成。

（1）缘由。主要说明报告的原因，依据、目的或内容要点、结论等，不必冗长。再用“现将××报告如下”的惯用句式承上启下。

（2）事项。这部分是报告的核心，是报告的具体内容。不同类型的报告写法略有不同。工作报告先介绍工作的进展情况，接着总结经验教训，最后写今后的打算；建议报告一般先对问题作简要的分析，然后在此基础上提出切实可行的办法和措施；答复报告则就要求回答的问题（在答复时需简要提及）逐一作出答复；报送报告直接将有关情况写明白即可。

在具体写作中，陈述事实应抓住主要内容，突出重点，层次分明，条理清晰，语言简明扼要、平实朴素；分析要精练，说理由时不必详尽分析，只要把观点说明确，把主要理由点出即可。

（3）意见。有的报告要提出意见、办法和措施。这个层次要认真考虑，因为汇报工作、反映情况的目的，主要在于改进工作和解决问题。

（4）结语。报告一般使用惯用语言作结，如“特此报告”“专此报告”“以上报告，请审阅”“以上报告，如有不妥，请指示”等。也有的报告不写结语。

4. 落款

落款处写明发文机关、成文日期，并加盖印章。

（四）写作要求

（1）报告内容必须是真实的，实事求是的。

（2）陈述事实完整清楚，观点鲜明。

（3）报告中不能夹带请求事项。

三、请示

（一）请示的定义与特点

请示适用于向上级机关请求指示、批准，属上行文。

请示是机关单位来往公文中较为常见的一个文种，当下级机关遇到权力范围之外或客观条件限制无力解决的问题，或规定必须得到上级许可方可行事的问题时，就可以用请示向上级请求帮助或批准。在实际的公文写作中，常有人将请示与报告两个文种错用。其实，请示与报告虽同为上行文，但它们从概念的定义与特点到写法都有很大的不同。

和报告相比较，请示的特点归纳起来有以下四个方面：

1. 超前性

从写作时间来说，报告更多的是写在事情发生之后，而请示要求事前行文，必须是在工作开展之前向上级机关呈送，得到上级机关的答复之后方可行事。任何该请示而没请示或未经请示便开展工作的做法都是不允许的。

2. 单一性

请示行文的单一性，《国家党政机关公文处理办法》中有明确规定，请示应当“一文一事”，不允许在同一个“请示”中请求解决两件或两件以上没有联系的事情。报告则可以一文一事，也可以一文数事。受文机关的单一性，请示的受文机关一般只写一个，如确实需要同时送呈其他机关，应当用抄送的形式。

3. 说明性

报告侧重于向上级陈述情况或意见，而请示主要是向上级说明情况，以求获得帮助。因此，请示在行文中必须说明请求的理由和要求帮助的内容。理由说得是否充分，要求帮助的内容说得是否具体、明白，关系到请求能否得到上级的批准。

4. 期复性

请示的目的在于向上级请求解决问题的指示或帮助，要求上级给予明确的答复。报告只是向上级汇报有关情况、提出建议，重在呈报，一般不要求答复。

（二）请示与报告的区别

1. 内容不同

报告是陈述性公文，内容较为复杂，有时一文多事；请示为请求性公文，内容较为单一，必须一文一事。

2. 要求不同

报告一般不要求上级机关给予答复，请示则要求上级机关及时、明确地给予答复。

3. 时限不同

报告可在事前、事中、事后行文，请示必须在事前行文。

4. 结语不同

请示要有结语；报告对结语没有明确的要求。

（三）请示的种类

根据请示目的不同，可将其分为以下两类：

1. 请求指示的请示

下级机关在工作中遇到无章可循的新问题或对上级有关文件的理解不明确时，应向上级行文请求指示；内部人员在解决问题时有意见分歧也可向上级请求裁决。这类请示都属请求指示的请示。

2. 请求批准的请示

下级机关在工作中处理超出本机关权力范围的问题，如人员编制、机构的设置与调整、经费预算、本机关制定的法规或决定以及对重大问题的处理方法等，请求上级的批准、允许的请示，属请求批准的请示。

（四）请示的格式和写法

请示的内容比较单一，写法上变化也不大，一般由标题、主送机关、正文和落款等构成。请示在格式上要有签发人和附注。

1. 标题

请示的标题由发文机关＋事由＋文种组成，如《吉林省发展改革委关于申报第二批国家产教融合试点城市的请示》《山东省教育厅关于变更聊城大学东昌学院办学地址的请示》。需要注意的是，“请示”已含有“申请”“请求”的意思，所以标题中不应再出现其他有关“申请”之类的词语。

2. 主送机关

请示只能写一个主送机关。

3. 正文

正文部分由请示缘由、请示事项、结语三项内容构成。

（1）请示缘由。这部分是请示事项的依据，主要写请示事项的原因、背景，这部分写得如何，很大程度上影响到上级的态度。因此，请示缘由应写得充分、必要，充分是指缘由的全面性，应多侧面、多角度找缘由；必要是指缘由的深刻性、重要性，把完成事项与否和机关或单位工作最终目标联系起来。如果缘由比较复杂，可分条列出。

（2）请示事项。请求上级帮助、批准、答复的具体事项。事项要写明确，内容较复杂可分点列出。具体就是指质和量有明确要求。

（3）结语。根据请示内容的不同，结语有不同的写法。一般用如下几类惯用语作结：“以上意见，当否，请指示”“以上请示，请批复”“以上请示如无不当，请批转有关单位贯彻执行”等。

4. 落款

写发文机关署名、成文日期和印章。

5. 附注

写明本机关或单位负责请示事项的联系人及联系方式。

（五）写作要求

1. 理由充分，要求合理、明确

提出要求之前应先说明理由，理由越充分，越有说服力，要求就越容易被满足。因此，在说明请示原因时要有理有据，提出的要求要实事求是、具体明确，否则，不得要领，不知要求解决什么，都会影响上级机关的答复。

2. 语气委婉、得体

写作要注意行文语气。请示是请求上级的帮助和批准，因此，语气应谦和、委婉，体现对上级的尊重，同时也要恳切，体现解决问题的迫切性和决心。

3. 不得越级请示，不得抄送下级机关

各级党政机关不得越级请示，因特殊情况必须越级请示时，应当征得上级机关的同意并抄送被越过的上级机关。请示是上行公文，不得同时送下级机关。

第三节

指挥性公文

一、命令（令）

（一）命令（令）的定义与特点

命令，简称令。适用于公布党政机关法规和规章、宣布施行重大强制性措施、批准授予和晋升衔级、嘉奖有关单位和人员。命令带有强制性和指挥性，属于下行文。

命令（令）的特点主要有：

1. 严肃性

命令（令）宣布的内容都是比较“重大”的强制性措施或重要的法规规章，因此，行文体现出比一般公文更为强烈的严肃性。

2. 强制性

凡是以命令（令）形式发布的公文，不管下级机关意见如何，情况怎样，都必须毫无条件地贯彻执行。如果有令不行，就会受到惩处。

3. 特定性

命令（令）的制发者有特别的限定，不是任何机关、个人都能发布的。根据规定，只有中华人民共和国主席、国务院总理、国务院各部部长、各委员会主任以及县以上各级地方人民政府首脑，才能发布命令。其他工作或行业中的“命令”，都不属于公文“命令”的范畴。

（二）分类与适用范围

命令根据其内容和目的主要分为以下三种：

1. 发布令

适用于发布依照有关法律制定的党政机关法规和规章。

2. 党政机关令

适用于宣布施行重大的强制性党政机关措施。

3. 嘉奖令

用于嘉奖有突出贡献的单位或个人。

（三）命令的写作方法

命令的结构主要由标题、编号、正文和落款几部分组成。

1. 标题

命令的标题有两种形式，一种是“发文机关＋文种”，如《中华人民共和国国务院令》《中华人民共和国全国人民代表大会常务委员会委员长令》；另一种是“发文机关＋事由＋文种”，如《广东省人民政府关于清理道路检查站的命令》。

2. 编号

命令的编号有两种形式，由中央人民政府和国家首脑颁发的命令，采用单独编号，从首脑任职开始按顺序依次编号，直到其任期结束。下一任重新编号。

地方政府颁发的命令，其编号形式与一般公文一样，直接用该份命令的发文字号作编号。

3. 正文

命令的正文部分包括命令缘由和命令事项。不同类别的命令写法有所不同。

发布令：通常省略命令缘由，只写命令事项，即发布的法规、条例，及何时开始执行。法规、条例的全文紧接在命令之后，作为命令的一部分同时颁布。

党政机关令：党政机关令正文的缘由部分要简明扼要地陈述原因，不必详尽阐述。命令事项的措施部分则要写得明确、具体。

嘉奖令：嘉奖令缘由部分应把嘉奖的原因写清楚，以教育群众。

4. 落款

落款包括署名和成文日期。署名可以是发文机关名称，也可以是发令人职务和姓名。署名的下方为成文日期。

（四）写作要求

（1）内容必须符合有关法律、政策，根据《中华人民共和国宪法》的权限依法使用命令（令）。

（2）用词用字准确、简练，结构严谨，态度鲜明。

（3）语气肯定、果断、有力。

二、决议

（一）决议的定义与特点

决议，适用于会议讨论通过的重大决策事项。

决议的特点包括：

1. 权威性

决议是经过党政机关的会议讨论通过生效的，决议的内容事关重要决策事项，一经公布，全党、全国上下都必须坚决执行。

2. 指导性

决议表述的观点和对事项的评价具有指导意义。决议必须是与会人员经过充分讨论的产物。决议通过的观点和对事物的评价，所属单位都要遵循。

3. 决议使用范围有严格的规定

一是只有法定的权力机关才能使用，如各级人民代表大会，各政党、人民团体的代表大会；二是决议的内容必须是重大事项，如通过某项法律等；三是要遵照严格的法律程序会议通过。

（二）决议的种类

1. 纲领性决议

在党的代表大会或全国人民代表大会上，对某个重要问题进行科学分析，作出公正论断，用来统一思想的决议。这种决议一般篇幅较长。

2. 程序性决议

会议对某份重要文件（如大会工作报告、党章修正案等）经法定程序进行讨论并表明同意或者通过后，提出若干政策性措施或者指示性要求，连同所通过的文件一起下发，用程序性决议。

（三）决议的写法

决议主要由标题、成文时间和正文三部分组成。

1. 标题

决议的标题有两种写法：

第一种由“发文机关＋事由＋文种”组成，如《全国人民代表大会常务委员会关于批准国务院增发国债和2023年中央预算调整方案的决议》。

第二种由“会议名称＋事由＋文种”组成，如《中国共产党第二十次全国代表大会关于十九届中央委员会报告的决议》。

2. 成文时间——决议正式通过的日期

决议的成文日期不像其他公文放在正文后面，而是放在标题下用小括号注明。具体写法有两种：

第一种，如果公文标题中已经包括会议名称，成文日期只需写（××××年×月×日通过）即可。

第二种，如果公文标题中没有会议名称，成文日期则需要注明（××××会议××××年×月×日通过）。

3. 正文

主要由决议缘由、决议事项和结语三部分组成。

（1）决议缘由：一般简要说明有关会议审议决议涉及事项的情况，陈述作出决议的原因、根据、背景、目的或意义。

（2）决议事项：写明会议通过的决议事项，或会议对有关文件、事项作出的评价决定，或对有关工作做出的部署安排和要求、措施。

（3）结语：一般紧扣决议事项有针对性地提出希望、号召和执行要求。有的决议可不单列这部分。

（四）纲领性决议和程序性决议的写法

1. 纲领性决议的写法

（1）纲领性决议的前言部分，一般说明会议作出决议的原因、根据或者目的等，有时前言可以省略。接下来用“作出如下决议”作为过渡句，引出决议的具体事项。

（2）决议事项部分，一般采用小标题形式，列出具体的事项。

（3）结语部分，一般是提出希望或者要求。

2. 程序性决议的写法

（1）“引据”，一般指什么会议审议了什么文件。“评价”，即对该文件进行简明扼要的评价。“结论”，即对该文件审议评论的结语，或“批准”“同意”，或“原则同意”“基本同意”等。即什么会议讨论通过了（审查、批准）谁的工作报告或制定的什么文件。例如，第十四届全国人民代表大会第二次会议听取和审议了国务院总理李强所作的政府工作报告。会议充分肯定国务院过去一年的工作，同意报告提出的2024年经济社会发展的总体要求、政策取向和工作任务，决定批准这个报告。

（2）介绍会议有关情况，每一段开头一般用“会议认为”“会议强调”“会议要求”等习惯用语来引出每一段的正文内容。如果正文内容较多，可采取小标题形式，分序排列。内容单一的，可以一段到底。

（3）结语部分，一般是“会议号召”“会议希望”等开头，并提出要求。

三、决定

（一）决定的定义与特点

决定适用于对重要事项作出决策和部署、奖惩有关单位和人员、变更或者撤销下级机关不适当的决定事项。

决定是党政机关中使用较多的一种公文。机关、团体或企事业单位都可用决定对一些重大事项或重大行动作出安排，如方针政策、规章制度的发布，或机构编制、人事安排，或有关单位和个人的表彰、处分等，都可用决定。从决定的内容和发布后的执行情况看，决定的特点主要有以下三个方面：

1. 重要性

决定所发布的事项都是重大事项和重大行动。这些事项有些与党和国家的重大方针政策有关，带有全局性或具有重大意义和影响，如《全国人民代表大会常务委员会关于召开第十届全国人民代表大会的决定》；也有一些决定只在局部范围内产生影响，如单位机构的调整或人事安排的决定，但对本单位来说也是非常重要的。

2. 政策性

决定所涉及的内容一般是对重大问题的态度和处理方法，一经发布，就对下级机关和有关人员的活动产生指导和规范的作用，因此，决定的内容必须与党和国家的方针政策相一致，否则会给工作带来很多麻烦。

3. 制约性

在党政机关公文中，决定的强制性可以说仅次于命令。决定是上级机关通过会议研究、讨论之后作出的，一经发布，就有强制下级机关及有关人员贯彻和执行的法定效力，下级机关及有关人员不能以任何借口拒绝执行。决定的改变必须经过一定的法律程序。

（二）决定的分类与适用范围

决定的分类方法有多种，按其效力可分为以下两种：

1. 指挥性决定

这类决定公布之后，要求有关单位和人员必须贯彻执行。如对某些重大事项或重大行动作出的决定以及提出的政策措施和要求，要求在一定范围内得到贯彻。

2. 知照性决定

这类决定主要是将决定的事项让公众知晓，没有具体执行的要求。如表彰决定、处分决定、人事安排决定、机构设置的决定等。按内容涉及的范围又可分为全局型和个案型决定；

按内容性质又可分为政策型、部署型、法规型、奖惩型决定。

（三）决定的写作方法

决定的结构由标题、主送机关、正文和落款四部分组成。

1. 标题

决定的标题有两种形式：一是“发文机关＋事由＋文种”，如《吉林省人民政府关于2023年度吉林省科学技术奖励的决定》；二是省略发文机关，由事由和文种构成标题，如《有关处理“×××”事故的决定》。标题正下方用括号注明决定通过的时间或由什么会议通过。

2. 主送机关

决定有时不写主送机关，有时写主送机关，这要根据决定的内容和发放范围而定。

3. 正文

正文部分由决定缘由、决定事项和结尾三部分组成。

（1）决定缘由。这部分的内容包括作出决定的原因、背景、依据或目的，可根据决定内容选择具体内容进行写作。这部分是作出决定的前提，因此，理由要写充分，表达要简洁明了，理由较多可用序号或小标题列出。理由陈述结束后常用“特作如下决定”或“经会议研究决定”等句子过渡到第二部分。

（2）决定事项。这部分主要写针对缘由部分所作出的具体决定事项。事项的表述要明确清楚。事项较多、内容较复杂时，可以用序号加小标题的形式分条列项地表述，使人一目了然，便于抓住各层次的中心。

（3）结尾。结尾部分的内容可以对本决定的贯彻提出要求，也可以是从总体出发提出希望，也有的决定将这部分与事项部分结合起来写。

4. 落款

落款写发文机关名称，如果标题中已有发文机关，则此部分可省略。

（四）写作要求

（1）必须以有关政策和法律作为制发决定的依据。

（2）决定的依据要充分，有理有据，陈述简明扼要，中心突出，使人信服。

（3）用字准确，态度鲜明，便于下级领会发文机关的看法和意见，正确执行决定的措施和要求。

四、批复

（一）批复的定义与特点

批复是答复下级机关请示事项的公文，是上级机关对下级机关请示的问题作出的明确的答复，是一种下行文。批复主要有以下三个特点：

1. 针对性

从批复的内容来讲，批复的内容是针对下级机关所请示的事项，一项一项有针对性地作出批示和答复，下级机关请示什么就答什么，不能答非所问，这是批复最主要的特点。从主送机关来说，也有针对性，即哪个机关送来的请示，哪个机关就是这份批复的主送机关，涉及的相关机关则作为抄送机关。

2. 权威性

下级机关遇到重大的、权限之外的、无能力解决的事情，才向上级机关请求批准和指示，上级机关用批复针对这些问题作出明确的答复，什么事情可以做，什么事情不许做，代表着上级机关的态度和权力，下级机关必须遵照执行。因此，批复具有极大的权威性。

3. 指导性

上级机关给下级机关的批复，代表了上级机关的权力和对问题的态度，往往是有关方针和政策的体现，是下级机关开展工作的依据，具有指导作用。

批复虽然是针对请示而发，但也不是每一份请示皆用批复回复，一般是下级机关请示的问题较重要但涉及面不是很广时，上级机关才用批复；如果请示的是一般性、局部性的问题，则可以用“函”回复；如果请示的问题较重要，而且涉及范围广泛时，上级机关可以用通知将请示转发给有关机关、部门，或将批复抄送有关机关、部门，甚至公开发表。

（二）批复的写作方法

批复是针对请示作出明确答复的，一般篇幅不长，其结构由标题、主送机关、正文和落款构成。

1. 标题

批复的标题形式通常有以下几种：

一是“发文机关＋事由＋文种”，如《国务院关于支持中国（浙江）自由贸易试验区油气全产业链开放发展若干措施的批复》《××省教育厅关于××学院开设××专业的批复》。

二是在标题中表明发文机关的态度，如《国务院关于同意设立江西内陆开放型经济试验区的批复》《吉林省经济贸易委员会关于同意在长春市举办汽车商品展销会的批复》。

要注意的是，标题要集中概括出请示事项。

2. 主送机关

批复的主送机关即是请示的发文机关。

3. 正文

正文部分由批复引语、批复事项和结语组成。

（1）批复引语。批复是被动发文，因此，常在开头先引述下级机关来文（即请示）的时间、标题、发文字号，也有只引发文字号作为批复的根据，再加上“收悉”，表示来文已收到，然后一般可用“现就有关问题批复如下”或“现批复如下”等过渡性句子引出批复事项。

（2）批复事项。批复事项主要针对请示内容作出明确的答复和具体的指示。批复的写作要态度鲜明，同意或不同意，要写清楚。对于同意的问题，可直截了当地表明态度，作出具体指示，不必说明原因和依据；对于不同意的问题，除表态外，应简述原因。内容要简短明确，内容较多时可分条列写。

（3）结语。批复一般以“特此批复”或“此复”等惯用语作结。也可省略，有时视情况需要还可在结语部分提出要求和希望。

4. 落款

落款署发文机关名称、成文日期，加盖印章。

（三）写作要求

1. 掌握内容，了解情况

要认真研究请示的事项，了解情况是否属实，是否符合当前工作的需要，是否符合党和国家的方针政策、法令法规，必要时要作深入的调查。

2. 态度明确，批复全面

对于下级所请示的事项，准许做还是不准许做，应明确表明态度，不批准的要简单讲明原因。批复问题时要全面，对所有问题都要有交代。

3. 注意时效，迅速及时

请示是事前行文，下级机关要在得到上级机关的答复之后才能开展工作，如果上级机关不尽快作出批复，就会贻误工作。

五、意见

（一）意见的定义与特点

意见适用于对重大工作或重要问题提出见解和处理办法，属于计划类的公文。

意见的特点归纳起来，主要有以下两点：

1. 多向性

意见的多向性特点表现在行文方向上，意见主要是对工作进行指导和部署的指示性公文，由上级机关向下级机关表明自己对问题的看法、主张，阐明开展工作、处理问题的方法和要求，是一种下行文；意见也可用作上行文，由主管部门向上级机关提出有关解决、处理问题的看法和建议；意见有时还可就某个方面的工作问题向不相隶属的机关提出建议、发出咨询、作出评估鉴定等，用作平行文。

2. 多样性

从内容、作用和效力方面看，意见具有多样性的特点。意见既可以对工作作出指导、提出要求，具有指导、规范的作用，表现出一定的权威性和约束力；意见也可以对工作作出建议、提出看法，或作出评估和鉴定，具有建议、参考的作用。这时它只作为决策时的参考，对受文对象没有多大的约束力。

（二）意见的分类

意见可以按行文的性质、内容、用途进行分类，也可按行文目的进行分类。

按行文目的，意见可分为以下三种：

1. 建议参考型

主要是下级机关向上级机关或平级机关就某个问题、某项工作提出自己的看法和建议。

2. 直接指导型

主要是上级机关直接对重要工作、问题作出指示和部署，指导下级机关开展工作。

3. 批转执行型

主要是由职能部门就具体问题提出处理方法，经上级机关同意后，批转或转发至有关的下级机关或单位参照执行。

（三）意见的写作方法

意见主要由标题、主送机关、正文和落款四部分构成，其具体写作要点如下。

1. 标题

意见标题由“发文机关＋事由＋文种”组成，如《中共中央 国务院关于全面加强新时代大中小学劳动教育的意见》《国务院办公厅关于应对新冠肺炎疫情影响强化稳就业举措的实施意见》《吉林省人民政府关于进一步做好利用外资工作的实施意见》。

2. 主送机关

即意见的主送机关。

3. 正文

意见的正文分为开头、主体和结尾三部分。

（1）开头。意见的开头部分一般是简要阐明行文的依据、目的或行文的背景或指导思想，然后常用“现就××提出如下意见”等过渡性语句提起下文。

（2）主体。意见的主体部分一般采用分条列项的形式。意见对看法、总体目标要求到具体的方法、步骤和措施提出具体清楚的指示性意见或建议性意见。看法要明确，主张什么，不主张什么要清清楚楚；提出的方法和措施要实实在在，具体可行，但又不能过于琐细或一刀切，既要让主送机关知道要做什么、如何做，又不能束缚他们的主观能动性。不同类型的意见各自的写作重点不同，一般来说，指示性的意见原则性较强、理论色彩较浓；建议参考性意见较为具体，可操作性强；评估性意见则以科学、客观的态度，用事实和数据对问题作出实事求是的结论。

（3）结尾。意见的结尾部分通常是就意见的实施作出说明。之后根据意见不同的类别选择恰当的结束语作结。如“以上意见，请结合实际情况贯彻执行”“以上意见仅供参考”或“以上意见如无不妥，请批转有关单位执行”等。

4. 落款

落款部分署发文机关名称、成文日期，加盖印章。

第四节

知照性公文

一、通知

（一）通知的定义与特点

通知适用于发布、传达要求下级机关执行和有关单位周知或者执行的事项、批转、转发公文。通知是机关团体、企事业单位公务活动中使用频率最高的一种公文。由通知的概念可以看出，通知有以下特点：

1. 广泛性

通知之所以会成为使用频率最高的公文，原因之一就是它适用的范围非常广泛。通知既可以用来传达上级机关的指示，批转下级机关的公文，转发上级机关和不相隶属机关的公文，也可用来发布规章，对下级布置工作或向有关单位传达需要周知或共同执行的事项，任免和聘用干部也可用通知让有关人员知晓、执行。另外，从通知的制发者来说，也具有广泛性，通知的制发者没有级别高低的限制，上到最高国家权力机关，下至基层机关、企事业单位，都可以制发通知。

2. 灵活性

从行文方向看，可以向下级机关行文，也可以向不相隶属的机关行文。从内容看，大到全国性的事项，小到单位内部一般事务，皆可用通知行文。从写作看，通知内容可繁可简，篇幅可长可短，在格式要求上不像一般公文那么严格，在发布形式上也比较灵活，可以用正式文件印发，也可以印白头通知，甚至被写在小黑板上，具有很大的灵活性。

3. 执行性

通知除周知事项外，更多的是要求下级机关予以执行或办理的事项，如布置的工作、发布的规章、转发的文件，要求下级机关必须组织学习讨论、执行和办理。

（二）通知的分类与适用范围

根据通知的适用范围，可将其分为以下类型：

1. 处理文件通知

主要是指对已有的文件进行处理。主要有印发通知、批转通知、转发通知。适用于转发上级机关、不相隶属机关的公文，批转下级机关的公文。印发有关文件。这类通知中，通知本身只作为“媒介”，被批转、转发的公文或印发文件的内容才是通知的主要内容。

2. 工作通知

适用于布置工作，向下级机关传达工作指示，交代工作任务等，要求下级机关办理，以及向有关单位传达需要周知或共同执行的事项。

3. 知照通知

告知下级单位某些事项的通知。

（三）通知的写作方法

通知的结构主要由标题、主送机关、正文和落款四部分组成。

1. 标题

通知的标题有两种构成形式：

一是由“发文机关 + 事由 + 文种”组成，如《国务院办公厅关于推广第三批支持创新相关改革举措的通知》《吉林省人民政府办公厅关于进一步确保粮食生产和安全及扩大“菜篮子”产品生产政策措施的通知》。

二是处理文件通知的标题，是由发文机关 + 转发或批转或印发 + 原文件名称 + 通知组成，如果是经由多次转发，或被转发和批转的文件也是通知的话，为简明起见，可酌情处理，省略某些发文机关、“关于”及文种名称。如《长春市人民政府办公厅关于转发〈吉林省人民政府办公厅转发国务院办公厅关于推广第三批支持创新相关改革举措的通知〉的通知的通知》中就出现了三个发文机关、两个“关于”、三个“通知”，显得拖沓冗长。根据规定，公文标题应当准确简要地概括公文的主要内容，一般应当标明发文机关，并准确标明公文种类。标题中除法规、规章名称加书名号外，一般不用标点符号，因此，可把上面这个标题改为《长春市人民政府办公厅转发国务院办公厅关于推广第三批支持创新相关改革举措的通知》。这类性质文件归纳起来有以下三种：

批转：对下级机关文件的处理。如“吉林省人民政府关于批转省财政厅吉林省权责发生制政府综合财务报告制度改革实施方案的通知”。

转发：对上级机关和不相隶属机关文件的处理。如“吉林省应急管理厅关于转发《应急管理部 工业和信息化部关于加快应急机器人发展的指导意见》的通知。”

印发：对本机关文件的处理。如《国务院办公厅关于印发国有金融资本出资人职责暂行规定的通知》。

2. 主送机关

与一般公文的格式相同。上行文的主送机关一般都是多个。

3. 正文

通知的正文一般包括通知缘由、通知事项、通知要求三部分。不同种类的通知在具体写法上有所不同。

（1）处理文件通知的写法。通常要在开头说明转发、批转和印发文件名称，接着表明发文机关的态度和看法，这是通知事项。接着对贯彻和执行文件提出要求，这是执行要求部分。在这类通知中，通知本身只是起到“媒介”的作用，印发或转发、批转的文件才是通知的主要目的，原文件附在正文之后，注意原文件不能用附件形式出现。

（2）工作通知的写法。工作通知在通知缘由、通知事项、通知要求方面比较完整。其内容写法具有计划性质，就是写清为什么做，做什么、怎么做。缘由部分就是为什么做，包括通知的背景、原因或依据，这几方面不必面面俱到，在叙述时应突出重点，将主要的，重要的原因或依据简明扼要地交代清楚即可。通知事项就是做什么、怎么做，要让下级机关明白要做什么、怎么做，叙述要具体明确，事项较多可分条列写。在缘由与事项之间通常用“现就有关情况通知如下”或“特通知如下”作为过渡。通知要求部分可以是对工作的强调，也可以提出要求或号召，或直接用“特此通知”作结。根据实际情况，也可省略。

（3）知照通知的写法。要求下级机关了解有关事项、人事任免、参加会议等。其内容比较简单，只要用明确的语言将通知的事项交代清楚就可以。

4. 落款

落款包括发文机关名称及成文日期，加盖公章。

（四）写作要求

（1）主题集中，重点突出，事项具体。

（2）语言通俗易懂，表达清楚。

二、通报

（一）通报的定义与特点

通报适用于表彰先进、批评错误、传达重要精神或者情况。通报和通知一样具有告知和传达的作用，但通报主要是告知正反面典型或有关重要情况，具有宣传教育的作用。通报的特点主要有以下三方面：

1. 教育性

通报通过对先进单位和个人的表彰，使受表彰者得到鼓舞，而其他单位和群众则受到教育，以受表彰者为学习的榜样，搞好工作；批评错误的通报则使其他单位和群众看清事件的性质，从中吸取教训，引以为戒，起到教育引导的作用。

2. 真实性

通报的撰写者在撰写通报之前，必须切实做好对通报事件的核实调查，确保真实、准确地反映事件，否则就会引起相反的作用，影响党和政府的威信。

3. 周知性

通报主要是将先进的事迹或错误的事例，重要精神或情况在一定范围内公布，它的受文对象不只是个别领导和当事人，而是包括一定范围内的群众。

（二）通报种类

通报按其内容可分为以下三种：

1. 表彰性通报

用于表彰先进的集体或个人，介绍他们的先进事迹，号召大家向他们学习。

2. 批评性通报

用于批评犯严重错误的集体或个人，公布他们的错误事实和对他们的处分，并分析他们的错误思想，找出错误的原因，为群众提供前车之鉴，引起大家的警惕。

3. 传达性通报

用于将上级机关掌握到的重要精神或情况向下级机关和有关人员传达，使他们更好地了解当前的工作情况。对当前的工作有一定的指导和参考意义。

（三）通报的写作方法

通报一般包括标题、主送机关、正文和落款几部分内容。

1. 标题

通报标题由“发文机关 + 事由 + 文种”组成，如《国务院办公厅关于对国务院第六次大督查发现的典型经验做法给予表扬的通报》《长春市人民政府办公厅关于2019年四季度全市政府网站检查情况的通报》。

2. 主送机关

专发性通报主送机关与一般公文相同，普发性通报可以不写主送机关。

3. 正文

不同类别的通报正文部分写法有所不同。

（1）表彰性通报。表彰性通报一般先概括介绍受表彰者的先进事迹，介绍事迹时应突出其主要事实或特征，详略得当，然后对事迹进行分析，概括和提炼事迹反映出来的思想品质、典型意义、主要经验、精神境界，这是写通报的关键，是写通报的重点和难点。接着写表彰决定，这部分具体说明给予何种奖励即可，应言简意赅。最后是希望和号召，可以对受表彰者今后在工作中继续发扬成绩，提出希望，或号召人们向受表彰者学习等，要言不烦。

（2）批评性通报。批评性通报先叙述批评对象的错误事实，对于时间、地点、人物要写具体，对重要环节叙述要具体详细，叙述要真实、准确。其次对他们的错误行为或思想进行分析，确定性质，找出原因，指明危害性，这是批评性通报写作的重点和难点。分析要中肯，实事求是。接着写明处分决定。最后针对事件提出补救或防范措施；也可提出要人们从中吸取教训或引以为戒的要求。

（3）传达性通报。传达性通报一般在开头先介绍通报的缘由，接着写通报的事项，这部分要概括地对事项进行总体的介绍，肯定好的、先进的方面，也要指出存在的问题。最后写上级针对事项提出的要求或希望。如果是涉及内容较复杂，事项较多的通报，可以将事项分成不同的类，按类进行介绍。

（四）写作要求

（1）做好调查核实工作，确保通报事例真实，把握好评议的分寸。

（2）通报事例典型突出，有一定的代表性。

（3）注重时效，及时通报，才能发挥通报应有的作用。

三、公报

（一）公报的定义

公报适用于公布重要决定或者重大事项，具有权威性、指导性和新闻性的特征。公报可以公开登报、广播，有的面向全国，有的面向全世界。

（二）公报的分类

按照不同的分类方式，公报可以分为不同的种类，主要有以下五种：

1. 会议公报

报道重要会议或会谈的决定和情报的公报。这种公报一般用于党中央召开的会议，例如，《中国共产党第十九届中央委员会第三次全体会议公报》。

2. 新闻公报

这是以新闻的形式将重大事件向国内外公布的文件，例如《上海合作组织成员国元首理事会会议新闻公报》。

3. 事项公报

政党的高级领导机关用以发布重大情况、重要事件的公报。高层党政机关、部门向人民群众公布重大决策、重要事项或重大措施时，也用此类公报。

4. 统计公报

党政机关和人民团体公开发布重大事件或重要决定事项统计数据的报道性公报，如《2022年全国收费公路统计公报》。

5. 联合公报

这是一种特殊用途的公报，用以发布国家之间、政党之间、团体之间经过会议达成的某项协议，如《中华人民共和国政府和柬埔寨王国政府联合公报》。

（三）公报的格式

不同种类的公报，格式是有所不同的，这里主要介绍会议公报的格式。

××××会议公报

（××××年×月×日×××××会议通过）

×××××会议，××××年×月×日在××××××举行。

会议的基本情况，包括会议的出席者、列席者、主持者、讲话者。

会议要解决的主要问题，或者会议召开的主要概况。

会议气氛，会议号召。

（四）公报的写作方法

与其他公文相比，公报没有发文机关署名，主要由标题和正文组成，联合公报有尾部。

1. 标题

公报的标题主要有三种形式。

（1）直接写文种“公报”或者“新闻公报”。

（2）会议名称和文种构成，即“××××会议公报”。

（3）联合公报的标题，一般由发表公报的双方或者多方国家的简称、事由、文种构成，如《中华人民共和国与汤加王国联合新闻公报》。

2. 正文

公报的正文主要包括开头和主体两部分。

开头，即前言部分。

（1）事项公报的开头，一般要求用最鲜明、精练的语言概括事件的核心内容，即什么时间、什么地点发生了什么事情。

（2）会议公报的开头，一般要求简要概述会议的基本情况，即会议名称、时间地点、人物等。

（3）联合公报的开头，一般要求概述公报的来由，即在什么时间、什么地方，谁与谁举行了什么会谈或者谁对谁进行了什么性质的访问等。

主体部分，是公报的核心部分。要求把公报的内容完整、系统地表达出来，一般有三种形式：

（1）分段式，即每一段说明一层意思或者一项决定；

（2）序号式，一般用于内容复杂，问题较多的公报；

（3）条款式，多用于联合公报。

3. 尾部

会议公报和事项公报，一般没有尾部。联合公报要在正文写完之后，标注双方签署人的身份、姓名、签署日期以及签署地点。

四、公告、通告

（一）公告、通告的定义与特点

公告是一种适用于向国内外宣布重要事项或者法定事项的公文。

通告是一种适用于在一定范围内公布应当遵守或者周知的事项的公文。

公告与通告具有以下共同特点；

1. 公开性

公告与通告的内容往往是公开的，因此可以采用特殊的发布形式，如登报、广播、张贴，甚至不用文本形式印发，其目的在于让公众知晓。

2. 重要性

公告公布的是政治、外交、法律等方面的重大事项，是国家大事。而通告周知的虽然不是国家大事，但也是一些与群众生活息息相关的，需要互相周知或共同遵守的事项，或是在一定范围内产生重要影响的大事。如《关于广州地区电话号码启用八位制的通告》，内容虽是一般性的，但是与一定范围的每一个人都有关系，是群众生活中的一件大事。

3. 知照性

公告和通告的内容，都有一定的知照性，有些是要让公众知道发生了什么事，有些则不仅要人们知道，还需要有关人员遵守某些规定。

（二）公告与通告的区别

公告与通告同样具有公开性、重要性、知照性的特点，但是两者也有一些不同之处：

1. 发布的范围不同

公告发布的对象是国内外的公众，一般通过报纸、广播发布，发布范围没有限制。通告发布的对象是国内一定范围内的公众，对象范围相对较小。

2. 事项的重要程度不同

公告宣布的大多都是会在国内外产生影响的重要的或法定的事项，其重要性显而易见。所以权力机关、党政机关不会轻易使用公告。通告宣布的事项则可以是影响全国的“大事”，也可以是只影响小范围的人员的“小事”。

3. 制发限制不同

各级政府机关都可以发布通告，而公告只有一定的权力机关、司法机关、党政机关才能发布。

（三）公告和通告的写作方法

公告和通告在写法上大致相同，其结构由标题、正文、落款三部分构成。

1. 标题

公告和通告的标题有以下几种形式：

一种是由“发文机关＋事由＋文种”构成，如《中国人民银行关于国家货币出入境限额的公告》；

一种是由“发文机关＋文种”构成，如《国务院公告》《中华人民共和国公安部通告》；

一种是由“事由＋文种”构成，如《关于维护学校秩序的通告》；

还有一种是只标明文种，如《公告》《通告》。

2. 正文

公告和通告的正文一般都包括公告（通告）缘由，公告（通告）事项和结语。

缘由：是发布公告（通告）的原因或依据，这部分的写作应开门见山，简明扼要。写完之后常用“现就有关事项公告（通告）如下”过渡到事项部分。如果公告（通告）内容较简单，也可省略缘由部分，直接进入事项部分的写作。

事项：部分写公告（通告）的具体内容，如果内容较多，可采用分条列款的形式，主次分明，使公众易于把握。有的通告在写完事项之后还写明执行要求。

结语：公告（通告）通常用“现予公告（通告）”“特此公告（通告）”“本公告（通告）从×××起实施”等作结语，也有的干脆省略结语。

3. 落款

落款处署名时，写发布公告（通告）的机关名称和公告（通告）发布日期，如果标题中已标明发文机关名称，则署名可省略。落款位于正文右下角，也有的公告（通告）将发布的日期用圆括号标于标题之下。

（四）写作要求

公告与通告都属于知照性公文，目的是要让公众知道其发布的内容，因此，语言要通俗易懂、简单明了，篇幅不宜过长。

五、函

（一）函的定义与特点

函适用于不相隶属机关之间相互商洽工作、询问和答复问题，请求批准和答复审批事项。不相隶属机关是指在组织上没有领导与被领导关系、在业务上没有指导与被指导关系的机关。

函的特点主要有以下两点：

1. 适应面广、灵活性强

函多为平行文，适用面很广，不相隶属的机关之间商洽工作、询问和答复问题，向有关主管部门请求批准，都可以用函。有时有隶属关系的上下级机关之间的一些一般性、事务性事项的询问和答复。

2. 短小精悍、务实性强

函一般用于解决具体的事务，内容实实在在、简单明了，篇幅短小、务实性强。

（二）函的分类和适用范围

根据函的适用范围，函分为以下几种：

1. 商洽函

用于不相隶属机关之间联系工作、商洽事宜。

2. 问答函

用于不相隶属机关之间就某个问题提出询问和作出答复。

3. 请批函

用于向不相隶属机关请求批准事项。使用请批函应弄清发文机关与主送机关的关系，将函与请示区别开来。请示是用于有隶属关系的上下级机关，下级机关用请示向上级机关行文请求批准重要事项；函主要用于不相隶属的机关之间。

4. 知照函

将本机关职权范围内情况、事项等告知不相隶属机关。

另外，根据行文方向还可将函分为去函和复函。去函，也叫发函，发文机关主动向主送机关发出的函；复函，发文机关被动地向主送机关的来函作出回复的函。使用复函时要注意与批复相区别：复函用于回复来函机关提出的有关事项，是不相隶属的机关之间的行文，批复则用于批准答复有隶属关系的下级机关的请示。

（三）函的写作方法

函的结构由标题、主送机关、正文和落款组成。

1. 标题

函的标题一般由发文机关、事由和文种三项内容构成，一般来说，函的种类在标题中也有所体现，去函的文种用“函”，复函的文种用“复函”。

商洽函在事由部分常用“关于商请办×××”的格式，如《关于商办×××的函》；

问答函事由部分常用“关于询问××”的格式，如《××市人大教科文卫委员会关于询问贯彻省九届人大常委会第×次会议情况的函》；

请批函事由部分常用“关于请（请求、要求）××”的格式，如《××大学关于请求申办驾驶员培训学校的函》；

知照函没有固定的格式，如《××省人大教科文卫委员会关于开展对省教育厅厅长述职评议调查的函》。

有时标题中的发文机关也可省略。

2. 主送机关

函的主送机关一般是一个。

3. 正文

函一般是一文一事，短小精悍。在写作时，去函和复函的写法有所不同。

（1）去函的写法。去函的正文一般有发文缘由、发文事项和结语。发文缘由简明扼要地说明发文的原因；发文事项写具体商洽、询问、请求批准或知照的事项；最后常用“可否？请函复”“请予批准”“请予协助（支持）”“特此函告”“特此函达”等语作结。结语应根据不同种类的函选用合适的惯用语。

（2）复函的写法。复函的正文一般由引语、回复事项和结语组成。引语部分引述来函的标题全称和发文字号后加“收悉”二字，标题用书名号，发文字号用圆括号括起。之后常用“经×××研究（同意），（现函复如下）”等惯用语引入回复事项部分，如“你局《关于特殊医学用途配方食品注册变更后产品配方和标签更替时限的请示》（沪市监特食〔2019〕132号）收悉。经研究，现函复如下：”。回复事项部分主要针对来函的事项逐一作出答复。若对来函问题持否定态度，可简单说明理由。复函的结语常用“特此函复”或“此复”等惯用语作结。

4. 落款

落款处写发文单位名称、成文日期、加盖公章。

（四）写作要求

1. 一函一事，简洁明快

函一般是一文一事，写作时开门见山，用简洁的语言将中心内容讲出来就行，切忌讲空话、套话、摆大道理。由于事项单一，直叙其事，因而篇幅短小，内容精悍。

2. 措辞得体，平等相待

函的写作一定要注意语言表达得体，对上级机关应态度谦恭；对于同级机关和不相隶属的机关，语气要平等、诚恳，尊重对方，不强人所难；对下级机关语气要温和，尊重对方。

六、纪要

（一）纪要的定义与特点

纪要是一种用于记载、传达会议情况和议定事项的公文。它以会议记录，会议文件或其他会议资料为基础，将会议的情况和精神摘要整理出来并形成文字，既可以向上汇报，向下传达，还可以被转发给有关单位，起到沟通情况、指导工作和知照事项的作用。

纪要的特点主要有以下几点：

1. 纪实性

纪要必须如实地反映会议的情况和精神，不能将之深化或拔高，更不能随意加进会议中没有讲到的事项。客观、真实、准确地反映会议情况和会议精神，是纪要的特点，也是纪要写作的基本要求。

2. 简要性

要，即主要的。纪要就是根据工作的需要将会议的主要精神和议定事项经过选择、整理之后，有条理、有重点、简明扼要地表述出来，并不是像会议记录一样“有闻必录”。

3. 知照性

纪要的目的是将会议的主要情况和主要精神整理出来，让没有参加会议的有关单位和人员也能知晓、了解。

4. 执行性

一般的会议只有会议记录，较重要的会议才能用纪要。因此，纪要所整理出来的主要精神和议定事项是较为重要的，它一经传达，与之相关的单位和人员就要遵守、执行，不能违背。

（二）纪要的分类

纪要主要可分为两类：

1. 议决性纪要

这类会议大多是就某一个具体的问题而召开的，纪要主要是将会上决定、议定的事项、布置的工作或达成的共识整理出来。这类纪要可以作为今后开展工作的指导和依据，往往要求有关机关、单位和有关人员共同遵守、执行。

2. 研讨性纪要

这类会议主要是研讨问题，交流经验，与会各方可以各抒己见，最后不一定达成共识或作出什么决议，纪要只要把各方的意见或观点客观地如实地整理出来，让没有参加会议的有关人员也能了解会议的情况就可以了。

（三）纪要的写作方法

纪要的写法比较灵活，较常见的写法包括标题、正文和落款三项内容。

1. 标题

纪要的标题一般由会议名称和文种构成，如《中国高等教育学会管理信息系统专业委员会第三届第一次理事会会议纪要》《市委常委会会议纪要》；也有的采用双行标题的形式，正标题反映会议精神，副标题说明会议的名称和文种。

2. 正文

纪要的正文主要由三部分组成。

（1）会议概况。这部分主要用比较简洁的语言介绍会议的主要情况，让读者对会议情况有个大体的了解，内容包括会议召开的时间、地点、会议的名称、议题，会议议程、出席人员、列席人员、缺席人员及主持者、记录者等要素。以上要素可根据实际情况需要有选择地进行交代。某些部分的内容还可移于正文最后。请看一份会议纪要的会议概况部分：

2019 年 4 月 29 日下午，市委书记 × × × 主持召开市委常委、副市长联席会议，通报省党政代表团赴广西、湖南学习考察情况和我市当前经济运行情况，研究下一阶段经济工作，并讨论决定有关事项。现纪要如下：……

这个会议概况简明扼要地介绍了会议召开的时间、主持人、会议名称和议题，出席人员、列席人员及缺席人员则放在正文最后交代。

（2）纪要内容。这部分是会议纪要的核心。这部分可以先简要介绍会议召开的背景或会议讨论的情况等。接着是根据会议的中心议题有主次、有重点地介绍会议的主要发言、会议的决定或达成的共识，以及安排的工作、采取的措施等。记录内容要充实，主题突出，观点鲜明。如果会议涉及的内容较复杂，可以采用综合式写法，即将会议内容按性质分成若干部分来写。如果会议涉及的内容相对简单的话，则可采用条项式的写法，即对某个问题进行讨论，最后作出什么决定，分条列出。

（3）结语。结语部分主要是对与会者或下级机关、有关人员提出希望和要求，也可交代有关会议的事项。有的纪要也将结语的内容结合在纪要内容中写，有时也可不用结语。

3. 落款

纪要一般由主持机关撰写，因此落款处写主持机关名称和成文日期（以会议结束时间为准）。落款部分有时也可省略。

第五节

党政机关公文例文评析

【案例1】

松原市人民政府关于提请审议2023年市本级财政收支预算调整方案（草案）的议案

市人大常委会：

今年以来，市本级新增一般债务转贷收支443040万元，专项债务转贷收支481500万元，同时受动用预算稳定调节基金、预算总支出增加等事项影响，收支变动幅度较大，需对市本级政府预算进行相应调整。按照《中华人民共和国预算法》及其实施条例有关规定，现将2023年市本级财政收支预算调整方案（草案）提请审议。

一、预算调整的主要事由

（一）增加举借债务因素。经省政府同意，2023年，省财政厅转贷我市新增政府债券100900万元，需纳入预算管理（一般债券17500万元、专项债券83400万元），拟用于23个政府投资项目（见附表3）。转贷再融资债券823640万元，需纳入预算管理（再融资一般债券425540万元、再融资专项债券398100万元），其中：用于偿还政府到期债券本金152740万元，偿还政府存量债务670900万元。

（二）调入预算稳定调节基金因素。因预算总支出增加，预算收支出现缺口，需动用预算稳定调节基金11441万元，用于保“三保”、偿还政府债务利息等刚性支出和弥补部分预算收支缺口。

（三）其他因素。一是一般公共预算执行中，增加拨付以前年度转移支付资金、新增人员经费、部门运转经费、上解上级和本级财力偿还政府债券到期本金、外国政府贷款本金等支出147289万元，减少年终结余310万元。二是政府性基金预算执行中，增加调出资金、年终结余、政府性基金预算资金偿还政府债券到期本金等13733万元，减少上年结转安排的项目（按决算数据实调整）、土地出让成本、债务付息等项目支出50821万元。

二、预算调整的主要内容

（一）一般公共预算收入。（略）

（二）一般公共预算支出。（略）

（三）政府性基金预算收入。（略）

（四）政府性基金预算支出。（略）

收支调整后，政府性基金预算保持平衡。

三、市本级债务限额余额情况

2023年松原市本级债务限额为242.11亿元（一般债务限额113.64亿元，专项债务限额128.47亿元），债务余额为242.01亿元（一般债务余额113.58亿元，专项债务余额128.43亿元）。

以上预算调整方案，请审议决定。

附件：1. 2023年松原市本级一般公共预算收支调整表
　　　2. 2023年松原市本级政府性基金预算收支调整表
　　　3. 2023年松原市本级政府债券资金安排项目情况表

松原市人民政府

2023年12月22日

【简评】

这是一则常规议案，标题由议案提出者、议案内容和文种三部分组成，完整、准确、清楚。正文先叙述提出议案的事由，接着提出审议事项，提请审议事项草案以附件的形式附于正文之后，行文简要，事项单一。有些议案的内容事项较多，应分条列项，写得具体明确。

【案例2】

关于报送我县2023年村办企业财务检查整顿工作总结的报告

××市人民政府：

现将我县2023年在全县范围内开展村办企业财务检查整顿工作的总结报上，请审阅。

附：县2023年村办企业财务检查整顿工作总结

××县人民政府（印）
2024年1月10日

【简评】

这是一份报送报告，标题采用“事由＋文体”的形式，正文直接写明报送文件，省略了事由。文件的具体内容以附件形式附送。结语省略。这份报告虽然篇幅短小，但内容清晰、明确。

【案例3】

中华人民共和国主席令

第十四号

根据中华人民共和国第十四届全国人民代表大会常务委员会第六次会议于2023年10月24日的决定：

一、免去李尚福的国务委员、国防部部长职务。

二、免去秦刚的国务委员职务。

三、免去王志刚的科学技术部部长职务；

任命阴和俊为科学技术部部长。

四、免去刘昆的财政部部长职务；

任命蓝佛安为财政部部长。

中华人民共和国主席　习近平
2023年10月24日

【简评】

这是一则任免令。正文内容是任免职具体人员的职务，一般是先免后任。落款是国家主席和成文日期。

【案例4】

关于进行防空警报试鸣的请示

市政府：

为了促进人民防空宣传教育，使广大市民正确识别防空警报信号，警醒世人牢记历史，勿忘国耻，进一步增强国防观念和人民防空意识，依据《中华人民共和国人民防空法》的规定，拟定于9月18日上午9时30分对全市防空警报器进行试鸣。

按照国家有关规定，防空警报分为预先警报、空袭警报、解除警报，其中：预先警报鸣36秒，停24秒，反复3遍，时长3分钟；空袭警报鸣6秒，停6秒，反复15遍，时长3分钟；解除警报长鸣3分钟。

妥否，请批示。

（联系人：王新春 联系电话：1394388××××）

松原市人民防空办公室

2023年9月5日

【简评】

这是一份请求批准的请示。标题由事由和文种构成，请示标题的事由应具体明确。正文包括三部分，请求事由部分说明了防空警报试鸣的目的和作用，理由比较充分；请示事项是“进行防空警报试鸣”，清楚明确，对于防空警报试鸣具体过程提出了具体的安排和措施；最后用“妥否，请批示”这类请示惯用语作结。

【案例5】

吉林省人民政府关于2023年度
吉林省科学技术奖励的决定

吉政函〔2023〕80号

各市（州）人民政府，长白山管委会，各县（市）人民政府，省政府各厅委办、各直属机构，驻吉中直有关部门、单位：

为深入贯彻落实习近平新时代中国特色社会主义思想和党的二十大精神，省政府决定对在吉林发展振兴过程中体现新担当、实现新突破、展现新作为的科学技术人员和组织给予奖励，授予“高效催化加氢材料基础研究”等4个项目吉林省自然科学奖一等奖、“面向低碳水污染治理与资源化的光催化表界面调控”等34个项目吉林省自然科学奖二等奖、“痕量物质高效富集、分离和超灵敏检测”等36个项目吉林省自然科学奖三等奖；授予“低缺陷氮化铝材料制备关键技术及其深紫外光电器件”等3个项目吉林省技术发明奖一等奖、“无人协作自组织平台接入控制与数据链路通信关键技术与应用”等3个项目吉林省技术发明奖二等奖；授予“近地空间激光通信组网技术及应用”等28个项目吉林省科学技术进步奖一等奖、“基于吉林一号遥感卫星的空间目标探测技术”等73个项目吉林省科学技术进步奖二等奖、“红旗高智能核心检测装备关键技术研究与数字化应用”等99个项目吉林省科学技术进步奖三等奖；授予中国科学院长春光学精密机械与物理研究所迪特尔·宾贝格教授吉林省国际科学技术合作奖。希望获奖个人和单位珍惜荣誉，再接再厉，持之以恒弘扬科学家精神，努力在新起点上展现新作为，创造新业绩。

全省广大科技工作者要以获奖者为榜样，深入贯彻落实习近平总书记在新时代推动东北全面振兴座谈会上的重要讲话精神，在科学研究道路上再攀高峰、再创佳绩、再造辉煌，为推动吉林全面振兴率先实现新突破作出新的更大贡献。

附件：2023 年度吉林省科学技术奖获奖项目名单

吉林省人民政府

2023 年 12 月 17 日

（此件公开发布）

【简评】

这是一则表彰性决定。正文的第一部分，是发布决定的原因和目的。第二部分，是决定的具体事项。第三部分，提出希望和要求。“此件公开发布”，点明了决定的发布范围。

【案例 6】

教育部关于同意南开大学章程部分条款修改的批复

教政法函〔2024〕2 号

南开大学：

你校送审的章程修正案收悉。

经审核，该章程修正案符合《中华人民共和国高等教育法》和《高等学校章程制定暂行办法》规定，现予核准。

请你校重新印发新修订的章程，向本校和社会公布。自公布之日起 30 日内，将电子文本和正式文本（一式两份）报我部备案。

特此批复。

附件：南开大学章程修正案（2023 年核准稿）

教育部

2024 年 1 月 8 日

【简评】

这是一份针对请示事项作出指示的批复。标题由发文机关、事由和文种构成，正文写明请示机关，然后写明批复意见，并提出具体要求，这份批复结构完整，措辞准确，便于下级接受和安排工作。

【案例7】

吉林省人民政府办公厅关于
进一步完善医疗卫生服务体系的实施意见

吉政办发〔2023〕21号

各市（州）人民政府，长白山管委会，各县（市）人民政府，省政府各厅委办、各直属机构：

为贯彻落实《中共中央办公厅　国务院办公厅关于进一步完善医疗卫生服务体系的意见》（中办发〔2023〕10号），推动全面建立优质高效的医疗卫生服务体系，经省政府同意，提出如下意见。

一、总体要求

以习近平新时代中国特色社会主义思想为指导，深入贯彻党的二十大精神，全面落实省第十二次党代会和省委十二届历次全会部署，坚持以人民健康为中心，贯彻新时代党的卫生与健康工作方针，加强组织领导、深化部门协同、压实工作责任，到2025年，全省医疗卫生资源配置和服务均衡性逐步提高，重大疾病防控、救治和应急处置能力明显增强，医疗卫生服务体系进一步健全；到2035年，形成体系完整、分工明确、功能互补、连续协同、运行高效、富有韧性的整合型医疗卫生服务体系。

二、扩容优质医疗资源

（一）推进区域医疗中心建设。协同推进4个国家级区域医疗中心和吉林市、通化市、延边州3个省级区域医疗中心项目建设，提高我省东部和南部区域疑难危重症和重点病种治疗水平，补齐严重影响我省人民健康的心脑血管疾病、恶性肿瘤、呼吸系统疾病等领域的学科短板，缩小与输出医院重点病种治疗水平间的差距，减少跨省、跨区域就医，推进分级诊疗制度建设取得突破性进展。

（二）加强临床重点专科建设。完善国家及省市县四级临床重点专科体系，聚焦需求较大和跨区域就医占比较高的心血管系统、神经系统、急危重症、恶性肿瘤、呼吸系统等相关专科，以满足重大疾病防控和临床需求为导向，支持省内高水平医疗机构建设临床重点专科。“十四五”期间，力争建设不少于50个国家临床重点专科、50个省级临床重点专科、110个市级临床重点专科，以高水平重点专科建设引领区域医疗技术进步。

（三）加快卫生健康科技创新。围绕重大疾病、重大传染病等健康问题和健康产业发展需求，深化疾病防治、公共卫生科研攻关体系和能力建设。加强医药科学前沿基础研究、关键技术研发、成果转移转化、医药产品开发和适宜技术推广。支持医疗卫生机构、医学科研机构、医药企业联合开展医药科技创新，促进“医产学研用”良性互动。

（四）强化卫生健康人才培养。推动乡村医生队伍向执业（助理）医师转变，实施“一村一名大学生村医”培养计划，培养一批源于本乡本土的乡村医生。深化医教协同，落实毕业后教育和继续教育。推进全科医生队伍建设，加强全科专业住院医师规范化培训，实施助理全科医生培训、全科医生转岗培训、农村订单定向医学生免费培养。重点加强儿科、影像、病理和检验等临床重点专科和紧缺人才培养，注重老年健康、职业健康、医养结合、托育服务等相关领域人才开发培养。

三、夯实基层医疗卫生服务基础

（五）提升县域综合服务能力。持续实施县级医院综合能力提升工程（“千县工程”），改善县医院基础设施条件和诊疗环境。推动省、市优质医疗资源向县域下沉，持续实施万名医师支援农村工程和三级医院对口帮扶县级医院措施。创建全国基层中医药工作示范市（县），支持有条件的县级中医医院建设2个中医特色优势专科、建设1个县域中医适宜技术推广中心。

（六）推进县域医共体建设。发挥县级医院的城乡纽带作用和县域龙头作用，形成县乡村三级医疗卫生机构分工协作机制，构建三级联动的县域医疗服务体系，到2025年实现紧密型县域医共体县（市）全覆盖。推进紧密型县域医共体实行县乡一体化管理，打造责任、管理、服务、利益共同体。鼓励妇幼保健、疾病预防控制、结核病防治、精神疾病防治等卫生机构加入医共体，进行专业技术指导。鼓励社会办医疗机构和康复医疗、老年护理和安宁疗护等服务机构加入医共体。

（七）提高基层医疗服务能力。加强乡镇卫生院和社区卫生服务中心规范化建设，实施“优质服务基层行”活动和社区医院建设三年行动计划。岗位总量超过60个的乡镇卫生院、社区卫生服务中心（站），可根据实际需要按比例设置专业技术正高级岗位。城市医生在晋升主治医师或副主任医师职称前，到基层或对口帮扶的医疗机构累计服务不少于1年。实施“县聘乡用、乡聘村用”一体化管理，引导助理全科医生到村卫生室工作。加强基层医疗质量管理，开展基层医疗卫生机构绩效考核。

（八）做实家庭医生签约服务。推进以全科医生为主体、全科专科有效联动、医防有机融合的家庭医生签约服务。完善并落实基本公共卫生服务经费、医保基金和居民个人共同负担家庭医生签约服务费政策。鼓励二、三级医院的全科医生通过多点执业，下沉基层医疗卫生机构加入家庭医生队伍，以基层医疗卫生机构为平台开展签约服务。鼓励有条件的中医诊所组建家庭医生团队开展签约服务。

四、提升医疗服务质量

（九）健全现代医院管理制度。坚持和加强党对医院工作的全面领导，严格落实党委领导下的院长负责制，健全公立医院议事决策机制，健全维护公益性、调动积极性、保障可持续的公立医院运行新机制。把法治建设融入公立医院管理运行的全过程，发挥法治在公立医院改革发展中的基础性、保障性作用。强化公立医院预算执行，不断提高预算资金使用效益。持续开展二、三级公立医院绩效考核，强化急危重症、疑难病症诊疗，提高三级医院四级手术、微创手术占比。开展中医医院评价考核和绩效考核，探索建立体现中医药特点的现代医院管理制度。

（十）加强医疗质量管理。推动医疗质量控制以住院患者为主延伸至门急诊、日间手术患者的全诊疗人群。健全覆盖一级诊疗科目的省市县三级专科医疗质控体系，推动医疗机构建立医疗质量管理三级网络。不断完善质控体系建设，到2025年，设置完成不少于60个专业的省级质控中心，实现重点专业的市（州）级质控中心覆盖率达到90%以上。探索医疗服务信息系统互联互通，逐步实现全省检查检验结果的互认共享。

（十一）推进城市医联体建设。推进长春市、吉林市、四平市3个紧密型城市医疗集团试点建设，构建由市、区级医院和社区卫生服务等机构组成的城市网格化医疗服务新体系。牵头医院或三级医院发挥对急危重症、疑难复杂疾病诊治的突出作用，逐步减少常见病、多发病复诊和诊断明确、病情稳定的慢性病等普通门诊。建立医联体内转诊机制，重点畅通向下转诊通道，将急性病恢复期患者、术后恢复期患者及危重症稳定期患者及时转诊至下级医疗机构继续治疗和康复。

（十二）提高中医药服务能力。推进长春中医药大学附属医院、吉林省中医药科学院国家中医药传承创新中心项目和4所中医特色重点医院建设。实施中医药振兴发展重大工程、中医药强基工程和中医服务能力提升工程。到2025年，每个二级以上县级中医医疗机构建立1～2个传承工作室，所有社区卫生服务中心、乡镇卫生院能够规范开展10项以上中医药适宜技术，所有社区卫生服务站及80%以上的村卫生室能够规范开展6项以上中医药适宜技术。

五、优化医疗卫生服务模式

（十三）推进医养结合健康发展。加强老年友善医疗机构建设，到2025年，85%以上的综合性医院、康复医院、护理院和基层医疗卫生机构成为老年友善医疗机构。开展医养结合示范县（市、区）和示范机构创建活动，到2025年，二级以上综合性医院设立老年医学科的比例达到60%以上，二级以上中医医院设置康复（医学）科的比例达到100%。每个市（州）、县（市）至少建成1所医养结合机构。

（十四）扩大接续性服务供给。完善康复医疗和护理服务体系，健全康复医疗和护理专业队伍。鼓励具备一定康复能力的二级综合医院转型为康复或护理专科医院，鼓励有条件的基层医疗机构根据需要设置和增加康复医疗服务的床位。实施中医药康复能力提升工程，扩大中医药特色康复服务范围。

（十五）加快智慧医疗融合发展。制定卫生健康信息化人员配备标准，突出加强数据分析、网络安全等技术人员配备。将信息化作为医院基本建设的优先领域，建设电子病历、智慧服务、智慧管理“三位一体”的智慧医院信息系统。引导公立医院加快应用信息技术，鼓励符合条件的医疗机构建立互联网医院。持续推进远程医疗服务，科学制定互联网诊疗服务价格。到2025年，二级以上医院基本实现为患者提供预约诊疗、就诊提醒、移动支付、床旁结算、结果查询、信息推送等服务。

六、健全完善公共卫生服务体系

（十六）提高公共卫生服务能力。加强重大疫情防控救治体系和应急能力建设，依托长春市、吉林市、通化市、延边州等市（州）级疾病预防控制中心规划布局省域公共卫生中心，提高突发公共卫生事件的监测预警和应急处置能力。推进吉林大学第一医院、省人民医院重大疫情救治基地建设，建立健全分级、分层、分流的重大疫情救治机制。健全公共卫生医师制度，探索赋予公共卫生医师处方权。

（十七）加强防治结合。强化医疗机构公共卫生职能，明确各类医疗机构公共卫生人员岗位职责和配备标准。公立医疗机构设立公共卫生科等直接从事疾病预防控制工作的科室，完善疾病预防控制机构和医疗机构人员双向交流学习机制。推进公共卫生与临床医学有机结合，提高应对突发公共卫生事件的高效处置能力。

（十八）完善专业公共卫生机构管理。推进公共卫生服务体系改革，优化完善疾病预防控制机构职能设置，规范面向社会提供的公共卫生技术服务。加快推进疾病预防控制机构基础设施达标建设，落实疾病预防控制单位、其他公共卫生单位专业技术岗位结构比例要求。

七、强化体系建设保障支撑

（十九）完善政府投入机制。建立稳定的公共卫生事业投入机制，落实政府对专业公共卫生机构和基本公共卫生服务经费的投入保障责任，落实医疗机构承担公共卫生服务任务的经费保障政策。按规定落实政府对符合区域卫生规划的公立医院投入政策，加大对中医医院和基层医疗卫生机构的投入倾斜力度。

（二十）发挥医保基金效能。建立分类管理、医院参与、科学确定、动态调整的医疗服务价格机制。理顺比价关系，优化医院收入结构，提高医疗服务收入占比。逐步提高基层医疗卫生机构提供的服务在医疗服务总量和医保基金支付中的占比。

（二十一）完善编制和人事制度。落实公立医疗卫生机构人员编制标准，建立动态核增机制。扩大医疗卫生机构岗位设置和人员聘用自主权，科学优化医疗卫生机构中、高级专业技术岗位比例。健全以服务水平、质量和业绩为导向，以社会和业内认可为核心的人才评价机制。

（二十二）深化薪酬制度改革。落实“两个允许”要求，建立健全适应医疗行业特点的公立医院薪酬制度。落实基层医疗卫生机构绩效工资政策，合理核定基层医疗卫生机构绩效工资总量和水平，切实保障公共卫生医师待遇。在核定的薪酬总量内，公立医院可采取多种方式自主分配。根据不同岗位职责要求，可自主设立体现医疗行业特点、劳动特点和岗位价值的薪酬项目。医疗机构公共卫生科室人员收入不低于所在医疗机构人员平均工资水平，探索建立相应津贴补贴制度。

（二十三）加强行业综合监管。建立健全医疗卫生行业行风建设工作体系，开展廉洁从业专项行动，加大监督检查、执纪执法力度，维护公立医疗卫生机构公益性，依法规范社会办医疗机构执业行为。建立医疗卫生服务信用系统，健全对医疗机构失信行为的依法联合惩戒机制。

吉林省人民政府办公厅
2023 年 8 月 22 日

（此件公开发布）

【简评】

这是一份指导型意见。标题由“发文机关 + 事由 + 文种”构成。第一段为引言，简单说明行文的依据和目的。用“经省政府同意，现提出如下意见”过渡到正文部分。正文部分采用分条列项的方式写明了意见的具体措施及要求，内容具体，行文语气得体，既严肃果断，又简明平和。

【案例 8】

吉林省应急管理厅
关于转发《应急管理部 工业和信息化部关于加快应急机器人发展的指导意见》的通知

吉应急科技信息〔2024〕5 号

各市（州）应急管理局，长白山管委会应急管理局，梅河口市应急管理局：

现将《应急管理部 工业和信息化部关于加快应急机器人发展的指导意见》（应急〔2023〕148 号）转发给你们，请各单位遵照抓好贯彻落实。

吉林省应急管理厅
2024 年 1 月 11 日

附件：应急管理部 工业和信息化部关于加快应急机器人发展的指导意见

【简评】

这是一份处理文件的通知，标题规范。因为发文机关对转发的文件的内容没有其他的意见，所以不必再多说什么，只把文件转发，要求下级机关执行就行。在通知的标题中。

【案例 9】

国家文物局办公室 国家林业和草原局办公室关于建好红色草原协同推进革命文物与草原生态保护的通知

办革发〔2023〕8 号

各省、自治区、直辖市文物局、林业和草原局，新疆生产建设兵团文化体育广电和旅游局、林业和草原局：

为深入贯彻落实习近平文化思想、习近平生态文明思想和习近平总书记关于保护革命文物、赓续红色血脉重要论述精神，统筹推进红色草原建设，更好以红色资源赋能草原生态文明建设，以绿色发展促进红色资源保护传承，更好实现草原保护的生态效益、经济效益、社会效益，助力大美中国建设，现就有关事项通知如下。

一、持续开展草原地区革命文物资源调查

指导草原地区加强本地革命历史研究，摸清摸准草原地区革命旧址、场馆资源状况和保护状况。加强与荒沙治理、植树造林、草场建设、火灾扑救等相关遗址、遗迹、实物的调查研究与保护利用，生动展现中国共产党团结带领草原地区各族人民为民族解放、民族独立英勇奋斗，以及保护草原生态和草原资源、推动草原地区经济社会发展的光辉历史，生动展示宣传草原生态保护和牧区乡村振兴发展的伟大成就与成功经验。

二、不断完善红色草原体系建设

指导第一批国家红色草原所在县（市、旗）制定红色草原保护利用工作规划，加强革命文物和草原生态的系统保护、整体保护。在充分论证、科学评估的基础上，省级文物、林草部门可核定公布省级层面红色草原名单，按照国家文物局、国家林业和草原局的部署要求，适时开展国家红色草原遴选申报。国家文物局、国家林业和草原局定期组织开展国家红色草原建设评估工作。

三、切实加大红色草原保护利用支持力度

省级文物主管部门负责组织统筹谋划、有序推进红色草原的革命文物保护，在文物调查和保护规划编制，文物本体维修保护，安防、消防、防雷等保护性设施建设，文物本体保护范围内的保存环境治理、陈列展示、数字化保护、预防性保护等方面加大指导支持力度。省级林业和草原主管部门负责推动草原生态修复、防灾减灾、产业发展、科研监测等资金、项目重点支持红色草原地区。加强基础设施、公共事业、民生工程使用草原要素保障，确保项目用草合理需求，重点支持红色草原所在区域的国家草原公园、国有草场建设，大力培育草业合作社等新型草原经营主体，推动草原地区绿色低碳发展。

四、共同讲好“红色草原，绿色发展”故事

指导地方深入挖掘红色资源助推绿色发展的优势和潜力，更好展示红色草原壮美的自然风光、多彩的民族文化、各民族团结奋进的时代精神，更好展示红色草原在革命文物保护管理、展示宣传和草原资源严格保护、科学修复、合理利用方面取得的显著成效。融通多媒体资源，支持推介红色草原加快绿色产业发展、助力乡村振兴的成功经验、示范模式、成熟路径，讲好红色绿色融合发展的故事，讲好铸牢中华民族共同体意识的故事。

五、广泛拓展红色草原教育功能

指导地方依托红色草原，积极服务党史学习教育和“四史”宣传教育，加强内容建设，改进展陈方式，打造精品陈列，弘扬以伟大建党精神为源头的中国共产党人精神谱系，结合新的时代特点赋予新的内涵，建好用好革命传统教育、爱国主义教育、青少年教育基地。积极开展各类草原生态保护创新实践和科学普及，支持建设草原生态保护利用示范基地。建立草原地区革命旧址、场馆与周边学校、党政机关、企事业单位、驻地部队、城乡社区的共建共享机制，吸引草原地区各族人民特别是中小学生走进红色草原，开展主题教育活动，建设红色草原主题游径，传承红色基因，汲取奋进力量。

六、扎实推进红色草原协同管理

省级文物、林业和草原主管部门要切实加强组织领导，明确辖区内红色草原建设方向和思路，强化工作衔接和项目对接，常态化开展红色草原革命文物保护和草原生态保护修复工作的检查指导。有关县（市、旗）人民政府要建立红色草原建设工作协调机制，完善红色草原日常养护和管理措施，市县级文物、林业和草原主管部门要加强沟通协调，协同推进革命文物和草原生态保护，协同推进红色草原高质量发展。

特此通知。

国家文物局办公室　国家林业和草原局办公室

2023 年 12 月 14 日

【简评】

这是一份工作通知。标题由发文机关、事由和文种组成。正文开头是发布通知的依据、原因和目的，指明为什么做和做什么。“通知如下”引出通知的具体事项，明确了怎么做。整篇公文格式规范，内容完整，措施得当，要求具体。

【案例10】

吉林省人民政府关于表扬
第二届全国博士后创新创业大赛吉林省获奖选手的通报

吉政函〔2023〕81号

各市（州）人民政府，长白山管委会，各县（市）人民政府，省政府各厅委办、各直属机构：

2023年10月26日至28日，第二届全国博士后创新创业大赛在山东省烟台市举办，我省参赛代表团共有43个团队项目（其中，含吉林大学单独组队16个项目）入围全国总决赛。经过激烈角逐，我省收获4金8银10铜和5个优胜奖共27个奖项，获奖率达63%，取得了位居全国第四位的优异成绩。

为充分激发全省博士后青年科技人才干事创业的积极性、主动性、创造性，大力推动博士后科研成果转化和产学研深度融合，培养造就具有国际竞争力的青年科技人才后备军，省政府决定对第二届全国博士后创新创业大赛吉林省获奖参赛选手予以通报表扬。

希望获奖的博士后青年优秀人才珍惜荣誉、戒骄戒躁、再立新功。全省广大青年科技人才要以获奖人员为榜样，潜心研究、敢为人先、勇攀高峰，坚定创新决心和创业信心，持续为我省“一主六双”高质量发展战略提供科技和智慧支撑。各地各部门要坚持科技是第一生产力、人才是第一资源、创新是第一动力，深入实施科教兴国战略、人才强国战略、创新驱动发展战略，不忘初心、牢记使命，踔厉奋发、勇毅前行，为加快推进高水平科技自立自强，努力建设世界科技强国，实现第二个百年奋斗目标、全面建设社会主义现代化国家作出吉林贡献。

附件：第二届全国博士后创新创业大赛吉林省获奖选手名单

吉林省人民政府

2023年12月20日

（此件公开发布）

【简评】

这是一则表彰通报，正文内容的开头部分，是通报的背景、工作成绩。第二部分推广典型经验的实际意义，决定对先进典型经验的机关部门予以表扬。结尾部分提出希望和要求。

【案例 11】

中华人民共和国工业和信息化部　财政部　税务总局 关于调整减免车辆购置税新能源汽车产品技术要求的公告

2023 年第 32 号

根据《关于延续和优化新能源汽车车辆购置税减免政策的公告》（财政部 税务总局 工业和信息化部公告 2023 年 第 10 号），结合新能源汽车技术进展情况，现就减免车辆购置税新能源汽车产品技术要求有关事项公告如下：

一、2024 年 1 月 1 日起，申请进入《减免车辆购置税的新能源汽车车型目录》（以下简称《减免税目录》）的车型，需符合新能源汽车产品技术要求（见附件）。其中，换电模式车型还需提供满足 GB/T 40032《电动汽车换电安全要求》等标准要求的第三方检测报告，以及生产企业保障换电服务的证明材料。企业自建换电站的，需提供换电站设计图纸和所有权证明；委托换电服务的，需提供车型、换电站匹配证明、双方合作协议等材料。

二、2024 年 1 月 1 日至 2024 年 5 月 31 日为过渡期。2024 年 1 月 1 日起，2023 年 12 月 31 日前已进入《免征车辆购置税的新能源汽车车型目录》（以下简称《免税目录》）且仍有效的车型将自动转入《减免税目录》。相关车型要及时上传减免税标识、换电模式标识，换电模式车型、燃料电池车型等按本公告要求补充相应佐证材料。2024 年 6 月 1 日起，不符合本公告技术要求的车型将从《减免税目录》中撤销。

三、2024 年 6 月 1 日起，《关于免征新能源汽车车辆购置税的公告》（财政部 税务总局 工业和信息化部 科技部公告 2017 年第 172 号）、《关于调整免征车辆购置税新能源汽车产品技术要求的公告》（工业和信息化部 财政部 税务总局公告 2021 年第 13 号）中的技术要求废止。

四、企业要建立健全安全管理机制，强化产品质量保障能力，确保新能源汽车使用安全。要提升监测平台效能，做好风险预警提醒，及时上报车辆事故报告。对于发生安全事故、隐瞒不报的，视情节轻重取消车型减免税资格或暂停新车型申报《减免税目录》。

特此公告。

附件：新能源汽车产品技术要求

工业和信息化部　财政部　税务总局

2023 年 12 月 7 日

【简评】

这是一份国家相关职能机关就新能源汽车免征购置税费向全社会进行的公告，此事不仅与车企相关，还涉及人民群众的切身利益，为使相关单位和广大人民群众知晓，故使用公告，起到公开、知照的作用。正文开头直接说明公告目的，然后公布事项。重点突出，条理清晰，内容简短。

【案例12】

国家邮政局 公安部 国家安全部关于加强第19届亚洲运动会和第4届亚洲残疾人运动会期间寄递物品安全管理的通告

国邮通告〔2023〕10号

第19届亚洲运动会和第4届亚洲残疾人运动会（以下统称“亚运会”）将分别于9月23日至10月8日、10月22日至10月28日在浙江省杭州市、宁波市、温州市、湖州市、绍兴市、金华市举办。为保障亚运会顺利举办，现就加强亚运会期间寄递物品安全管理有关事项通告如下：

一、邮政快递企业应当加强亚运会期间寄递物品安全检查

邮政快递企业（寄递企业）应当依法落实安全管理主体责任，严格遵守禁止寄递物品管理规定，严格执行实名收寄、收寄验视、过机安检等安全管理制度。严格执行实名收寄制度，除信件和已签订安全协议用户交寄的邮件快件外，邮政快递企业一律对寄件人身份进行查验登记，确认人证相符后方可收寄；对于寄件人拒绝出示有效身份证件，在邮件详情单、快递运单等服务单据上填写的身份信息与出示的有效身份证件不一致，人证不一致，或者拒绝登记其有效身份证件信息的，一律不予收寄。对于已签订安全协议的用户，应当加强身份信息抽检复核。严格执行收寄验视制度，对于禁止寄递的物品、不能确认安全性的物品、寄件人拒绝验视的物品，以及与登记信息不一致的物品，一律不予收寄。严格执行过机安检制度，自9月16日0时至10月28日24时对寄往杭州市的邮件快件，自9月16日0时至10月8日24时对寄往宁波市象山县，温州市瓯海区、鹿城区、龙湾区，湖州市德清县，绍兴市越城区、柯桥区，金华市金东区、婺城区等赛事举办地的邮件快件强化安全检查。各地邮政快递企业对寄往上述地区邮件快件逐一过机安检并施加过机安检标识，对可疑邮件快件按规定报告邮政管理、公安、国家安全、应急管理等部门。过机安检标识应当载明实施安检单位和省份。浙江省相关邮政快递企业对寄达赛事举办地邮件快件逐一实行投递前“二次安检”并施加“二次安检”标识，配合相关部门对进入安保核心区域邮件快件实行投递前再次安检。无过机安检标识或者“二次安检”标识邮件快件一律退返，不得投递。各地邮政快递企业要根据邮件快件在途时间，对发往赛事举办地邮件快件提前启动强化安检。实行寄递物品临时管控，在前述时间和地域范围内严禁收寄和投递无人机、穿越机等“低慢小”航空器和空飘气球等物品。

二、社会公众应当遵守亚运会期间寄递物品安全管理规定

公民、法人和其他组织应当遵守寄递物品安全管理规定，交寄邮件快件时，应当出示本人有效身份证件，如实填写邮件详情单、快递运单等服务单据，并配合邮政快递企业做好收寄验视工作，不得交寄禁止寄递物品。寄件人违反国家规定，使用伪造、变造的身份证件或者冒用他人身份证件交寄邮件快件，尚不构成犯罪的，由公安机关依法予以处罚；构成犯罪的，依法追究刑事责任；造成人身伤害或者财产损失的，依法承担赔偿责任。邮政快递企业发现寄件人利用寄递渠道实施违法犯罪行为的，应当立即报告当

地邮政管理、公安、国家安全等部门，并协助调查处理。

三、有关部门应当加强亚运会期间寄递渠道安全监管

各级邮政管理、公安和国家安全等部门要密切协作，依法严厉查处违反寄递渠道安全管理规定和本通告要求的行为，严防不法分子利用寄递渠道实施危害国家安全、公共安全的违法犯罪活动。邮政快递企业未严格落实邮件快件安全检查制度、未严格遵守禁止寄递物品管理规定、未严格进行寄件人身份和寄递物品查验登记的，由邮政管理部门依照《中华人民共和国邮政法》《中华人民共和国反恐怖主义法》《快递暂行条例》等法律法规严厉查处。寄件人违反寄递物品安全管理规定的，由有关部门依法追究法律责任。邮政快递企业要积极配合邮政管理、公安、国家安全等部门安全监管工作，提供监督检查便利条件。

特此通告。

国家邮政局　公安部　国家安全部

2023 年 9 月 2 日

【简评】

这份通告符合写作要求，在特殊时期，所有人必须遵守国家法律法规，快递物品要符合相关规定，维护国家和人民生活安全与稳定。正文开头加强亚运会期间快递安全管理的目的。接着写采取措施。态度明确，要求具体。

【案例 13】

教育部关于同意赣南医学院更名为赣南医科大学的函

教发函〔2023〕139 号

江西省人民政府：

《江西省人民政府关于恳请批准赣南医学院更名为赣南医科大学的函》（赣府函〔2023〕26 号）收悉。根据《中华人民共和国高等教育法》《普通高等学校设置暂行条例》《普通本科学校设置暂行规定》有关规定以及第八届全国高等学校设置评议委员会评议结果，经教育部党组会议研究决定，同意赣南医学院更名为赣南医科大学，学校标识码为 4136010413；同时撤销赣南医学院的建制。现将有关事项函告如下。

一、赣南医科大学为公办本科层次的普通高等学校，以本科教育为主，同时承担研究生培养任务，由你省领导和管理。

二、学校要切实加强党的建设，全面贯彻党的教育方针，坚持社会主义办学方向，落实立德树人根本任务，培养德智体美劳全面发展的社会主义建设者和接班人。

三、学校现有专业结构的调整和新专业的增设，按我部有关规定办理。

四、学校全日制在校生规模暂定为 16000 人。

望你省加强对该校的指导和支持，加大资金投入力度和资源支持强度，引导学校科学定位、内涵发展，强化医学类优势特色学科龙头地位，提升临床教学保障能力，不断提高教育质量、科研水平和办学效益，重点培养服务区域医疗卫生健康事业发展的高素质医学人才，为推动医学教育改革与高质量发展，以及江西省的经济建设和社会发展作出更大贡献。

教育部
2023 年 11 月 21 日

【简评】

这是一篇审批复函，标题采用的是“事由 + 文种”的格式。正文内容比较完整，包括审批引语、审批意见和要求、结语。审批意见明确，要求具体。

思考·讨论·练习

1. 公文的特点是什么？一份完整的公文在格式上可分为几个部分？各个部分包含的项有哪些？
2. 公文的发文字号包括哪些内容？
3. 写作公文应注意哪些问题？
4. 报告与请示有什么区别？
5. 决定的使用范围是什么？
6. 会议通知要写清楚哪些内容？
7. 不同类别的通报写作重点分别是什么？
8. 公告与通告的区别何在？
9. 函可以分为几类？它们在标题上有何体现？
10. 指出下列两份公文在写作或格式等方面的关键性错误。

滨海市科技局关于申请设备拨款的请示市财政局：

根据市政府关于加快我市科技发展的精神，我局用于科技交流的学术报告厅已按计划修建、装修完毕，现需购置一批设备，预算为四百万元。请予核拨。

可否，请批准

滨海市科技局
2024 年 5 月 12 日

关于××制鞋厂火灾事故的通告

各厂：

××制鞋厂长期以来无护厂规则，亦无领导同志交接班值班制度，管理上处于混乱状态。该厂前后三进院子，职工下班后，仅有一位年近七旬的老人看守厂门，没有严格的规章制度和岗位责任制，使个别思想不健康的职工有机可乘，因而该厂的成品、半成品经常被盗，但始终未能引起该厂领导的足够重视。经查，十二月十七日晚发生的火灾完全是一场人为的责任事故，是严重的失职行为。

为严肃纪律，我局决定……

抄送：县公安局、县消防局、县劳动局。

××县第二轻工业局

11. ××职业学院，经过一年多的努力，已基本具备了招收“涉外法律”专业的条件，决定向辽宁省教育厅申报成立“涉外法律专业”，并拟于2020年暑期开始招生，请你为该院拟定一份请示。

12. 某省教育厅为深化教育改革，全面实施素质教育工程，拟于近期召开一次全省各市、县教育党政机关主管部门负责人，部分高等院校，中、小学负责同志参加的全省素质教育工作研讨会，请代为拟定一份通知（具体事项自拟）。要求：格式正确，要素齐全，内容完备。

13. 李××同学是职业技术学院03级计算机专业的学生。某天，他到商场购物时，捡到人民币两万元，当即联系商场保安将钱归原主，并坚拒失主的酬金。请你代李××同学所在学校拟写一份通报，宣传表扬李××的先进事迹，并奖励李××同学50元奖金（具体内容可以做必要的增补）。

14. 根据下面两文的内容拟一份通报文稿。

通讯：

上海市第七建筑公司装饰中队××柏油班，在承包吴泾冷库C库保温墙面油毡施工任务中，将1600平方米二毡三油铺贴改为一毡二油铺贴，偷工减料，骗取2400元包干奖金。班长×××被撤销行政职务，记过一次，工资降一级；取消全班当月全部奖金，另从工资中扣除返工损失费；装饰中队少数工种施工员除扣发奖金外，调离干部岗位，回班当工人。

短评：

上海市第七建筑公司对××柏油班在承包任务中发生的偷工减料事件进行严肃处理，分别给当事人以惩处，是十分必要的。

企业实行经济承包责任制，旨在正确贯彻按劳分配原则，充分调动职工群众的积极性，提高经济效益，振兴企业。片面追求速度，忽视安全生产，甚至偷工减料，影响工程质量，背离了改革目的，决不能容许。

产生不良现象的根本原因，在于部分职工没能正确处理国家、集体和个人之间的关系。防止和克服这类不良现象，主要措施是建立健全合理的规章制度，加强检查、督促，堵塞各种漏洞。同时，加强思想政治教育，提高职工队伍的政治思想水平和技术水平。

15. ××县根据该县气候条件和特点，决定推广烤烟种植项目。为解决烤烟种植过程中的技术问题，××县农科所决定请××省农科所派技术专家来县里进行专业培训。共举办5期培训班，每期100人。参训学员为具有高中及以上文化程度的农业技术骨干。请代××县农科所写一份请求函，再代省农科所写一份答复函（部分内容可自拟）。

第三章

事务文书

【本章导读】

事务文书是机关、团体、企事业单位在处理日常事务时用来沟通信息、安排工作、总结得失、研究问题的实用文体，是应用写作的重要组成部分。由于这类管理类文体处理的日常事务亦为公务，所以事务文书属于广义的公文范畴。它与狭义公文（党政机关公文15种）的区别在于：一是无统一规定的文本格式；二是不能单独作为文件发文，需要时只能作为公文的附件行文；三是必要时它可公开面向社会，或提供新闻线索（如简报）或通过传媒宣传（如经验性总结、调查报告等）。事务文书同党政机关公文常被合称为“通用文书”，是社会各行业、各部门在处理日常工作时经常用到的文体。其写作对象具体，格式比较固定，写法比较实际，因此对其写作要领，应当熟练掌握。

对调查报告、计划、总结等常见的事务文书，不仅要掌握其含义、特点，还要会写会用。总之，要通过案例阅读及写作训练等实践环节，务求将所学知识转化为实际应用能力。

第一节

事务文书概述

一、事务文书的定义

从广义上讲，事务文书是指党政机关、社会团体、企事业单位，在日常工作或生活中为处理事务、传递信息而经常使用的各类文书。狭义的事务文书指法定公文和专用文书之外的公务文书，即为机关、团体、企事业单位处理日常事务，反映情况，解决问题而使用的文书。本章所指的事务文书为狭义的事务文书。由于事务文书的应用范围极广，使用频率很高，因此，它又被称为常用文书。

在实际工作中，事务文书是一个比较宽泛的概念，政法、经济、科技、教育、体育等各行各业，都有自己的事务文书。

二、事务文书的种类

主要包括计划、总结；简报、大事记；会议记录、调查报告；办法、制度、章程；守则、公约等。本章介绍的只是计划、总结、调查报告等几种使用最广的事务文书。

三、事务文书的特点

事务文书是为处理公务、传递信息、解决问题而写作的，针对性强，讲究实用，因此，突出的实用价值和惯用的格式是其共同的特征。具体地讲，事务文书的特点主要体现在以下几个方面：

（一）作者的广泛性，对象明确，内容具体

事务文书使用范围广，各行各业中一定群体和个人都可以制定计划、作总结、搞调查等。

事务文书不用像法定公文一样必须写明负责公文处理责任的主送机关，但由于事务文书具有明确针对性、应用性和指导性，因此，其写作对象同样十分明确，为哪些人撰写，要求哪些人了解并使用，都是非常清晰的。因此，写作前必须对写作对象的特点和范围有充分了解，才能做到有的放矢，针对性强。事务文书的内容必须做到具体、确切；材料充实、典型；观点鲜明；这样才能起到其应有的作用。

（二）程序的简便性，及时写作

法定公文的制定和生效有严格的程序，如会议讨论通过、领导审核签发等，而事务文书则没有这么严格，制作程序相对简单。

同法定公文一样，事务文书非常讲究时效性。作为公务文书中使用范围广泛、使用频率较高的文书种类，只有突出其时效性，才能更好地发挥应用效果。从内容上来说，事务文书总是针对实际工作中出现的重要或迫切需要解决的问题，及时反映，提出切实可行的解决方法，以使决策者及时决策，及时解决问题。

从文种上说，无论是计划、总结还是调研报告等，都必须在限定时间内完成，否则只能成为“马后炮”，丧失其价值和作用。因此，事务文书应讲究时效，及时写作，在准确的基础上求快、求新。

（三）行文的宽泛性，写法实际，表达灵活

事务文书行文相当宽泛，可以灵活选择主送机关与抄送机关，也可以越级行文。如简报，可以上报、平报、下发。

事务文书虽不像法定公文那样有着非常严格的固定格式，但在长期的应用中，事务文书的各种文种也都形成了比较固定的惯用格式，其构成要素及写法都有一定的规则。同时，事务文书都是为解决问题，处理事务而撰写的。确定观点、使用材料，都要符合实际，具体充实。从行文格式、写作形式到实际写作，事务文书都要遵循一定的规则，讲求实际效果，合乎规范，才有利文书的处理和内容的落实。

（四）体式的灵活性

事务文书的内容未被列入法定公文，因此其格式没有严密、统一的标准。尽管事务文书各个文种具体上有相对固定的格式，但具有灵活性，在谋篇布局上根据具体情况而定。

和法定公文相比，事务文书虽有一定的规则，但其表达相对较灵活自由，能给人以新鲜活泼之感。公务文书的表达方式一般以记叙，说明为主，议论少而精；而事务文书可以灵活运用记叙、说明、议论等方法，确切地叙述事实，介绍情况，分析问题；调研报告中还可以有一些描写，使内容更具体、充实。法定公文格式规范，而事务文书格式并非固定不变，表达顺序比较灵活。如总结、调研报告等，既可以时间为序，又可以空间或逻辑关系为序。法定公文的语言庄重、准确、简洁，事务文书表述的语言以简明扼要为主，以切合实际为本，但也可以恰当地运用日常生活中的一些生动活泼的语言，以增强文章的表达效果。

四、事务文书的作用

沟通联系、政策宣传、经验推广、指导工作、提高效率等都需要运用事务文书。在现代社会里，各机关、团体、单位之间的联系更加频繁，需要解决的问题，处理的公务日益增多，事务文书的应用范围也越来越广泛，成为日常工作中使用频率较高的文体。随着信息时代的到来，事务文书从内容到形式都有所改变和创新，其作用也更加多面化。归纳起来，其作用主要体现为：

（一）决策参谋作用

事务文书具有的咨议特征，决定了这类文书对领导决策有参谋作用。如工作中计划、总结、调查报告等，给领导充当了无声的参谋角色，贯彻政策，提高效率。

各级部门经常采用各种行之有效的形式，将党和国家的方针政策作为工作的指针贯彻、落实到工作中去；有些事务文书充分体现了这方面的功能，通过分析形势、申明政策，很好地起到指导工作的作用。如计划的制定，必须以党和国家的政策方针为依据；科学的计划，又成为指导人们开展工作的依据，使工作有的放矢，提高了效率。简报等可以及时宣传有关政策、精神，起到教育、鼓舞群众，提高群众工作水平和工作热情的作用。

（二）交流情况，沟通联系

在实际工作中，有许多工作需要不同部门共同了解，协同解决。简报，调研报告等可以起到很好的沟通作用。激浊扬清，树立典型，推广经验；揭露弊端，抨击丑恶，可以通过机关事务文书达到这一目的。事务文书在传递信息、沟通联系中起到重要的作用。

（三）对读者具有认识作用，积累资料，提供依据

由于时间、空间的制约，许多经验、情况、设想不可能亲自交流，在行政管理中，需要借助文字材料交流，各种材料中信息，对读者具有认识作用。

计划、经验总结可以为日常工作的安排积累相关的资料，简报、调研报告等可以为工作的开展提供有效的依据。这些具有保留价值的事务文书，在反映情况、说明问题、沟通交流、安排工作、检查结果等方面都发挥了一定作用。

（四）规定约束作用

凡以法定作者名义制发的事务文书，在行政管理中具有规定约束作用。

五、事务文书的写作要求

（一）掌握充分的材料

事务文书写作，要拥有：背景材料、现实的典型材料、过程性的材料（如时间、地点、人物、事件、原因、结果等）、主观性的材料（如工作性的评议等）。

（二）要有前瞻意识

写任何事务文书，都需要有前瞻意识，能站在时代和未来的高度，审视和分析问题，从整体、发展的眼光看问题。

（三）要有实事求是的写作态度

事务文书也是行政管理的工具，从收集材料、分析材料到撰写成文，都应实事求是。

第二节

计　　划

一、计划的定义

计划属于非法定公文，是机关、企事业单位和个人预先对今后一定时期的工作活动作出安排的常用文书。

计划具有预见作用、指导作用、约束作用。计划对相关人员的工作和学习有指导和督促作用，有利于提高自觉性，减少盲目性，使工作有条不紊地进行。

计划是一个统称，凡是对未来工作和任务所做的打算和安排，都可称为计划。如日常工作中常见的“规划”“纲要”“设想”“方案”“安排”“要点”等，都属于计划这一文种。它们之间的区别在于计划时间长短、范围大小、内容详略等方面有所不同。

安排：是时间较短，内容比较具体的计划，偏重于具体步骤和方法的筹划。如《××学院迎接校庆活动安排》。

方案：是对某项工作从目的、要求、方法到具体步骤都作详尽的布置与安排的操作性很强的计划。

设想：是对某项工作的未来情况作初步的构想，是一种不成熟的，供参考的计划。

规划、纲要：是对某项规模较大、范围较广、时间较长的工作所作的内容较概括的计划。如《中央党内法规制定工作规划纲要（2023—2027年）》《山西省数字政府建设规划（2023—2025年）》。

要点：概括列出下阶段工作的重点。如《××学院教务处2023年工作要点》。

二、计划的特点

（一）可行性

计划是作为执行性文件制定的。制定计划必须重视预想的可行性，目标要可以实现，措施与办法要切实可行。科学性是计划的一个特征。制定计划必须在调查研究和科学分析的前提下进行，依据本地区、本部门、本单位或本人的实际情况来确定具体的目标、要求、工作步骤和完成时间，做到既先进又稳妥，既细致积极又留有余地。如果单凭个人的主观愿望出发，那么制定出来的计划可能脱离实际或者过于保守，无法发挥计划应有的作用。

（二）预想性

计划是对未来工作所作的部署和安排，它的制定是在工作开展之前，因此，计划提出的目标、要求、具体步骤和完成时间等都带有预想性。虽然计划是经过对上阶段情况的调查研究之后制定的，但是事情有时会出人意料，因而在制定计划时要留有余地，以便据情况变化对计划作修改和补充。

（三）目标性

目标是计划的核心、计划的要求、工作步骤、实现时间等都是紧紧围绕着既定目标来安排和筹划的，目标性也是计划的主要特征之一。

（四）实践性

计划是在实践中接受检验，是在实践中发挥作用的，因此，计划的制定体现了较强的实践性。无论是目标的确定或步骤、措施、要求、时间进度等的表述，都应写得非常具体和细致，以便付诸实践。

三、计划的分类

根据不同的划分标准，计划的分类情况不同。

（1）按范围不同可分为：国家计划、系统计划、部门计划、单位计划、个人计划等。

（2）按内容不同可分为：工作计划、学习计划、教学计划、财务计划等。

（3）按时间不同可分为：长期计划、短期计划，其中短期计划包括年度计划、季度计划、月份计划，而长期计划通常指三年以上的计划。

（4）按性质不同可分为：综合计划和专题计划。

（5）按效力不同可分为：指令性计划和指导性计划。

（6）按文种不同可分为：规划、纲要、意见、设想、方案、安排、打算、要点等。

四、计划的写作方法

计划通常包括标题、正文、结尾三部分。一份计划应该具备任务和目标、措施和步骤、落实监督等要素。具体结构包括：

（一）标题

计划的标题又叫计划名称。完整的标题由计划者、适用时限、计划内容、文种四部分构成。如《海南省国民经济和社会发展第十四个五年规划和二〇三五年远景目标纲要》，依次包括了计划者、计划内容、适用时限、文种。有时其中某些部分可以省略。如“计划内容 + 文种”“适用时限 + 计划内容 + 文种”“计划者 + 计划内容 + 文种”，也可采用双行标题的形式。

确定标题时，应根据计划内容和有关情况正确选用文种。对于尚未讨论通过的计划，应在标题后用括号标明“征求意见稿”“初稿”“草案”或“讨论稿”字样。

（二）正文

计划的正文通常包括前言和主体部分。

1. 前言或导语

前言部分主要阐明计划的指导思想、基本情况或有关政策及上级指示精神，即回答“为什么做”的问题。这部分常用“为了……”“根据……”来引入计划缘由或依据，前言结尾常用“现制定……”“为此制定……”来转入正文的主体部分，如“为推动全省政府系统政务信息化建设，根据《“十四五”推进国家政务信息化规划》和《广东省国民经济和社会发展第十三个五年规划纲要》，编制《广东省政府系统政务信息化建设2019—2024年规划》”。

2. 主体

这部分主要说明计划的三个要素，即计划的目标、计划的措施和计划的要求，也就是回答“做什么”“怎么做”“何时做完”或“做得怎样”的问题。

（1）计划目标。或称计划任务，是计划的核心，一定要写进计划中。一般先写总体目标，再写具体任务和指标。有时也可在目标提出之前对现状或形势作简要分析。如《广东省政府系统政务信息化建设2019—2024年规划》的“现状”分析。

明确要完成的任务和要达到的指标，应包括要完成的具体工作在数量、质量和时间上的要求。计划的目标必须明确、清楚，没有歧义。

（2）计划措施与步骤。计划措施是实现目标和任务的具体做法，包括程序步骤，时间安排、人力、财力、物力等的配备。要写明为了保证任务的完成和目标的实现，必须采取的主要措施和主要方法以及将提供的必要条件等。措施应尽可能的具体，具有操作性。要写明实现计划的程序和安排，特别是对重要阶段、重要节点的安排。同时，要对计划实施中需要特殊关注的问题提出要求，分清责任，避免扯皮推诿。

（3）落实监督。这部分主要写落实的保障措施，如成立组织机构、计划执行程序和要求，监督和奖惩办法等。根据实际工作需要，这部分可以省略。

计划正文的结构形式有文件式、条款式、表格式、综合式等。但不论采用哪种形式，都应包括计划的三个要素，表达力求简洁明快。

有些项目具体、内容比较简单的计划，可采取表格形式。表格式计划与文字式计划标题写法相同，内容差异在正文主体部分一种用文字表述，一种用表格表述。也有文字表格综合式计划，写法是文字表述后附有表格，或者表格后面附着文字。

（三）结尾

结尾包括结语、署名和署时。

结语部分可提出希望，发出号召，或补充说明问题或附件，有的计划不用结语。

计划写完后，应在右下角写明计划者名称和日期。如果标题中已标明计划者名称，这里也可省略这项内容。

五、计划的写作要求

（一）要有政策依据和全局观念

定计划的目的，就是为了更好地把党和国家的路线、方针、政策与本单位实际结合起来，使政策具体化。因此，制定计划时必须以党和国家的总任务、各项方针、政策以及本行业的具体方针和要求为依据，正确处理整体与局部的关系，长远和当前的关系，部门和部门的关系，一切从人民利益这个大局出发，不搞地方主义和本位主义。

（二）要实事求是，量力而行

计划虽然面对未来，但是并非凭空想象，而是根植于现实的，制定计划必须从实际出发，实事求是。要结合本地区、本部门、本单位的具体情况、特点和条件，依据政策精神，发挥自身优势，制定出符合实际、切实可行的计划。既不能凭主观意志，想当然地提措施、想办法，也不能不负责任地照抄、照搬、照转。不要搞高指标、假指标，要从实际出发，量力而行，计划定得既先进又留有余地，使群众经过努力有可能完成或超额完成任务；反之，如任务太满，指标太高，措施不当，群众经过努力仍完不成任务或达不到指标，就容易挫伤他们的积极性，计划也就成了一纸空文。

（三）要走群众路线，集思广益

定计划要走群众路线、积思广益。计划是要靠大家共同努力才能实现的，因此，必须深入调查研究，广泛征求群众意见，让群众出谋献策，让群众讨论、研究。这样，既能统一群众思想，集中群众智慧，又能使群众了解计划的要求，明确奋斗目标，以主人翁的姿态投入工作，从而促进计划的实现。

（四）内容要具体，语言要简明

计划里面的目的、任务、指标、措施、办法、步骤、负责单位等一定要写得具体明确，责任分明，便于执行检查。切忌内容过分原则、笼统，语言含糊，职责不清，无法落实和检查。计划的内容，一般都分条列项来写，用平直的叙述、简洁的说明，朴素自然：一般不用描写和形容。如果内容复杂，每个问题可设小标题，以示醒目。

第三节

总　结

一、总结的定义

总结是对一定的单位和个人前一阶段或一定时期的工作、事务等进行回顾、检查、分析、评价，找出经验教训，得出规律性认识以指导、促进今后工作活动的一种文书。它要回答的问题主要是：已经做了什么，如何做的，结果怎样。

总结是较常用的一种事务文书，总结的过程，也是提高认识的过程。它通过对过去的回顾，找出规律性的东西，得出指导性的结论，使认识由感性上升到理性。这些结论又为以后的实践提供指导。其中，成功的经验也可以为其他人所借鉴，以免在实践中走弯路。对集体而言，总结也能使上级对下级的工作情况有所了解，便于加强管理和指导。

二、总结的特点

（一）客观回顾性

客观事实是总结的基础和依据。总结是对以往工作事情的回顾、检查、认识。总结与计划可以说是一对相应的文种。总结是对计划执行情况的观照和评价，计划又参考上一阶段的总结结论来制定下一阶段的工作安排，这是总结与计划的联系。计划是“向前看”，是对未来实践活动的预想和筹划，是事前写作；总结是“向后看”，是对过去实践活动的检查与评价，是事后写作。回顾性，是总结与计划的区别，也是总结的一个特点。回顾是总结的基础，但回顾不是总结的最终目的，总结是要通过回顾，得出经验教训，找出规律性的东西。

（二）提要理论性

总结并不是把过去的活动事无巨细地统统罗列出来，而是在这些材料的基础上从理论的高度进行综合、分析，找出规律性的东西。因此，写总结只有材料是不够的，还必须对这些材料进行综合整理，然后将之综合性地表述出来。

（三）指导鉴戒性

可向下属机关下发，用以提高和统一思想认识。其目的是为了总结经验教训，以便指导以后的工作和活动。对于经验，应作为借鉴，在以后的工作中继续发扬；对于教训，应引以为戒，在以后的工作中予以纠正，避免重蹈覆辙，因此，总结不论是对总结者自身或是他人，都具有鉴戒作用。

三、总结的分类

根据不同的标准，总结有不同的分类。

（一）按性质分类

可分为综合总结和专题总结

综合总结又叫全面总结或工作总结，是对一个部门或单位在某一时期内各项工作做全面的回顾和总结，涉及面较宽，内容也较多，包括基本情况、主要做法、主要经验、主要问题、今后打算五个方面的介绍与总结。

专题总结，又叫经验总结，是专就某一项工作所作的专项性总结，它的目的在于总结经验，内容比较单一、集中，主要对工作中取得的经验进行总结，包括基本情况和具体做法两方面。思想上要求有一定深度，提炼出规律性的认识。

（二）按时间分类

可分为月份总结、季度总结、年度总结、学期总结、学年总结等。

（三）按内容分类

可分为工作总结、学习总结、生产总结、教学总结等。

（四）按作者分类

可分为个人总结和单位总结。

四、总结的写作方法

总结一般由标题、正文、落款三部分构成。

（一）标题

常见的标题写法有以下几种：

1. 公文式：一般用于工作总结

由“单位名称+时间+事由+文种”组成，如《××市2023年度市政建设工作总结》，也可由单位+事由+文种组成，如《××大学开展爱国主义教育活动的总结》。

2. 新闻式：措辞一般具有新闻标题新鲜、有力、醒目的特点

有时是对仗性标题，有时是多行标题，也可以用副标题来标明单位、事由、文种等。如《××市的“撞击反射式”综合改革》《锐意改革创新，不断开拓前进》《靠思想政治工作顺气鼓劲振奋精神背水作战一年翻身——××市水利工作基础处理总队直属队工作总结》《创新形式抓好选题扩大视野——××省委中心组学习经验点滴》。

（二）正文

总结的正文包括导言和主体两部分。

1. 导言

导言又叫前言，常见的开头方式有以下几种：

（1）概述式。概括介绍基本情况（有关背景、基本做法、主要经验或体会），先给人总的印象，为主体部分的分析论述做好准备。这种方式最为常见。

（2）结论式。先将总结的结论开门见山地写出，给人一目了然的总体印象。

（3）提问式。开头提出问题，引起读者的兴趣。

导言的写法还有很多，但都要注意用简要的语言进行概括，不能过于详细。

2. 主体

综合总结的主体内容：

（1）基本情况。包括概括介绍工作的时间、背景、内容以及对工作的基本评价。

如果是用概述式开头，则此部分可省略。

（2）主要做法和成绩。主要是对过去工作做客观的回顾，包括做了哪些工作，如何开展，取得了哪些成绩。这部分应写得具体实在，用事实和数据加以说明。这是正文的主要内容和重点部分之一，做法和成绩是总结经验的基础。

（3）取得的主要经验。经验体会是重点，在全文中占有主导地位，要写得充分、有条理，并提到理论的高度，对取得的成绩进行概括归纳，分析取得成绩的原因，从理论的高度给予评价，找出规律性的东西，应写得简约概括。

（4）存在的主要问题。实事求是地写出存在的问题与教训，并作出一定分析，以达到吸取教训，加以改进的目的。这部分不是总结的重点，篇幅不宜过长，应略写。但是对于着重反映问题分析教训的总结，应作为全文重点详细书写。

（5）今后打算。今后打算部分通常是正文的结尾部分。一般要在前面部分经验教训的基础上，针对存在的问题，提出改进措施和今后进一步努力的方向、目标，应概要介绍。

专题总结的主体内容：

（1）基本情况。概括介绍工作的落实情况，或对工作背景和开展工作的条件作简要的交代。

（2）具体做法。介绍工作中某些成功的做法和所取得的成绩，并认真进行总结，形成经验，这是正文的重点，应详写。

主体写作结构方式无论上述哪种性质的总结，它常见的主体结构方式有以下几种：

（1）纵式结构。按照事物发展的先后顺序，先写基本情况，再写主要做法、主要经验、主要问题、今后打算，这种结构层次分明、条理清楚，便于理解。

（2）横式结构。按问题的轻重主次排列顺序，各部分之间一般呈并列关系。

（3）混合式结构。即综合运用上述两种结构形式，主要是针对内容较少，情况复杂的总结。

对于篇幅较长的总结，还可以用加小标题或加序码小标题的形式，使总结层次清晰，简洁明快。

（三）落款

落款包括署名和日期。署名方式有三种，根据情况署单位名称或单位名称加执笔者姓名或署个人姓名，先署名后署时，其位置一般在正文右下方。公开发表或上行给上级机关的总结，日期用括号括起标在标题之下，署名放在日期之下。

五、总结的写作要求

（一）正确的指导思想

必须以党的路线、方针、政策为依据。

（二）要坚持实事求是的原则，一切从实际出发

总结回顾的是本人或本单位过去一段时间的实践情况，必须以实事求是的态度进行回顾，不是本人或本单位经历的事情不能写入总结中，对于实践中取得的成绩和存在的问题，不能夸大也不能隐瞒，应实事求是地进行评价。

（三）要详略得当，突出要点

写总结要认真分析研究工作中的主要矛盾和矛盾的主要方面，写作时抓住主要内容，突出重点，不能主次不分，面面俱到。

（四）语言简明准确

总结是靠实实在在的事实和数据证明论点的，它在行文上不追求华美，只要求用简明准确的语言进行回顾和总结，以便读者在尽可能短的时间内抓住要领。

第四节

调查报告

一、调查报告的定义和作用

调查报告，确切的应称为“调查研究报告”。它是对客观事物或社会现象进行深入细致地调查和科学地分析研究之后，所写出的真实地反映情况的书面报告。

调查报告是在对事物进行全面深入地调查之后，通过科学地分析和综合，得出结论，揭示事物的本质规律，因此，它在机关团体及社会中发挥着重要的作用。它为重大事件或问题的决策提供信息和依据，是机关和企业领导层作出科学决策的保证；它对先进事物、新鲜事物、典型事物的调查分析，对群众起到教育和引导的作用，是宣传党和国家有关方针政策的重要手段；它对重大社会问题和工作失误的揭露，引起社会的重视，是揭露腐败现象、反映人民愿望的重要舆论手段。

二、调查报告的特点

（一）对象广泛性

调研报告的取材极为广泛，无论是政治问题、经济问题，还是历史问题、自然现象，凡是生活中的事情，都可作为调研的对象。它反映的既可以是关于国家方针政策的大事、引起普遍关注的社会问题，也可以是一个具体的工作或是群众生活中的一些琐事。因为调研报告取材广泛，涉及社会生活的方方面面，因而在工作和生活中被极为广泛地应用，它既可以作为公文附件下发，又可通过新闻媒介传播，是一种常用的公务文书，也是新闻媒介的常用文体。

（二）客观真实性

调研报告的内容具有真实的特征。事实是调研报告的主体，结论是在对事实进行分析研究之后得出来的。因此，写入报告的典型事例、统计数据、历史材料、现实材料都必须言出有据，确保真实准确，不能道听途说，不能夸大、缩小，更不能杜撰或掺假。内容真实可信是调研报告的价值保证，写作前应该老老实实开展调查，严格把好内容的真实关。

（三）表达特殊性

调研报告的表达方式具有特殊性。调研报告以事实为主体，寓理于事，所以在报告中客观地叙述事实，是必不可少的。但以事实为主体并不是纯粹的罗列事例和数据，而是在叙述事实的同时对情况和数据进行说明和议论，归纳观点，因此，调研报告在表达方式上是叙述与说明、议论相结合，做到材料与观点的高度统一。

三、调查报告的分类

按不同的标准，调研报告可以分成不同的类别。调研报告根据调查的范围可分为综合性调研报告和专题性调研报告；按内容的性质及写作侧重点的不同可分为反映性调研报告、总结性调研报告和分析性调研报告；根据写作方法的不同又可分为通信式调研报告、总结式调研报告和理论研究式调研报告等。一般来说，调研报告可以分成以下五类：

（一）情况调研报告

也叫基本情况调研报告或概况调研报告。这类报告是为了调查某一事物，某一问题的现状、历史等基本情况而撰写的概貌表述，使人们比较全面、系统地了解有关情况。它要求对调查对象的发展变化、来龙去脉、前因后果作比较详细的叙述。情况调查涉及面较广，内容比较复杂，为了能给人一个清晰的印象，在行文时应用一条主线把报告的内容串联起来，做到条理清晰，结构严谨。情况调研报告包括对突发事件的调研报告，它主要是调查事件发生的原因和真实情况，从中总结出教训，以引起重视。

（二）典型调研报告

也叫典型经验调研报告。这类报告主要是以在某方面或某项工作中取得突出成绩的单位或个人为对象，调查他们的成功经验。目的在于推广经验，推动工作的开展。

（三）新生事物调研报告

随着社会的发展，新生事物不断涌现，新生事物调研报告主要以研究探讨为目的，通过对某种新生事物或某一科学问题的探讨，表明观点态度，力求得出符合客观规律的结论。

（四）揭露问题调研报告

这类报告以有代表性的违反党纪国法或重大工作失误的单位或个人为调查对象，或以群众反映强烈、要求解决的问题和有代表性的社会不良现象为调查对象，通过对问题的揭露，找出教训或提出意见、建议，以引起重视。

（五）工作研究调研报告

这类报告主要以某项具体工作的开展情况为调查对象，通过对工作情况进行分析探讨，寻求解决问题的途径，为领导制定计划，调整政策或进行决策提供依据。

四、调查报告的写作方法

调查报告的写作主要由确定主题，取舍材料，拟制提纲和撰写报告四部分组成。

（一）确定主题

主题是调查报告的灵魂，对调查报告写作的成败具有决定性的意义。因此，确定主题要注意：报告的主题应与调查主题一致；要根据调查和分析的结果，重新确定主题；主题宜小，且宜集中；与标题协调一致，避免文题不符。

调查报告的主题是否明确，是否有价值，对调查报告具有决定性的意义，因此主题的确定要谨慎处理。具体来说，确定主题由选题和确定观点两个方面组成。

1. 选题

选题是认识过程中已知领域和未知领域的连接点，可以扩展认识的广度和深度，选题的确定有时是领导布置、单位委派，有时是自己选择。不管是哪种信息途径，选题的关键是要处理好分析对象的意义、服务对象的需求和作者的主观条件（包括作者的知识面和思维能力）。选定主题之后，主要围绕主题，定向积累、充实材料，确定分析方法和手段，使调研适时对路地开展。

2. 确定观点

观点是用简明的语言对材料作逻辑的概括。观点是调研者对分析对象所持的看法与评价，是报告的依据与出发点。观点的形成，是在对材料进行深入、具体客观地分析之后得出的，切忌先入为主，带着观点去分析材料。确定主题时要注意报告主题必须与调查主题相一致。调查主题可根据调查分析的结果重新审定，如果调查主题涉及面广、问题较多，一篇报告的内容太多时，可以分篇写作。另外，确定的主题不宜过大，大的主题较难驾驭，要求有较强的综合概括能力和较强的分析问题的能力；越小越集中的主题，越容易写，也越有可能写深写透。

（二）取舍材料

对经过统计分析与理论分析所得到的系统的完整的“调查资料”，在组织调查报告时仍需精心选择，不可能也不必都写上报告，要注意取舍。如何选择材料呢？一要选取与主题有关的材料，去掉无关的、关系不大的、次要的、非本质的材料，使主题集中、鲜明、突出；二要注意材料点与面的结合，材料不仅要支持报告中某个观点，而且要相互支持，形成面上的“大气”；在现有有用的材料中，要比较、鉴别、精选材料，选择最具代表性的材料来支持作者的意见。

调查报告以陈述材料为主，是材料性的文章，离开了材料，调查报告就像空中楼阁，失去了依据，调查报告的材料取舍主要要做好两方面的工作：

1. 深入调查，搜集材料

调查是获取材料的途径，“没有调查就没有发言权”，搞好调查，是写好调研报告的基础。搞好调查，首先要坚持正确的指导思想；其次要坚持实事求是的调查态度，不搞弄虚作假，老老实实开展调研，尊重客观事实，开展客观分析，对事实作出客观结论和有价值的思考；最后要有科学的调查方法，调查者要根据实际情况，采用多种多样的调查方法，获取准确的、有代表性的材料。调查方法常见的有间接调查和直接调查两类。间接调查的方法主要是带着调查目的，查阅有关文献，直接调查的方法有开调查会议、调查访谈、问卷普查、实地观察等。

2. 认真分析、精选材料

通过调查获取大量的材料之后，接下来就是对材料进行梳理、分析、研究、概括，得出调查研究的结论。虽然材料的陈述在调研报告中占的比例很大，但与简单的罗列材料不同，调研报告必须对材料进行比较、分析、论证，调研报告中的议论分析，也与议论文的旁征博引不同，它的议论都必须以事实为依据。材料的取舍必须针对主题进行，调研报告不是一本调查过程的流水账，不是把所有的材料通通录入，主次不分，而是要根据主题的需要精选典型的事实和数据材料作为结论的依据。

(三) 布局和拟定提纲

这是调查报告构思中的一个关键环节。布局就是指调查报告的表现形式，它反映在提纲上就是文章的“骨架”。拟定提纲的过程实际上就是把调查材料进一步分类，构架的过程。构架的原则是：“围绕主题，层层进逼，环环相扣”。提纲或骨架的特点是它的内在的逻辑性，要求必须纲目分明，层次分明。

调查报告的提纲有两种，一种是观点式提纲，即将调查者在调查研究中形成的观点按逻辑关系逐一地列写出来。另一种是条目式提纲，即按层次意义表达上的章、节、目，逐一地一条条地写成提纲。也可以将这两种提纲结合起来制作提纲。

(四) 撰写报告

调查报告的写作，没有固定的格式。可根据主题要求，选择安排论证方法和结构形式。一般来说，调查报告由标题和正文两大主要部分构成。

1. 标题

从形式上看，调查报告的标题有单标题和双标题两类。所谓单标题，就是一个标题，有公文式标题和文章式标题两种。公文式标题由“发文机关 + 事由 + 文种”构成，如：《浙江省农村中学语文教学情况的调查报告》；文章式标题用一句话来概括调查出处、范围、观点等，如《××市的校办企业》《调整教育政策，增加教育投入》。所谓双标题，就是两个标题，即一个正题点明调查主题，一个副题补充说明调查出处和范围，如：《为了造福子孙后代——××县封山育林调查报告》。

从内容上看，调查报告的标题常见的有以下几种：

(1) 用结论作标题。例如，《与时俱进辟蹊径创新求实谋发展》。

(2) 用基本观点作标题。例如，《清收不良贷款的措施、难点和对策》。

(3) 调研对象 + 内容 + 文种作标题。例如，《企业计件工资调查》。

(4) 双行标题，正标题提示中心思想，副标题标明调研的对象和内容。例如，《不看不知道，一看吓一跳——青海临时机构调查》。

2. 正文

调查报告的正文包括导语、主体和结尾三部分。

(1) 导语。导语又叫前言，是报告提出问题的部分，是作者表达立场、观点的重点所在，也是全文的“纲”，在写法上应该开门见山，干净利落，简明扼要而又重点突出。常见的写法有以下两种。

概述式，概述调研报告的主要内容，也可以是概述调查活动的一般概况，如调查的目的、经过、对象、范围、时间、地点等。还可以概括介绍对象的基本情况，重要成绩或主要问题、教训等。

提问式，提出有关调查报告的主要内容的问题，设置悬念，引发读者的兴趣和思考。

以上写法并不是绝对单一的，事实上，一篇调研报告的前言常常是几种写法并用。

(2) 主体。它对调查得来的事实和有关材料进行叙述，对所做出的分析、综合进行议论，对调查研究的结果和结论进行说明。正文的结构有不同的框架：

根据逻辑关系安排材料的框架有：

纵式结构、横式结构、纵横式结构，这三种结构，以纵横式结构常为人们采用。

按照内容表达的层次组成的框架有：

"情况—成果—问题—建议"式结构，多用于反映基本情况的调查报告；

"成果—具体做法—经验"式结构，多用于介绍经验的调查报告；

"问题—原因—意见或建议"式结构，多用于揭露问题的调查报告；

"事件过程—事件性质结论—处理意见"式结构，多用于揭示案件是非的调查报告。

主体是正文的核心部分，能否写好这部分是调研报告写作成败的关键。这主要是通过对材料的分析和论证揭示事物的本质规律，得出客观的结论，提出相应的有针对性、代表性的准确的数据、材料，并对它们进行科学的分析，在结构安排上要符合逻辑，做到结构严谨、条理清晰、重点突出、材料观点一致。

主体部分常见的结构安排形式有以下几种：

纵式结构。按事物的发展顺序或时间、空间顺序，逐层展开材料，得出结论。这种结构各部分之间具有发展和递进的关系，符合人们认识事物的习惯，层层推进，说服力较强。

横式结构。按事物的组成部分或所属类别来安排材料，把整体横向展开几部分，不受空间限制，反映事物所具有的多种性质和情况，各部分之间为并列关系。这种结构的优点是全文条理清楚，观点突出。

交叉结构。前两种结构方式的结合，有的层次以纵向铺陈为主，有的层次以横向展开为主。这种结构适合于比较复杂的重要调查，可以更为透彻地揭示事物的联系，得到正确的结论。

对比式结构。将两个或两个以上对象或同一对象的不同时期、不同侧面进行对比。这种结构方式使人们对事物之间的优缺点一目了然，在材料安排上比较灵活，不拘一格，交叉使用，形成一个立体网络，各部分之间互为补充，波澜起伏，引人入胜。

（3）结尾。结尾的内容大多是调查者对问题的看法和建议，这是分析问题和解决问题的必然结果。调查报告的结尾方式主要有补充式、深化式、建议式、激发式等。

3. 落款

调查报告的落款要写明调查者单位名称和个人姓名，以及完稿时间。如果标题下面已注明调查者，则落款时可省略。

五、调查报告的写作要求

调查报告在主题确定、材料取舍、调查方法等方面的要求在前文已有涉及，这里主要讲调查报告在表达和语言上应注意的问题。

（一）表达方式

调查报告的表达方式是说明为主，结合叙述和议论。

1. 说明

包括背景说明、情况说明、建议说明。说明要清晰、明确、具体、中肯。

2. 叙述

调查报告中的叙述目的不在于叙述事实的本身，而是为了阐述观点而叙述，它不要求展开情节，详细论述过程，只是用叙述手法描述事物的概况而已。

3. 议论

只有深入挖掘材料的本质和意义，才能使作者的观点更加鲜明，调查报告才具有深度。调查报告的“议论”和一般“议论文”的“议论”不同，议论文的议论是论点、论据、论证三要素的完整的逻辑推理过程。而调查报告中的议论只是陈述事实基础上的“画龙点睛”，主要靠事实说话，决不允许泛泛空谈和演绎。

（二）语言特点

调查报告常用第三人称叙述事实，其语言严谨、简明、通俗。

1. 严谨

调研报告的遣词造句要精确，分寸感要强，对事实的描述要准确、周密，对事实的评价要恰当，不宜使用含糊的语言，如可能、也许、大概等。在报告中应少用修饰词、形容词，尽量用数据来反映情况，让读者通过事实和数据自己去体会不易表达的程度差别；使用较强的概念时，要注意概念本身的内涵和外延，同时要注意区分相近的概念，如“截至”与“截止”，“发展速度”与“增长速度”，等等。

2. 简明

简洁明了地对事物进行表述，用较少的文字表达较多的内容。要做到这点，思路必须清晰、深刻，才能抓住事物的本质关键，用最简练的语言对事物进行概括的表述。

3. 通俗

调查报告的语言要求朴实严肃，平易近人。但这不等于平淡无味，它可以适当地运用一些生动的口语化词语，恰到好处地运用一些典故或名言警句。这就要求写作者具有较高的文化修养和较强的语言表达能力。

第五节

礼仪文书

一、贺词

（一）贺词的定义

贺词，也称祝词，用于各种喜庆场合，是向受贺者表示庆贺和良好的祝愿的一种礼仪文书。常在喜庆现场宣读。

（二）贺词的分类

根据祝贺场合的不同，贺词大致可分为四类。

（1）事业贺词：主要用于祝贺工程开工或竣工，某些剪彩活动，节日纪念，社团、机构等的创办。

（2）寿诞贺词：常用于祝贺老年人的生日，祝愿他（她），健康长寿，赞颂受贺人品德和取得的成绩。

（3）会议贺词：祝贺重要会议的开幕或闭幕。

（4）祝酒词：在喜庆宴会或招待贵宾的场合为助兴而使用的贺词。

（三）贺词的写法

贺词的结构分为标题、称呼、正文三部分。

1. 标题

贺词的标题有两种形式，一种是直接写“贺词”或“祝词”；另一种是写明祝贺者，祝贺对象和“贺词”，如《××市政府致××学会的贺词》。

2. 称呼

写明祝贺对象，可根据情况在姓名之前加“尊敬的”，之后加上职务或“先生”“女士”。格式与一般书信相同。

3. 正文

正文部分可分为开头、主体和结尾。

（1）开头。说明祝贺的缘由，以及祝贺人代表谁向受贺者和出席者表示祝贺、问候、欢迎、敬意或感谢。

（2）主体。根据不同类别，主体内容有所不同。事业贺词，主体部分要对受贺者所取得的成绩给予充分的肯定和热情的赞扬，有时还可向受贺者提出新的要求；寿诞贺词，主体部分应概括说明受贺者的品德和成就；会议贺词，主体部分应写明会议的主要内容和会议的意义；祝酒词主要回顾双方的交往，希望友谊日增。

（3）结尾。结尾部分要写上祝愿的话，有时还可表示鼓励或希望。如“预祝大会圆满成功”“希望你们以此为动力，向更高的目标前进”“祝取得更大成绩”“为我们的友谊干杯”等。

（四）贺词的写作要求

1. 感情饱满、真挚

贺词是向受贺者表示庆贺和良好祝愿，因此感情一定要真挚、诚恳。另外，贺词是在喜庆场合宣读，所以语言上要表现出较强的感情色彩，感情饱满，语言热烈，才与喜庆的场合相协调。

2. 措辞准确、妥帖

写贺词不能千篇一律，要针对受贺者的实际，恰如其分地对其取得的成绩进行评价，措辞准确，妥帖，不夸大也不故意贬低，提出要求、希望要合理，切合实际。

3. 语言简明、篇幅简短

贺词的语言要简洁明快，通俗晓畅，篇幅应力求简短，避免啰嗦拖沓。

（五）慰问信、感谢信、贺信的异同

1. 共同之处

叙事准确，表意恰当，情真意切，讲求文采。写法上遵循信函写作的共同格式。

慰问信：慰问缘由（简要叙述因何事向对方写慰问信）；详陈事由（详细叙述对方取得的成绩或遭受的困难；表达慰问（表达同情、痛惜、钦佩、赞扬之情，提出希望、号召或对慰问对象予以鼓励）。

感谢信：感谢缘由；颂扬称谢；表达决心。

贺信：直陈贺词；歌功颂德；表达祝愿。

2. 不同之处

慰问信：根据行文方向确定语气。

感谢信：叙事简洁，评价恰当；抒情求真，诚挚自然。

贺信：热情洋溢，评价求实。

二、请柬

（一）请柬的定义

请柬，又叫请帖，是邀请客人出席比较隆重的会议，或喜庆、宴会等场合而发出的信件。

发送请柬是一种礼仪形式，代表邀请者对活动的重视和对被邀者的尊敬，因此，就算被邀者近在咫尺，也必须递送请柬，而不能以口头通知或电话通知代之。在社会活动越来越受人们重视的今天，请柬的使用频率也越来越高。

（二）请柬的写作方法

请柬的结构包括标题、称呼、正文、结尾、落款五个部分。

1. 标题

请柬的标题位于封面或首行居中位置，只写“请柬”或“请帖”。

2. 称呼

标题下一行顶格写被邀请者姓名或被邀请单位名称，个人姓名后应加上“先生”“女士”或“老师”“经理”等相应的称呼。

3. 正文

正文写邀请的目的，即写明被邀请者参加活动的内容、时间、地点。其中时间、地点要写得具体明确，时间具体到年、月、日、时、分，有的还注明活动的起止时间；地点具体到路、街、号、楼、厅。对于较偏僻的地点，还应写明乘车路线。

4. 结尾

正文写完之后，另起一行写结尾，请柬常用敬语作结尾，如“恭候光临”“敬请莅临指导”“请届时出席”“顺致敬礼”“此致”“敬礼”等，写作时应根据不同的对象，选择合适的结尾语。

5. 落款

落款于结尾的右下方，（竖写的为左下方）写明邀请人姓名或邀请单位名称，单位可加盖公章。发柬日期位于署名的下方。发柬日期可写可不写。

（三）请柬的写作要求

1. 一人一柬

发请柬原则上是一人一柬，就算是同单位的几个人，也应分别递送请柬，将几个人合写在一张请柬上是很不礼貌的（夫妻可合写一柬）。

2. 言简意赅

请柬的语言应简洁、明达，活动的内容、时间、地点应交代清楚，不能含糊。

3. 注重礼仪

请柬的用语比一般信函更注重礼貌，显得文雅、客气、热情。常用“恭候”“敬请”“莅临”“光临”等词语。

三、欢迎词、欢送词、答谢词

（一）欢迎词、欢送词、答谢词的定义

（1）欢迎词：是在迎接宾客的仪式上或会议、宴会开始时主人对客人的到来表示

热烈欢迎的讲话稿。

（2）欢送词：是在欢送宾客的仪式上或会议结束时，主人对客人的即将离去表示热情欢送的讲话稿。

（3）答谢词：是宾客在欢迎仪式或欢送仪式上对主人的热烈欢迎、热情接待表示感谢的讲话稿。

这三种讲话稿都在公众场合宣读，作用在于营造和谐友好的气氛，交流宾主之间的感情，加深双方的友谊，促进双方友好合作关系的发展。

（二）欢迎词、欢送词、答谢词的写作方法

1. 标题

这三种讲话稿的标题都可只写文种，即“欢迎词”“欢送词”“答谢词”；也可由致词人、致词场合和文种构成标题，如“××市市长×××在××会议开幕式上的欢迎词”。

2. 称呼

标题下一行顶格，写欢迎、欢送、答谢对象的称呼。写作时要用尊称，对主要宾客或重要人物用类称，如“××总统阁下”“×××董事长”等；对在场的其他人员则用泛称，如“先生们”“女士们”“朋友们”“同志们”，称呼前面可加“尊敬的”“亲爱的”等修饰语。

3. 正文

正文由开头和主体两部分构成。

（1）开头。正文开头写致辞缘由，要写致辞人以什么身份（代表谁），向谁表示欢迎、欢送或感谢。

（2）主体。主体部分根据文种的不同，有不同的写作内容。欢迎词主要写宾客来访或召开会议的目的、意义和作用，或者回顾宾主双方以往的交往和友谊，展望未来发展趋势，或对活动提出希望。欢送词主要回顾宾客来访或会议取得的成就和双方在活动期间建立的友谊并给予称颂，然后对未来提出希望。答谢词主要对主人在交往中的热情招待、安排等表示感谢，对主人的先进经验和取得的成绩表示赞颂，并表明以后巩固和发展友谊的真诚愿望。

4. 结尾

结尾写祝愿的话语。欢迎词结尾祝愿宾客来访或会议取得圆满成功；欢送词结尾可写对宾客的惜别之情，表示对再次来访的期盼，并祝愿宾客一路平安；答谢词在结尾可再次对主人表示感谢，并向对方表示良好的祝愿。

（三）欢迎词、欢送词、答谢词的写作要求

1. 感情真挚

欢迎词、欢送词、答谢词都是为了沟通感情营造一种和谐的气氛，致辞必须感情真挚，以情动人。不过分渲染，不虚情假意，客气话语的使用要恰到好处。

2. 措辞委婉

在致辞中，对于双方存在分歧的问题，措辞要谨慎，语言委婉，既要表明立场和原则，又不能引起对方的不快。

3. 亲切自然，篇幅简短

欢迎词、欢送词、答谢词是在公众场合宣读，因此，用语应明白通畅，亲切自然，

篇幅不宜太长。

四、讣告、悼词

（一）讣告

1. 讣告的定义

讣告，也称讣闻，是将人去世的消息告知死者生前的朋友和有关单位及个人的告知性礼仪文书。

2. 讣告的分类

（1）一般式讣告。用于公布普通人逝世的消息，可在公众场所张贴，也可印发给有关单位和个人，也可登报告知。

（2）公告式讣告。党和国家主要领导人或在社会上享有崇高威望的重要人物逝世，通常要用公告的形式在广播或电视等媒体上公布。

（3）新闻式讣告。通过报纸、电视或广播公布逝世消息的讣告，适合于在社会上有一定知名度的逝世者。

3. 讣告的写作方法

讣告的结构包括标题、正文、落款三部分。

（1）标题。一般式讣告的标题就写“讣告”或“×××讣告”；新闻式讣告标题应写明逝世者姓名。如“×××讣告”或“×××逝世”；公告式讣告的标题应写明发文单位。

（2）正文。正文部分的写作通常包括四项内容：

首先，介绍死者生平。写死者的姓名、籍贯、身份、逝世原因、时间、地点、终年岁数。

其次，评述死者生平事迹。对重要人物，知名人士的事迹进行概述。普通人则可略写或不写。

再次，写明开追悼会或举行遗体告别仪式的时间、地点。如果不开追悼会或不举行遗体告别仪式，也可在此说明。

最后，在正文下一行低两格写“特此讣告”或“谨此讣告”作结。公告式讣告通常以“×××同志永垂不朽”作结。

（3）落款。落款写发出讣告的单位名称、治丧委员会名单或个人名称以及发出讣告的时间。

（二）悼词

1. 悼词的定义

悼词是在追悼会上对逝世者表示哀悼、缅怀，以寄托哀思、激励生者的一种礼仪文书，一般在追悼大会上宣读。

2. 悼词的写作方法

悼词的结构包括标题和正文两部分。

（1）标题。悼词的标题位于首行居中，标题可直接写“悼词”或写“在×××同志追悼会上的悼词”。

（2）正文。正文通常以“我们怀着悲痛的心情悼念×××同志”开始。

首先，简要介绍死者的身份、职务、逝世时间、原因及终年。

其次，介绍死者生平，包括出生年月、籍贯、学历、职称或曾任职务，评价死者对国家、人民所做的贡献，讴歌其高尚的精神、品德、风貌。

再次，慰问死者家属，勉励生者学习死者的优秀品德。

最后，以“×××同志永垂不朽”“×××同志千古”“×××同志永远活在我们心中”等作结。

3. 悼词的写作要求

（1）悼词的内容要真实，不能虚构和捏造，对死者生平的评述要实事求是，恰如其分，以肯定死者的奉献为主要内容。

（2）悼词的写作不能过分悲伤，既要对死者表示悼念，又要对生者有所激励。

第六节

条　据

一、条据的含义

条据是日常生活和工作中经常使用的便条和字据。

二、条据的种类

条据可分为便条和字据两大类。便条包括请假条、留言条、托事条、意见条；字据包括借据、收据、领据、发据等。本节主要介绍几个较为常用的条据的写法。

三、常用条据的写作

（一）请假条

请假条是因某种原因不参加正常工作、学习时，写给对方的说明性便条。

请假条的结构一般包括标题、称谓、正文、祝颂语、落款五个部分。

1. 标题

在第一行居中写“请假条”。

2. 称谓

在标题下一行顶格写对对方的称呼，后加冒号。

3. 正文

首先，写清楚因何事请假，在说明请假原因时切忌写“因事请假”之类不着边际的话；其次，写请多久的假，要求写清请假的具体日期、时间；最后，可加上“恳请批准”作结。

4. 祝颂语

请假条的祝颂语一般用“此致”“敬礼”即可，格式与一般书信一样。

5. 落款

写请假人姓名、日期。

请假条的写作用语朴实，不宜花哨，更不必故作客气或玩幽默。

例文

请假条

××老师：

我因患急性肠炎，需要休息，特向您请假四天（5 月 15 日至 5 月 18 日）。请批准。

此致

敬礼

学生：黄××

2023 年 5 月 15 日

（二）字据

字据是当事人双方为办理涉及钱财或物品的各种手续而留下的证明。

据，就是根据、凭据的意思，本节所讲的字据是凭证条据，它具有一定的党政机关约束或法律效力，如领据、借据、收据等，往往可以作为收支、报销、保存查考的根据，俗称“单据”，它是处理财务或其他与财务会计相关事务时的一种常用文体。

字据的写作结构一般有标题、正文、结尾、落款四个部分。

1. 标题

标题位于字据第一行居中，字号稍大。它有两种写法。一种是写字据名称，如“借据”“收据”（也可写作“借条”“收条”）；另一种是将正文的开头作为标题，如“今借到”“今收到”等。

2. 正文

正文常用“兹”“今”“现”作起字，然后写明字据的事由或事实。事实应写明财物名称、数量、规格、金额（大写）。如果是借据、欠条还要写明还款、付款的日期和方式。

3. 结尾

一般凭据性条据，在正文后另起一行空两格，写上“此据”二字作结。

4. 落款

于正文右下方写明出具字据的单位名称或经手人、责任人姓名，必要时还加盖单位印章；署名下一行写明字据发生的年、月、日。年月日必须完整，年份不能简写，如“2023 年”不能写成“23 年”。

例文 1

借据

今借到财务处人民币叁仟元整，定于 2023 年 6 月 30 日前，如数归还。

此据

李××

2023 年 2 月 2 日

例文 2

今收到

数学系学生会归还49寸长虹牌彩色电视机壹台、录像机壹台，经检查机件完好。

此据

黄××

2023年5月12日

5. 字据的写作要求

字据的语言要求简洁、明了、准确无误，在写作时要注意以下问题：

（1）书写字迹要规范、清楚，一般以钢笔书写，以便保存。

（2）财物数量、金额必须用汉字大写，数额前不留空格，以免被增减涂改；如现金，应先写上币种名称（如“人民币”“美元”等），再写数字及量词名称（“元”“角”“分”）金额书写后以“整”字作结，以防涂改，如“人民币肆仟陆百贰拾元整”。

（3）字据若有涂改，应在涂改处签名或盖章，以示负责。

第七节

求职信

在市场经济的大潮中，要想找到一份称心如意的工作，往往要通过求职这一道关口。在找工作的过程中，一封出色的求职信就像一位出色的“使者”，可以在你和用人单位见面之前，给人留下深刻的印象，从而增加你面试的机会。因此，你需要学会精心设计你的求职信。

一、求职信的定义

求职信是一种日常事务类文体。在各种招聘中，通过这种文体介绍自己的基本情况，陈述自己的特长和优势，给求职单位以良好的印象，从而赢得聘用或面试的机会。这种文体应用的范围非常广泛。

根据求职者身份的不同，阐述问题角度的不同，求职信的内容、重点各异。可将求职信分为毕业生求职信、待业人员求职信、从业人员求职信等。

二、求职信的特点

（一）针对性

指要针对求职单位的实际情况、和个人的求职目标写，否则，求职信会因为针对性不强而石沉大海。

（二）自荐性

指要恰当地推销自己。求职信是沟通求职者与用人者的一种媒介，写作者要善于推介自己，并恰如其分地表现自己，用你的“闪光点”吸引对方。

（三）独特性

指内容和形式的不同一般。求职就是竞争，要想在竞争中取胜，必定要出类拔萃，不同一般。

三、求职信的写作结构

求职信一般由标题、称谓、正文、落款、附件五部分组成。

（一）标题

用“求职信”“应聘信”“自荐信”作标题。

（二）称谓

写招聘单位负责人职务，如“××公司经理”。

（三）正文

由开头、主体、结尾三部分组成。

1. 开头

简要写自己到招聘单位的理由（如对招聘单位所取得成绩的肯定和对其发展前景的向往），自己申请何职位等。

2. 主体

主体包括三部分：求职目标、求职缘起、求职条件。

（1）求职目标。表明求职愿望。如果针对特定岗位求职，可在信中明确提出，如果不针对特定岗位，仅仅针对工作机会，则可说明希望能到某单位就业即可。

如：“我写此信应聘贵公司招聘的经理助理职位”。

“我写此信应聘贵公司招聘的后勤岗位工作”（岗位不具体指出）。

（2）求职缘起。交代求职的理由，说明为什么希望到该单位工作并简单说明你如何得知该职位的招聘消息的。

如：“我很高兴地在招聘网站得知你们的招聘广告，并一直期望能有机会加盟贵公司”。

（3）求职条件。针对求职目标，介绍自己所学的专业与特长、兴趣与爱好，曾取得的成果或获得的奖励等，要扬长避短，处理好详略关系，既要有定量的介绍又要有定性的说明。

如：“我学的专业是动物营养与饲料加工，全部学业都已出色完成，成绩优良。附上一份个人简历及大学期间各科成绩一览表，供您参阅。从我的简历中您可以看到，我曾多次受到学校的表彰，我的一篇专业论文《××××××》，曾发表在×××杂志，并荣获2023年度××省优秀大学生科研成果乙等奖”。

3. 结尾

可以强调求职者的愿望和要求，最后是感谢致敬的惯用语。

如：我希望贵公司能给我一个奉献才智的机会，我热诚地期待着您的答复。

此致

敬礼！

（四）落款

右下角写明求职人姓名，并注明日期。

（五）附件

对你起证明或介绍作用的有关材料的复印件，附在信末的简历、证书、证明材料等，有证明单位或负责人的签名和盖章。

四、书写求职信的五点关键要素

许多求职者都对到底要不要写求职信这个问题很纠结，不知道求职信对于求职到底有没有帮助。为此，调查者走访了众多企业HR，收集到了很多反馈信息，其中42%的HR认为求职信可有可无，而43%的HR认为如果求职信写的不好，那还不如不写，只有15%的HR认为希望通过求职信来更加详细的了解求职者。如此看来，求职信还是有一定作用的，关键就在于求职信写的好不好。以下五点是书写求职信的关键要素。

（一）明确求职缘起

求职者必须要在求职信中写出公司的有点以及吸引你的地方，再真诚地表达出自己的想要加入的渴望。这需要我们对公司的过去、现在和未来以及对公司领导有一定的认知，并表现出关心，如此，才能赢得HR的好感。但是，描述中一定要言语中肯得体，切勿过分吹捧对方，否则会有讨好之嫌，会得不偿失。

（二）留有余地

在这里，你需要说明自己应聘的职位，但不用太过于具体了，否则可能会让你的求职范围缩小且与用人单位的要求不能完全贴合。因此，要给自己留下一点余地，以便让职责想接近的一些岗位也有可能被选中。

（三）凸显能力，表达信心

这里，你需要列举出来你自己与申请职位相匹配的专长，以及曾经获得的成绩和荣誉等信息，从而证明你具备公司所要求的条件和能力，增强对方对你的信任。

（四）措辞得体，个性突出

求职信中，我们既要突出自己的优势和特长，又要保持谦虚和委婉，自信却不自大，自谦却步妄自菲薄。这就要求我们措辞一定要诚恳，充满热情，切记不可教条化、枯燥呆板。一份成功的求职信，是建立在真实的基础上，再通过巧妙的构思和包装，从而达到突出自己个性，鹤立鸡群的效果。另外，运用修辞手法也可以让求职信文采飞扬，因此，措辞上，最好多下点功夫，如果能够得到语言专业的人才指导就更好了。

（五）短小精悍

最后一点，求职信必须要短，内容精练，能够迅速进入重点。信的长度最好不要超过半页纸，每一段也不要太长，3～4句话即可。

综上所述，一封优秀的求职信可以充分展示求职者的才学、能力和意志品质，点石成金，让招聘单位觉得你就是那个岗位的最佳人选；而一封词不达意、无的放失的求职信，不仅不能充分展示你的优秀质素，还会“点金成石”，成为你求职路上的绊脚石。希望这节内容能让迷茫的求职者找到方向，找到方法，练就出超高含金量的求职信这块“敲门砖”，成功应聘。

第八节

事务文书例文评析

【案例1】

××××学校“十四五”党建规划

为深入贯彻落实党的十九大及历次全会精神，落实全国高校思想政治工作会议、第二十七次全国高校党的建设工作会议精神以及教育部等部门《关于加快构建高校思想政治工作体系的意见》和《关于新时代加强和改进思想政治工作的意见》等文件精神，进一步加强和改进新形势下学校思想政治工作，全面提高学校思想政治工作水平，助力地方技能型高水平大学建设，特制定本规划。

一、指导思想

高举中国特色社会主义伟大旗帜，以习近平新时代中国特色社会主义思想为指导，全面贯彻党的教育方针，坚持和加强党的全面领导，坚持社会主义办学方向，围绕安徽“三地一区”建设，紧扣“一体化”和“高质量”两个关键，以立德树人为根本，以理想信念教育为核心，以培育和践行社会主义核心价值观为主线，以建立完善全员、全程、全方位育人体制机制为关键，全面提升高校思想政治工作质量，为培养德智体美劳全面发展的社会主义建设者和接班人提供坚强保证。

二、“十三五”思想政治工作发展回顾

（一）“十三五”思想政治工作成效

1. 完善了大思政工作机制。

2. 强化了思政教育工作理念。

3. 全面深化“三全育人”综合改革。

（二）“十三五”思想政治工作的差距与不足

1. 学生工作管理机制需要进一步完善。

2. “三全育人”综合改革力度需进一步加大。

3. 思政课程和课程思政改革成效需进一步提升。

三、“十四五”思想政治工作的机遇和挑战

1. 高校教育改革带来的挑战。

2. 网络新媒体的发展给思想政治工作带来挑战。

3. 办学条件不足的挑战。

4. 疫情防控常态化管理带来的挑战。

四、“十四五”思想政治工作的发展目标

围绕学院整体发展规划，到“十四五”末，基本形成我院大学生思想政治教育工作的新格局，进一步完善学生工作领导管理体制和工作运行机制，按《普通高等学校辅导员队伍建设规定》（43号令）文件要求，建成一支数量充足、趋于稳定，并具备职业化、专业化、专家化的学生工作专兼职队伍；加强马克思主义学院和马克思主义理论学科建设，加快培养一批立场坚定、功底扎实、经验丰富的马克思主义学者，特别是培养一大批青年马克思主义者；完成“三全育人”综合改革试点建设工作，顺利验收成为省级“三全育人”综合改革试点单位，形成浓厚的全员育人、全过程育人、全方位育人氛围；把习近平新时代中国特色社会主义思想融入学生教育管理和服务全过程，建立健全学生综合素质评价体系，提高思想政治教育的针对性和实效性；提高学生的创新创业意识，大幅度提高学生创业比率，增加参加各类型比赛学生数，省赛成绩明显提高，国赛成绩有突破；全面提升学生工作的各项指标，就业质量明显提高；建设特色鲜明的校史馆，校园文化形成特色和品牌，积极推进省级文明校园建设。

五、“十四五”思想政治工作的主要内容

（一）思想建设

1. 抓好思想理论建设这个根本，教育引导党员、干部矢志不渝为中国特色社会主义共同理想而奋斗。大力加强理论武装。以深入推进学习型党组织建设为契机，不断探索理论武装新形式，重点抓好党员，尤其是党员领导干部的理论学习。提升校院两级中心组学习实效，促进领导班子办学能力建设。大力开展形势政策、党史国情等主题教育，引导师生员工坚定理想信念，不断提升师生员工的思想政治素质。

2. 抓好党性教育这个核心，不断加强领导班子思想政治建设和办学治校能力建设，弘扬党的优良传统和作风，教育引导党员、干部牢固树立正确的世界观、权力观、事业观，准确把握高校领导体制的内涵，增强领导班子贯彻执行党委领导下的校长负责制的自觉性和主动性。充分发挥党委理论中心组作用，开展形式多样的学习教育活动，不断提高党员干部理论修养、政策水平和工作能力。

3. 抓好思想政治建设这个重点，落实《中国共产党廉洁自律准则》和《中国共产党党纪处分条例》，不断提高领导班子成员思想政治素质、政策理论水平、办学能力和拒腐防变能力，牢牢把握正确办学方向，确保党的路线方针政策在学校的贯彻落实。

积极推进大学文化建设，坚持以立德树人为根本，落实中央办公厅、国务院办公厅印发的《关于进一步加强和改进新形势下高校宣传思想工作的意见》，落实省委办公厅、省政府办公厅印发《关于进一步加强和改进新形势下高校宣传思想工作的实施意见》，以继续创建“全国文明单位”为抓手，以建设平安校园和和谐校园为目标，以校风、学风、教风建设为重点，全面落实《校园文化建设工程实施方案》，以培育和践行社会主义核心价值观为引领，深入挖掘校园文化建设内涵。注重发挥工会、共青团、妇委会等群团组织的作用，充分发挥民主党派和无党派人士作用。

（二）组织建设

1. 坚持以民主集中制为根本，不断完善党委领导下的校长负责制的工作机制。坚持和完善集体领导和个人分工负责相结合的工作制度，按照《中国共产党普通高等学校基层组织工作条例》和教育部《关于坚持和完善高校党委领导下的校长负责制实施意见》，建立健全落实党委重大决策的督查督办制度，不断增强坚持和完善党委领导下的校长负责制的科学性和有效性。召开第二届党代会，完成党委换届工作和各基层党组织换届工作。

2. 深化干部人事制度改革，建设高素质执政骨干队伍。优化基层班子结构，注重培养选拔政治强、懂专业、善治理、敢担当、作风正的领导干部。深化干部人事制度改革，完善政绩考核评价体系和奖惩机制，调动各级干部工作积极性、主动性、创造性。一是健全干部选拔任用和考评机制。严格执行《党政领导干部选拔任用工作条例》，进一步规范干部选拔任用程序，优化班子结构，选好配强党政负责人。逐步在教学单位实行行政领导干部任期制和目标管理制，在机关等部门中层管理干部中实行轮岗制，探索建立中层领导干部的上下、进出和交流机制。切实抓好后备干部选拔和培养工作。二是加强干部的考核工作，对不同职位领导干部实行分类考核，强化日常考核、任职考核、年终考核和任期考核工作，注重对考核结果的应用，逐步建立起共性内容与个性内容有机结合的考核评价体系。三是完善干部教育培训工作。以开展《中国共产党廉洁自律准则》和《中国共产党廉洁自律纪律处分条例》专题培训为契机，开展干部全员教育培训，加强干部素质与能力建设。拓宽教育培训渠道，丰富教育培训内容，改进教育培训方式，整合教育培训资源，建立全覆盖、多手段、高质量的培训网络。遵循干部教育培训规律和人才成长规律，按照干什么学什么、缺什么补什么的原则，切实增强干部教育培训的针对性和实效性，“十三五”期间科级以上干部分层次、分系列集中培训 1～2 次。要加大外出培训的力度，正处级干部要分批次组织外出培训，提高培训效果。

3. 创新基层党建工作，夯实党执政的组织基础。一是积极推进基层党组织规范化和科学化建设。全面贯彻落实《中国共产党普通高等学校基层党组织工作条例》，强化基层党组织整体功能，发挥战斗堡垒作用和党员先锋模范作用。创新党支部组织生活的活动方式和载体，拓展党支部组织生活空间，推进党支部组织生活进社团、进公寓，积极探索更加开放、更加鲜明和更加有效的活动载体与实现形式。加大经费投入力度，各基层党组织按教工党员每人 200 元，学生党员每人 100 元的标准，划拨经费。投入一定的经费加强 24 个党员活动室建设，以满足党员活动的需要。二是抓好党建工作理论研究。围绕高教强省战略，结合新时期、新形势下高校党的建设面临的重大理论问题，注重党的建设指导理论体系的研究，注重破解制约党建工作整体水平提升的研究，围绕省教育厅“十三五”科学研究规划项目（党建专项）进行选题。力争到“十三五”末，有省级党建研究重点项目 3～5 项，校级项目达到 20 项左右。设立党建研究专项经费 10 万元，保证党建研究项目的完成。三是抓好党员发展和党员教育管理工作。不断加强党员经常性教育和规范化管理工作，进一步做好对入党积极分子的教育、培养和考察工作，积极吸收优秀青年教师和优秀学生入党，从整体上优化党员队伍结构，使我校在校生党员数量保持在学生总数的2%以上。

4. 加强人才队伍建设。高度重视人才的基础性、战略性、全局性的作用，加大高层次人才、拔尖人才引进和中青年骨干教师培养力度，实施“中青年教师职业能力提升计划”“学科带头人、骨干教师培养计划”等，加强高水平管理人才队伍和后勤保障队伍建设。

（三）作风建设

加强思想作风建设，认真学习习近平总书记系列讲话精神，组织开展好“三严三实”专题教育学习活动，努力提高党员干部的理论水平和解决实际问题的能力。

加强工作作风建设，坚持“以人为本、心系师生、服务师生”的工作理念，保持党同人民群众的血肉联系。不断改进领导方式和工作方法，坚持“真抓实干、务求实效”；要严格执行民主集中制的各项制度规定，坚持“发扬民主、团结共事”。

加强领导干部生活作风建设，要坚持“艰苦奋斗、勤俭节约”的传统美德，要时刻牢记“两个务必”，带头反对“四风”。树立正确的权力观、地位观、利益观，坚持清正廉洁，反对以权谋私，坚持自重、自省、自警、自励，严格遵守党纪国法，严格遵守政治纪律政治规矩，严格管理自己的亲属和身边工作人员，不搞以权谋私，不搞特殊化，爱党爱民、勤政敬业、廉洁奉公。

（四）党风廉政建设

1. 切实加强党内监督。认真落实《中国共产党党内监督条例》，不断完善“三重一大”集体决策、述职述廉、函询、诫勉谈话、个人事项报告、领导干部经济责任审计和民主生活会制度。不断强化党风廉政建设责任制和“两个主体”主体的贯彻落实，认真做好学校“两个主体”责任的组织细化工作。充分发挥党员在党内生活中的主体作用，充分运用网络、微信等新媒体，不断拓展党员民主权利实现的新平台和新载体，积极营造党内民主讨论、民主监督的良好氛围，形成充满活力、团结和谐的党内民主生活环境。

2. 深入推进反腐倡廉教育。以党员领导干部为重点，深入开展理想信念、廉洁从政和党性党风党纪教育，引导党员干部树立正确的权力观、地位观、利益观，筑牢拒腐防变的思想防线

3. 健全和完善反腐倡廉制度。认真贯彻落实《关于实行党风廉政建设责任制的规定》，深入贯彻落实惩防体系实施纲要，努力构建符合学校特点的惩治和预防腐败体系。加强廉政风险防范管理，不断完善重点部门、关键岗位的权力运行制度。强化和推进在基层党总支设立纪检员工作，切实加强基层党风廉政建设。

4. 加大违法违纪案件查处力度。完善信访举报渠道和制度，加强信访举报线索的排查和初核。坚持依法依纪和安全文明办案，严肃查办领导干部以权谋私、失职渎职案件，严重违反政治纪律和组织人事纪律案件，招生考试徇私舞弊、弄虚作假案件，学术腐败案件等。

（五）制度建设

1. 以党章为根本加强党的制度建设。制定并下发《校级领导联系教学单位办法》，

制定并实施《××××学院处科级干部选拔任用管理办法》，进一步完善《××××学院党委理论中心组学习制度》《××××学院基层党组织理论中心组学习制度》《××××学院教职工政治理论学习制度》。修订学校《发展党员工作实施细则》，制定并实施制定《党员管理工作手册》。

2. 以民主集中制为核心建立健全党的制度体系。进一步修订完善《××××学院党委常委会议事规则》《××××学院校长办公会议事规则》《××××学院领导班子落实“三重一大”制度的实施办法》《××××学院党委理论中心组学习制度》。

3. 完善党风廉政责任制度。修订完善《××××学院落实党风廉政建设责任制责任追究实施细则》和《××××学院关于加强党员干部纪律监督的规定》。

六、保证措施

（一）明确目标任务，落实责任分工

学校党群各部门、各基层党总支（直属党支部）要在学校党委统一领导下，按照规划的统一部署和要求，对目标任务进行分解，明确责任分工。学校党委组织部负责规划实施的组织、协调，党群各部门按照分工具体组织实施，密切协作，共同抓好规划的贯彻落实。

（二）提出实施方案，制定配套措施

学校党群各部门、各基层党总支（直属党支部）要围绕规划确定的目标和任务，提出本部门、本单位的具体实施方案和措施。

（三）广泛宣传动员，营造良好环境

广泛宣传加强和改进新形势下学校党的建设的重要性和紧迫性，广泛宣传规划的重大意义和主要内容，为实施规划创造良好的舆论环境。

【简评】

这份规划，具备了计划的四个特点。它对××××学校“十四五”期间的党建工作作了规划，具有很强的预想性。这份计划的目标非常明确，总体目标是什么，每个阶段的具体目标又是什么，都分条列出。为实现目标制定的措施和要求也具有很强的实践性和科学性。规划中，前言和第一、第二、第三部分说明“为什么做”，从内容来说，比较完整。第四、五部分看出“做什么”。第六部分回答了“怎么做”。这份规划中的要求是和目标、任务结合起来写的。从结构上看，这份规划采用常见的条款式写法，条理清晰，一目了然。

【案例2】

××工商学院第26届推普周活动总结

按照××省教育厅、省语委等八部门通知精神，学院语委会会同有关部门制定了本校推普周活动方案。于2023年9月11日至20日开展了以“推广普通话，奋进新征程”

为主题的第 26 届全国推广普通话宣传周活动。各部门联动，各司其职，各负其责，全员参与，互相监督，共同进步。通过集中地推普活动，全体师生员工对普通话的重要作用的认识更加深入了，学习普通话的热情被广泛地调动起来了，普通话的水平明显提高了，对伟大的祖国更加热爱了。

按照活动方案要求，学院主管副院长主抓，各部门分工协作，主要开展了以下工作：

一、由语委办负责在学生中和各部门办公室广泛散发推普宣传单。营造全员推广普通话、学习普通话、检视语言规范的浓厚氛围。

二、由语委办负责在学校语委网发布普通话知识文章。从语言知识和应用技能方面积极引导和严格把关。

三、由宣传部负责在校园大屏幕滚动播出了推普宣传视频。通过光电效果扩大推普活动的影响。

四、由团委负责把“普推广普通话，奋进新征程”主题融入各类活动中。号召全体师生员工热爱祖国广阔的热土，热爱祖国优秀的传统文化，学好普通话，拥抱新时代，营造中国梦。

五、由扶贫办负责把推普材料发放到贫困户家中。此项工作随着扶贫攻坚工作同步进行中。

六、由校办负责检查文件执行语言文字规范情况。在语文应用环节紧紧盯住每一个疏忽和错误，做好学好普通话，用好规范字的模范。

推普活动经验：

一、部门联动，是推广好普通话的保证。“推广普通话”首要在“推”。

二、全员参与，是推广好普通话的重要前提。“普通话”重点在“普”。

三、专业指导，是推广好普通话的关键。“普通话”关键要“通”。

存在的不足：

主要是加强推普活动常态化，杜绝活动一阵风，风过无影踪现象。要时刻注意加强普通话学习，巩固推普周成果。

对今后工作的设想（略）

××工商学院语言文字工作委员会

2023 年 10 月 9 日

【简评】

这是一篇专题性总结，介绍了推广普通话活动的主要成绩和经验。导言部分概括介绍了开展推广普通话活动的依据和活动开展的总体情况，接下来回顾了开展推普活动采取的主要工作方式方法和取得的主要成绩；然后从过去的成绩和做法里归纳出主要经验。文章对推普工作进行总结，对经验的介绍也比较具体，体现了总结的回顾性和借鉴性特点，内容层次分明，条理清楚，是一篇可仿性较强的专题总结。

【案例3】

吉林工商学院2022年春季学期在线教学质量报告（第一期3.7－3.20）

根据吉林省委、省教育厅和《九台区新型冠状病毒肺炎疫情防控工作领导小组办公室通告》等有关文件要求，为切实保障学校师生的身体健康和生命安全，减少因新冠疫情对我校教学工作的影响，从3月7日起我校全面启动线上教学模式。开展线上教学以来，在学校党委、行政精心谋划和周密部署下，在各教学单位、相关部门和全体师生的共同努力下，我校线上教学井然有序、教学效果良好。

一、线上教学运行情况

（一）基本情况

教师线上授课普遍采用直播、MOOC教学和混合式教学模式。使用的线上授课平台包括蓝墨、腾讯会议、超星学习通、腾讯课堂、QQ群、中国大学慕课、钉钉等。线上线下利用QQ群、微信群进行讨论、辅导及答疑。截至目前，共有502名教师针对693门课程开展线上教学，10921名学生参加线上学习。

（二）超星平台数据分析

1. 总体情况

3月7日至3月20日，本平台活跃课程共130门，上线教师388人，在线学习学生达12015人次，见下表。

全校整体数据

	活跃课程（门）	上线教师（人）	上线学生（人）	平台访问量（PV）
03.07	60	197	9039	3000110
03.08	57	157	7913	2185332
03.09	56	149	7352	2039224
03.10	64	147	7218	2050298
03.11	48	133	6715	1838051
03.12	32	80	4627	1269673
03.13	36	73	4786	1042588
03.14	49	132	7281	1660263
03.15	58	133	7329	1762522
03.16	58	139	7686	2061165
03.17	61	195	7254	2042808
03.18	60	147	8083	2221126
03.19	41	113	5262	1595411
03.20	40	118	4576	1357594
累计数据	130	388	12015	26126155

2. 开课情况

开展线上教学以来，本平台累计自建课程 328 门，其中 65 门新建课，51 门使用超星尔雅通识课程资源。课程资源总量 3699 个，其中 1242 个为新建资源，占比 34%。运行教学班级 1566 个，发布课堂活动 57747 次，师生参与讨论活动累计 10834 个。

	自建课程运行（门）	新建课程（门）	资源上传（个）	运行班次（个）	课堂活动（次）	师生讨论（个）
03.07	152	3	342	706	5077	1563
03.08	140	9	62	637	6010	1264
03.09	131	1	76	708	5201	538
03.10	140	2	101	694	4180	522
03.11	118	0	46	632	4988	570
03.12	109	1	47	603	1878	407
03.13	130	8	90	601	338	24
03.14	120	4	138	631	4261	714
03.15	139	0	59	668	5874	1135
03.16	134	4	95	696	6973	1015
03.17	153	11	34	756	5018	1530
03.18	158	14	103	782	5690	1189
03.19	140	3	25	681	1809	124
03.20	130	5	24	678	450	239
自定义时间数据	328	65	1242	1566	57747	10834

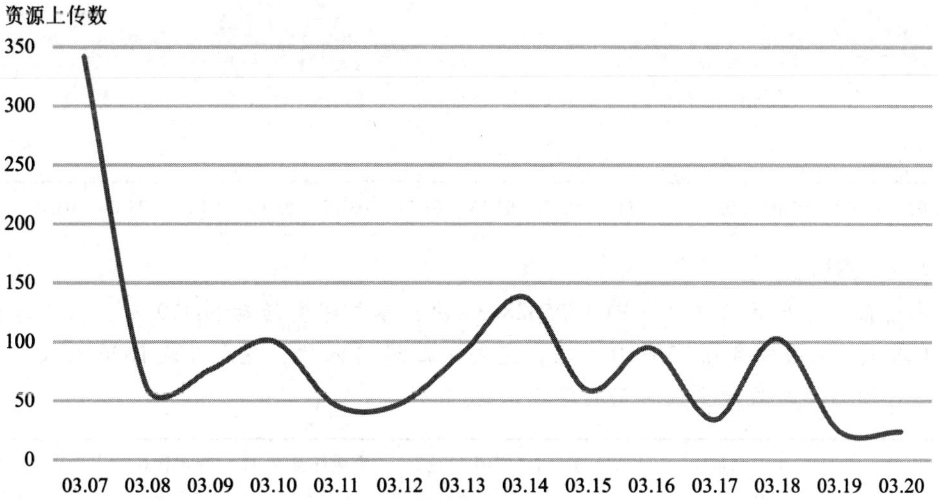

资源上传趋势

3. 任课教师

本阶段，任课教师访问平台（PV）497332 次，新建课程任务 139 个，发布活动 1428 个，发起讨论 133 次，发布作业 202 次，批阅作业 1152 个，发布考试 17 次。平台数据显示，课堂活动和讨论是任课教师最喜欢的教学互动方式。

	教师访问量（PV）	新增任务点（个）	发布活动（个）	发起讨论（个）	发布作业（个）	批阅作业（个）	发布考试（个）
03.07	52794	46	119	11	30	0	1
03.08	44732	4	187	11	7	122	0
03.09	34030	2	131	9	19	7	0
03.10	41664	6	109	6	15	132	2
03.11	31908	14	109	5	8	6	0
03.12	11635	0	40	0	11	41	0
03.13	10097	0	3	3	0	58	0
03.14	30585	19	76	13	8	16	0
03.15	40602	2	146	11	11	82	1
03.16	43432	7	144	20	9	316	4
03.17	73059	8	138	30	9	55	2
03.18	47204	3	162	12	59	138	7
03.19	17067	2	50	1	5	0	0
03.20	18523	26	14	1	11	179	0
自定义时间数据	497332	139	1428	133	202	1152	17

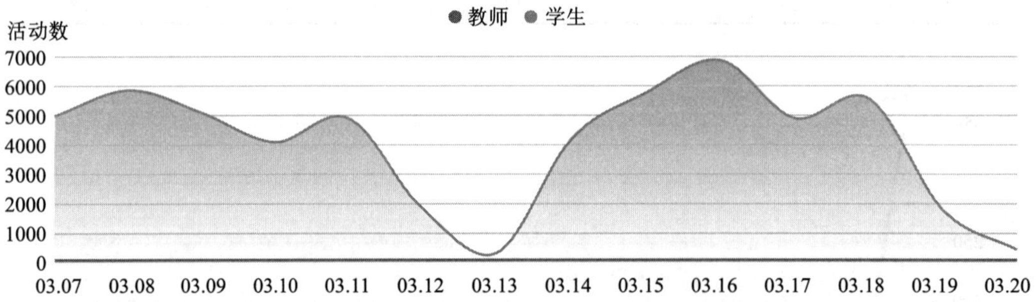

4. 学生情况

本阶段，学生访问平台（PV）25628833次，参与课堂活动56319人次，参与讨论10701人次，完成任务点735110人次，完成作业5213人次，完成考试1096人次。数据显示，手机成为我校学生最常用的学习工具。

	学生访问量（PV）	活动参与（人次）	学生讨论（个）	完成任务点（人次）	完成作业（人次）	完成考试（人次）
03.07	2947316	4958	1552	57883	669	37
03.08	2140600	5823	1253	56302	434	1
03.09	2005194	5070	529	42562	441	3
03.10	2008634	4071	516	60589	634	86

续表

	学生访问量（PV）	活动参与（人次）	学生讨论（个）	完成任务点（人次）	完成作业（人次）	完成考试（人次）
03.11	1806143	4879	565	44663	278	3
03.12	1258038	1838	407	42392	268	2
03.13	1032491	335	21	31165	355	1
03.14	1629678	4185	701	34518	284	0
03.15	1721920	5728	1124	40961	360	1
03.16	2017733	6829	995	54724	310	300
03.17	1969749	4880	1500	66642	271	171
03.18	2173922	5528	1177	67290	607	489
03.19	1578344	1759	123	73280	122	1
03.20	1339071	436	238	62139	180	1
自定义时间数据	25628833	56319	10701	735110	5213	1096

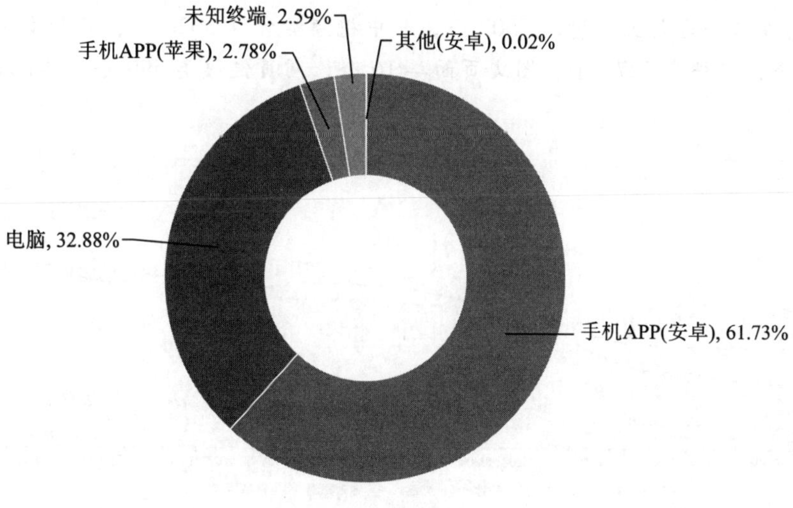

使用端占比

（三）蓝墨平台数据分析

1. 总体数据

3月7日至3月20日，云班课班课总数910门，开课教师641人次，加入班课学生41990人次，各学院开设班课数量分布见下图。

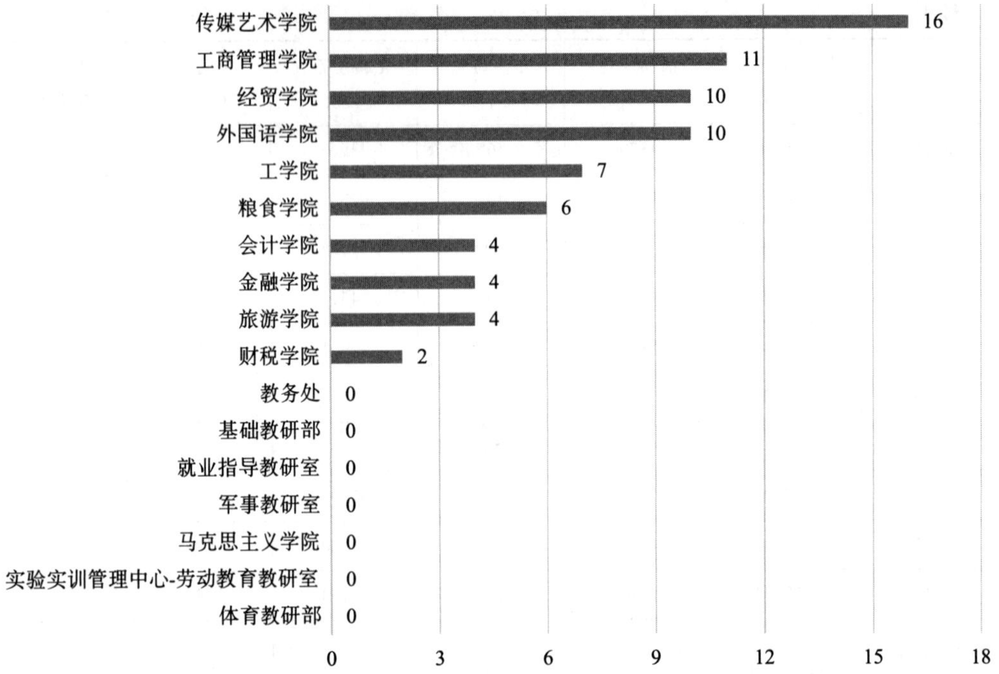

从 2022－03－07 到 2022－03－20 新增班课数量统计

2. 资源上传数据

前两周在本平台共上传资源 7502 个，其中视频类资源 3020 个，音频类 149 个，图片类 1976 个，文档类 2277 个，图文页面类 16 个，网页链接类 599 个，其他类 465 个。

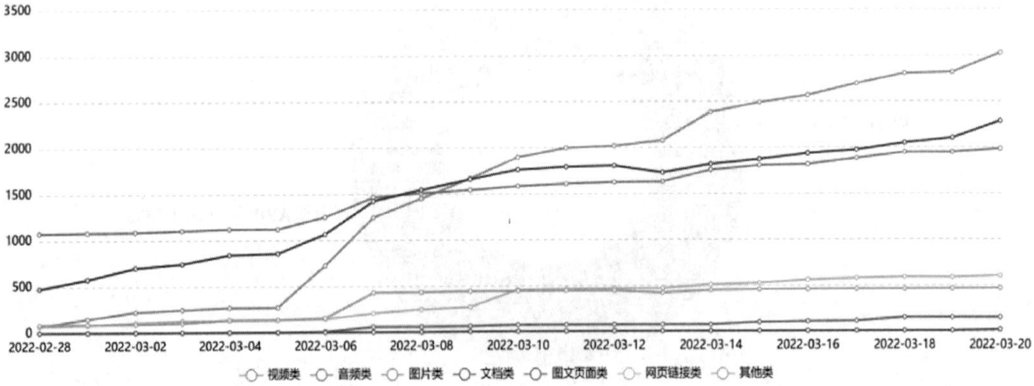

从 2022－02－28 到 2022－03－20 资源数量日报

3. 开展活动数据

教师在本平台共开展活动 3727 个，其中作业/小组任务 996 个，投票/问卷 178 个，头脑风暴 624 个，轻直播/讨论 842 个，测试 443 个，课堂表现 643 个，技能考 1 个，开展活动类型及占比详见下图。

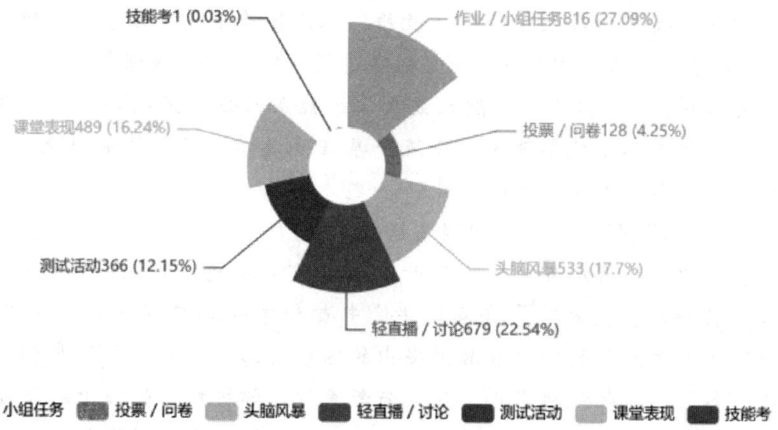

从 2022－03－07 到 2022－03－20 新开展活动类型分布

4. 学生出勤率

本平台数据显示，学生线上学习出勤率较高，平均出勤率达 96% 以上。

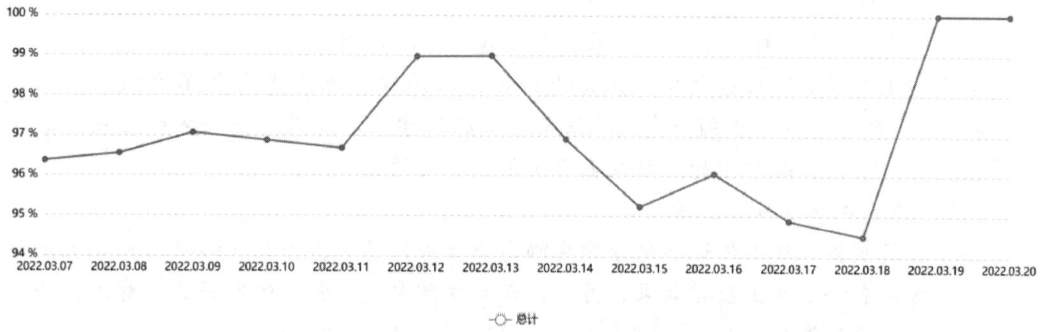

从 2022－03－07 到 2022－03－20 出勤率日报表

二、多措并举应对疫情挑战，提质增效保障线上教学

（一）学校领导高度重视，教务处统筹协调

学校疫情防控工作领导小组加强统筹协调和服务保障，研究部署落实疫情防控措施并制定周密预案，妥善安排协调各类教学活动。教务处发布了《吉林工商学院疫情防控期间在线教学组织与实施方案》《关于全面开展线上教学的通知》《关于进一步保障线上教学质量的相关要求》和《关于做好〈防疫教育教学参考提纲〉的通知》，为学校有序有效开展线上教学提供了制度保障。同时，副校长徐文对全体授课教师提出在线教学要求，强调任课教师应提高政治站位，加强课程思政，把战胜疫情、家国情怀、爱国精神和青年人的使命担当等元素融入课堂教学，对学生进行人文关怀，正面引导，积极传递正能量。为保质保量完成线上教学工作，教务处组织召开了三次教学工作视频会议，认真做好疫情防控期间的教学计划调整与各项工作预案，采取多项举措最大程度减少疫情对教学产生的影响，确保各项教学工作有序推进。

（二）精心做好教学管理与服务，提高教师线上教学能力

为精心做好教学管理与服务工作，提高教师线上教学能力与水平，促进教学内容再完善、教学组织再设计和教学反思再提升，教务处教师教学发展中心自 3 月 5 日起与北

京超星、学堂在线等公司联合开展《教师信息化教学能力提升系列讲座》《稳学情 增实效 向未来 教学新模式云端研讨会》《标准引领下的优质在线课程设计与实践》《教师教学创新能力培训》《吉林工商学院在线教学经验系列分享交流会》等系列培训活动。邀请专家在线辅导信息化教学理念，交流分享在线教学经验，同时辅之以平台实操演练，助力我校教师信息化教学水平的提升。

（三）协同作战保障线上教学提质增效

线上教学的平稳有序开展，离不开基层学院和职能处室的全力以赴与鼎力支持。3月7日起，教务处、教学质量监控与评价中心和学院二级督导对线上教学进行全面巡课，针对线上巡课发现的问题和教师提出的困难及时与各教学单位及相关部门沟通、反馈、解决。各教学单位积极贯彻、落实省教育厅及学校提出的线上教学要求，成立线上教学工作领导小组，制定线上教学工作方案和教学评价表，对多教学平台进行测试。采取多种管理、监督方式确保线上教学“标准不降、质量不减”。各教学单位发挥教研室网上集体备课、研讨的优势，鼓励教师进行线上教学经验交流，共同提升线上教学技能，确保线上教学提质增效。

三、存在的问题

（一）存在课堂“挂屏学习”现象，学习效果无法监测

部分学生在线听课状态欠佳，注意力分散，教师随机点名久久收不到回应，存在“挂屏学习”现象。授课教师一方面无法及时接收到学生的反馈，另一方面无法全面掌握学生的学习状态，给学生的学习效果评价带来一定的困难。

（二）存在网络卡顿和流量使用困难

由于各高校集中线上授课和部分学生隔离酒店条件限制，导致网络拥堵和学生流量不足，一方面影响了线上教学效果，另一方面学生需要支付较多的购买流量费用，给学生造成了一定的经济负担。

（三）教师线上教学能力不足

新进教师缺少线上教学经验，在线上课堂教学组织和线上教学平台使用等方面存在不足，需加强学习与培训；年纪偏大的老教师对信息化教学手段接受较慢，使用不熟练，也在一定程度上影响了线上教学效果。

四、解决措施

（一）加强学生线上学习管理与监督

教务处及各教学单位的二级教学督导，针对线上教学期间的学生学习情况进行专项督导和检查，及时跟踪反馈学生线上学习的动态。指导授课教师课上加强课堂管理，开展多样化线上学习活动，激发学生的学习兴趣，吸引学生的课堂关注度；课下加强对学生学习进度、学习效果、作业完成情况等学习过程的监控。课上课下衔接联动，有效提高学生线上学习效果。

（二）加强在线教学能力培训，组织教师开展经验交流

教务处及时了解教师培训需求，有针对性开展线上教学能力培训，强化学习补短板。鉴于网络运行、服务器容纳量有限等问题，我校要求老师们将云班课、超星学习通、腾讯课堂等多平台有机结合使用。鼓励老师、学生利用云班课、超星学习通开展线上教学活动，利用腾讯课堂、腾讯视频、QQ等形式进行课堂直播。要求任课教师线上

教学做好多种预案，多种教学手段、教学方式灵活运用，确保学生真正听进去、学进去，做好线上线下教学的紧密衔接。

（三）多部门合力解决学生线上学习困难问题

教务处将学生流量不足影响线上学习问题及时上报学校防疫工作领导小组，在学校领导的大力支持下，在网络建设与信息管理中心的多方协调下，联通、移动、电信等网络部门为我校学生量身定制了多种优惠的流量套餐组合，为学生们节省了流量费用，解决了线上学习的后顾之忧。

【简评】

这是一篇典型调研报告。正文的导言部分概括介绍调研对象、基本情况和主要成绩。主体部分采用横式结构，通过对典型材料和数据的分析和论证，揭示了学校在线教学工作的探索准备、教和学两方面获得较好效果的情况和原因。结尾部分是对调查结果进行分析，给出了改进的建议，深化了主题。全文条理清楚，观点突出，语言严谨、简明。

【案例 4】

净月高新区致省、市直机关居民志愿者朋友一封感谢信

省、市直机关居民志愿者朋友：

你们辛苦了！壬寅仲春，疫情来袭。面对严峻复杂的疫情防控形势，你们第一时间临危出战、亮明“身份”、做表率、当先锋，如众川赴海般投身一线防疫，用40多个日夜的并肩奋战和一个个鲜活的抗疫事迹，谱写了众志成城、齐心战疫的动人画卷。

连日来，你们迎难而上、向“疫”而行，守望互助、不辞辛劳、昼夜坚守。在疫情防控最吃紧、最关键的时刻，你们响应号召、走出家门，到社区、小区报到，积极融入本小区的防疫工作中去，为已达极限的基层解决了燃眉之急、补充了新鲜血液，极大的缓解了一线压力；你们以丰富的组织经验、过硬的技术能力、闪光的奉献精神，扛起临时党支部第一书记的职责；你们统筹各方资源，上下协调、左右沟通，夜以继日组织核酸检测、物资保供、小区管控，全面筑牢疫情防控的坚固防线；你们舍小家、为大家，送菜、消杀、清运，埋头苦干、亲力亲为、披星戴月，用自己的每一个行动、每一次付出，传递着防控力度、传导着城市温度；你们赢得了身边百姓的普遍认可和赞许，让战“疫”的力量更强、战“疫”的底色更暖。

涓涓溪流，终成湖海。此时此刻，终将难忘。我们坚信，携手并肩、同舟共济，必然成就最美的相遇，春花已开，胜利可期！

在此，净月高新区党工委、管委会和全区41万居民，向你们致以最崇高的敬意和最诚挚的谢意！

致，我们一起拼尽全力、共克时艰的高光时刻。

敬，胸怀大爱、无私奉献的志愿精神。祝愿各位身体健康、工作顺利、阖家幸福！

长春净月高新区疫情防控指挥部

2022 年 4 月 22 日

【简评】

这是一封公开的感谢信，从格式上说，是一封比较规范的感谢信。因为感谢的不只是个人，所以称呼用类称，提到了受感谢单位的每个群体，修饰语也用得很得体。正文首先概述感谢的事由，因为接受帮助的是一群人，所以对感谢事由采用概括式的叙述。虽然是概述，但关键的细节也写得感人、生动，如“鼎力相助、火线驰援……”等细节。其次，在事由的基础上又对受感谢者的优良品德进行评论并给予赞扬，如“以命搏命、舍命相助”等。最后，是表达决心，结语部分对受感谢者表示良好的祝愿。这封感谢信虽然篇幅简短，但要点齐全，用词也比较恰当，体现了感谢信的感激性和表扬性的特点。

【案例 5】

求职信

*** 公司经理：

您好！

我是一名即将毕业的大学生，在众多的用人单位中，经过慎重考虑，决定到贵公司应聘 *** 部经理助理一职。我学的专业是“ *** ”，全部学业成绩优良。附上一份个人简历及大学期间各科成绩一览表，供您参阅。从我的简历中您可以看到，我曾多次受到学校的表彰，我的一篇专业论文《×××××××》，曾发表在××××杂志，并荣获 2023 年度××省优秀大学生科研成果乙等奖。

据了解，贵公司领导十分重视人才，办事效率高，团队关系融洽，员工可以一心一意地搞科研和生产。今年上半年在贵公司实习的一段时间，我也深深地感到了这一点。可以想象，在如此宽松和谐的环境里工作，作为贵公司的一员，该多么自豪！

当然，条件如此优越的公司，想进去绝非易事；但我坚信自己有能力敲开贵公司的大门，我已熟练掌握了本专业的基本理论及操作技能，在××方面尤有专长（附上我的导师××教授的推荐信供您参考）。

我希望贵公司能给我一个奉献才智的机会，我热诚地期待着您的答复。

此致

敬礼！

附件：（略）

求职人：×××

2024 年 6 月 8 日

【简评】

此篇求职信的特点：讲究沟通的技巧；文字表达上可以看出隐藏在文字背后的态度和综合能力。

概括为：第一，目标明确、针对性强；第二，结构严谨，思维缜密；第三，善于沟通人际关系。

【案例6】

欢迎词

尊敬的陈市长，各位领导、各位来宾：

温泉是一种文化，“春寒赐浴华清池，温泉水滑洗凝脂，”早在1200多年前，唐朝大诗人白居易，就对温泉文化作出了留传后世的名言诗句。今天我们在这里举行××红酒温泉开业庆典，也是一次文化的盛会。在此，我代表中共山亭区委、山亭区人民政府向各位领导、各位来宾表示热烈欢迎和衷心感谢！

“灵山秀水、林海果园”，山亭是天然的休闲胜地，理想的旅游目的地。近年来，区委、区政府大力实施休闲经济战略，注重打造“鲁南欧情山城、生态休闲家园”，不断提升自然魅力和文化品味，在温泉建设上，追求“自然、亲和、养生”，高点起步，使××室外红酒温泉融入欧情文化和地域特色，形成了独特风格，更成为温泉中的骄子、修身养性的境地。

此时此刻，真诚邀请各位领导、嘉宾和朋友们多留一些时间，多来××庄园，尽情品××美酒，泡梦幻温泉，让××红酒温泉成为我们的美好之约、难忘之旅。

今年是我们伟大的中华人民共和国成立75周年，在此，让我们携手祝愿伟大的祖国繁荣富强！

祝愿大家身体健康，万事胜意！

谢谢大家！

【简评】

重点表达主办方对嘉宾到来的欢迎、感激之情及嘉宾到来的重要意义。同时阐释举办活动的意义。

【案例7】

答谢词

对于十月诗歌奖的答谢词

谢谢《十月》杂志社。谢谢在座的各位。能获得一本严谨、一直令我敬重的刊物所授予的这一荣誉，我感到非常荣幸，也有些惶恐。今年又正逢新诗百年，因此，这样一个荣誉对我又有着非同寻常的意义。我视这份荣誉是一种激励和鞭策，它将令我在诗歌这项长跑运动中继续前行。

我赞同陈先发先生的观点，诗学归根结底是心学。诗人总是以内心为起点去构想与建筑。所以，无论是丰富还是贫乏的、无论是静美还是荒诞的、无论是仁慈还是冷漠的，诗人面对自己身处的这个世界，永远是诗人内化后的那个世界。

从来没有哪个时代像我们今天置身的这个时代具有如此多的复杂性。所以，要写出与之匹配的典范作品是一件困难的事。我们更多的只是在用自己的眼睛去观察这个世界，并把这个世界内化为诗人个体的世界。我也十分敬佩那些向伟大诗人掘进的诗人们，我也相信这样的诗人在汉语新诗中必将会出现。但诗歌所赋予我的使命，是让长居一座岛屿的我，用这座岛屿植入我灵魂的湖泊、白鹭、草木，用我灵魂里生成的星辰、雨水、群峰，去唤醒我的世界。让这个时代无暇顾及自己心灵的人，在他们需要时，为他们供出“我的世界”的语调，以此慰藉。我想，这样一种真诚的诗歌理想，或许正是诗歌在今天的意义所在。我也乐意做这样一位诗人。

谢谢大家！

【简评】

重点表达对主办方的感谢之意，同时阐释自己对此次活动或共性或独特的意义的认识，最后表达对此类活动的建议和期待。

【案例8】

欢送词

今天，我们怀着激动的心情给×××书记送行，首先，请允许我代表市委、市政府并以我个人的名誉向×××同志升任地委委员表示衷心的祝贺。2017年，×××同志来到××任职。6年多来，作为班长×××书记团结和带领全市各族干部群众，勤勤恳恳、艰苦奋斗，使××经济、社会发生了新的变化，取得了新的成绩，这些是大家有目共睹的。

这6年是××发生巨大变化的6年，是××经济发展、社会稳定、民族团结、社会进步的6年，是全市人民生活大改善的6年。×××同志在这6年中，深入实际，密切联系群众，切实起到班长的作用，为我们积累了丰富的工作经验，树立了榜样，在他的指导和帮助下，我们学到了许多好的工作经验和工作方法，受益匪浅。我们相信，今后，×××书记一定会继续关心和指导我们的工作，为我市实现经济持续、快速、健康的发展和社会的全面进步，做出更大的贡献。

最后祝：×××书记在新的岗位上工作顺利，取得更大的成绩。同时，祝×××书记在×××学习期间身体健康，万事胜意。

【简评】

重点表达依依不舍之情，被送别者为单位做出的贡献。同时作为朋友相处的点点滴滴，以及对未来的祝福。

【案例9】

××讣告

×××同志逝世

××区农业和水利局离休干部×××同志（享受副处级待遇）因病于2023年6月19日凌晨3时逝世，终年77岁。2023年6月20日上午10时在××新兴东路南一巷四座1号举行×××同志遗体告别仪式。

××区农业和水利局
2023年6月19日

【简评】

关键信息要素表达要准确、完备。有逝者姓名、去世时间、地点、原因、年龄、吊唁或遗体告别时间，以及特别提醒事项等，还要注意使用惯用词语。

【案例10】

悼　词

各位领导、各位来宾、各位亲友：

苍天呜咽，大地含悲，青山不语，哀乐低回。今天在这里，我们怀着无比沉痛的心情，与我们至亲至爱的人××洒泪告别。她静静地走了，从此永远地离开了我们，离开了相濡以沫的丈夫，离开了优秀的孩子，离开了永远思念她的亲人和朋友。烟雨凄寒，花凋叶落凝血泪；音容寂寞，清溪流水奏哀声。

××生于1962年11月10日，1978年参加工作，到2022年12月退休，一直在教育战线辛勤耕耘，培育桃李四十载，鞠躬尽瘁六十春。她刚刚退休，本来可以在家享受人生余年、天伦之乐，但2022年10月却突然检查出肺癌晚期，无情的病魔又残酷地折磨了她1年时间，终因医治无效，于2023年10月10日20：30与世长辞，享年仅仅61岁。任何人都没有办法把握生命长度，可是她却用自己的奋斗增加了生命的厚度。她的一生是火热的一生，沸腾的一生，光彩照人的一生。我们相信，逝去的只是一个鲜活的生命，而她留下的将是一种永垂不朽的精神。

××一生热爱教育事业、热爱学生，全心全意投入教书育人工作，孜孜不倦求学上进，把炽热的爱和满腔的心血全部倾注在教育事业上，她以一生的实践，谱写了一首忠诚教育事业的壮丽诗篇。她在平凡的岗位上创造了不平凡的工作成绩。工作中她严于律己，宽以待人，师德高尚。用自己的心血作灯油，点亮过多少在蒙昧中摸索探路者的明灯；她用瘦弱的身躯作柱梁，为多少学生撑起了一方明净蔚蓝的天空。启迪了无数个幼小的心灵，培育了许许多多优秀的学生，表现了一位人民教师的良好职业道德和崇高的敬业精神。40 年如一日，挥洒在三尺讲台上，春风化雨，启迪心智；61 年的人生路，风雨兼程，奋斗了一生，精彩了一生。

××一生为人正直，光明磊落，性格开朗，心胸宽阔。对待朋友真诚热情，忠肝义胆。对待家人，她是父母的好女儿，公婆的好儿媳，任劳任怨，忠孝两全，夫妻间感情融洽，相濡以沫，家庭和睦，堪称楷模。她是众兄弟姐妹当中的老大，对待弟弟妹妹们更是关怀备至，乐善好施，慷慨解囊，倾其所有，关键时刻总是把困难留给自己，把方便让给他人。她帮助父母把弟弟妹妹们培养成了大学生、研究生，而后又为弟弟妹妹们指引人生方向，带领他们从农村走向城市，个个生活富裕美好。所以她是兄弟姐妹的领路人，也娘家人里的大功臣，又是娘家人里的核心人，她为兄弟姐妹做出了表率，做出了风范。也为家庭做出了巨大的贡献。作为女性，她是家族中最优秀的女儿，最好的儿媳，最好的妻子，最好的母亲，最好的大姐，最好的姑姑，最好的姨妈……亲人们永远怀念她。她永远活在亲人们的心中。

托体与山河，逝者长已矣，一位优秀的教师，今天离我们而去了；这个儿子心中的太阳，丈夫身边的贤妻，学生眼中的慈母，兄弟姐妹们的好大姐，就此在我们的面前消失了。秋风哀鸣，流水呜咽，亲友悲痛，洒泪相别。这位心系教育事业的优秀教师，将身还尘土；而她用生命铸就的师魂，还将永远屹立在我们的心中。我们无法忘记，她曾经神采飞扬地为全校师生上着示范课；我们无法忘记，她曾在深夜还在为学生修改着一本一本的作业。在她工作过的所有地方，她的音容笑貌至今依然清晰可鉴。这一切，都还宛如昨天。而今，她带着一切的美好愿望，带着一切的美好憧憬离开了我们，就要融入她深爱着的这片土地。

她静静地走了，永远地走了。从此以后，我们将永远失去了这位好朋友，好同事，她的丈夫也将永远失去了这位好妻子，兄弟姐妹们也永远失去了这位好大姐……，就让她静静地离去吧，请所有的亲朋好友节哀。我们知道：人奔西土，音容宛在。她虽然离我们而去，但是她的音容笑貌将长留我们心中，她的宽厚美德，她的勤劳，她的敬业风范将成为我们学习的典范，成为我们精神的动力。

我们大家衷心祈愿她长陌远行，清风浩荡，一路走好！安息吧。

2023 年 10 月 12 日

思考·讨论·练习

1. 简述计划的预想性特点和实践性特点。
2. 计划正文主体部分的写作包括哪些项目？
3. 简述总结的回顾性特点。
4. 总结正文各部分的写作要点是什么？

5. 简述简报的构成部分及各部分包含哪些项目。

6. 调研报告的特点是什么？

7. 调研报告的写作要经历哪几个部分？调研报告的导言和主体有哪些结构形式？

8. 协作调研报告在表达方式及语言方面要注意哪些问题？

9. 简述感谢信正文部分的构成项目。

10. 简述求职信的特点和写作时应注意的问题。

11. 申请加入组织和申请调动的申请书在申请理由的写作上有何不同？

12. 不同类别的大事记在时间的记录上有何不同？

13. 写作请柬时要注意哪些问题？

14. 欢迎词、欢送词、答谢词在正文部分的写作上有何区别？

15. 讣告的正文部分一般应包括哪些内容？

16. 请根据你的学习或工作实际，写一份学习或工作计划。

17. 请根据你的学习或工作实际，按照总结的写作要点，写一份学习或工作总结。

18. 以你所在的单位为背景，写一份单位过去半年的大事记。

19. 试编一份简报，要求报头、报腹、报尾完整，材料、主题不限（可从报纸上选取材料）。

20. 从生活中选一个感兴趣的热点话题，写一份调研报告。要求内容充实，观点明确，格式规范。

21. ××公司向××学院3名家境贫困的大学生捐助了3万元的助学费，请你代受捐助的学生向××公司写一封感谢信。

22. 结合自己的专业和特长，给××单位写一封求职信。

23. 写一封申请加入学校文学社的申请书，具体项目可自拟。

24. 请代表毕业班同学写一份请柬，邀请有关领导、老师参加毕业典礼和毕业晚会。时间、地点自拟。

第四章

商业文书

【本章导读】

商业文书是指在商务活动过程中经常使用的具有特定商业领域特征的文书。如商品说明书、商业广告、商务信函等。由于市场经济发展比较成熟，各种相关法律和规则日趋完善，一切的商业活动都应该在法规允许的范围内进行，所以学习商业文书，首先要熟悉相关的法律法规，如《中华人民共和国产品质量法》《中华人民共和国广告法》《中华人民共和国反不正当竞争法》等。商品说明书写作的关键是要合规、完备、准确；商业广告写作的关键是要合规、合乎当地文化习俗、合乎消费习惯、突出商品卖点，并运用一切吸引注意力的写作手段。

第一节

商品说明书

一、商品说明书的定义

商品说明书是一种以说明为主要表达方式，用平易、朴实、易懂的语言向用户等消费者通俗地介绍商品（包括服务等）的性能、特征、用途、使用和保养方法等知识的文书材料。商品说明书有时也叫使用说明书。其写作目的是教人以知，教人以用。

商品说明书对商品生产企业和商品消费者来说，都有着重要的作用。商品说明书在介绍商品的用途、性能的同时，起到宣传广告的作用，企业可借此打开商品的销路。对于消费者来说，说明书对商品的使用方法、保养、维修等方面的介绍，能切实地帮助他们了解商品的特征、熟悉商品的性能，指导他们合理、正确、安全地使用商品，获得最佳的使用效果。特别是对于一些科技含量较高的商品，如微波炉、电磁炉、影碟机、摄录机、数码相机等，这些商品都需要说明书的指导才能正确、有效地使用。另外，消费者还可以从商品说明书的阅读中获得相关的知识。

二、商品说明书的特点

商品说明书有三大鲜明的特点。

（一）科学性

商品说明书的科学性体现在其内容上。商品说明书主要是生产企业向消费者介绍自己的产品，让消费者能够科学地认识和使用产品。所以在介绍产品时，必须以科学的态度对产品作如实、全面的介绍。对产品用途性能的介绍，要实事求是，恰如其分，不能夸大，也不能美化；对产品使用方法、保养、维修等方面的介绍要具体、全面，消费者应该掌握的事项都要讲明白。商品说明书的科学性，使说明书在传播信息、普及科学文化知识方面发挥着越来越重要的作用。

（二）简明性

商品说明书的简明性体现在其语言上，商品说明书的阅读对象主要是普通消费者，所以在写作时尽量不用或少用专业术语，而应该用通俗易懂、简洁明快的语言将产品的有关知识介绍清楚，达到普及知识的目的。

（三）条理性

商品说明书的条理性体现在其表达顺序上。写作商品说明书的目的是要让消费者了解掌握有关知识。每种产品的属性、特征和作用都不尽相同，因此，在介绍时要根据产品的不同特征和人们认识问题的规律，按照一定的先后顺序将产品的有关知识有条理地介绍给消费者。特别是对于一些操作性较强的事项的说明，更要注意介绍的先后次序，因为消费者一般是根据说明书的指示一步一步操作的，如果条理混乱的话，会给消费者使用产品带来不便。

三、商品说明书的分类

说明书的使用范围很广，分类的方法也很多，其中较常见的有以下几种：

（1）根据表现形式，分为文字式说明书、图表式说明书、音像式说明书。

（2）根据出版形式，分为传单式说明书、包装式说明书、册子式说明书。

（3）根据生产行业的不同又可分为工业品说明书、农产品说明书、科技产品说明书、影视说明书等。

四、商品说明书的写作方法

商品说明书没有固定的写法，其写作可根据商品和消费者的特点灵活安排。一般来说，它包括标题、正文、结尾三部分。

（一）标题

商品说明书的标题有几种构成形式：

1. 直接以文种作标题

如《说明》《介绍》《说明书》。

2. 商品名称作标题

如《雅芳保湿碧凝露》《黑猫神蚊香》《蓝山咖啡》。

3. 商品名称＋“说明”“说明书”或“介绍”等字样作标题

如《夏桑菊颗粒说明书》。

4. 商品名称＋目的＋“说明书”作标题

如《创维彩色电视机使用说明书》。

（二）正文

正文部分是说明书的主要部分，一般包括产品的用途、性能、制作（结构）、使用方法、保养、维修、注意事项等内容。不同类型的商品对以上内容介绍的侧重点也有所不同。如药品说明书主要说明其成分、功效、用法用量。服装说明书主要说明洗涤方法、保养事项。电器类说明书主要说明其操作方法和维护保养事项。食品说明书主要说明其配料、用法、保存方法、保质期。正文的结构通常有：

1. 概述式

这种形式是用简洁概括的语言对产品进行科学地介绍和说明，多用于介绍性的内容。

2. 条款式

这种形式是将要说明的内容分条逐项地进行说明，多用于说明较复杂、篇幅较长的内容。具体写法可将说明项目列出，也可将说明内容分项之后，用数字排列书写。它的优点是层次分明，条目清楚。

3. 复合式

它是将概述式和条款式结合起来的结构，它既有概述式的总体说明，又有条款式的分条说明，是使用频率较高的结构方式。

（三）结尾

商品说明书的结尾一般写生产企业名称、地址、联系方式等。有时写批准文号，也有的商品说明书不用结尾。

五、商品说明书常用的形式

（一）手册式说明书

这类说明书以手册形式向用户提供从几页到几十页不等的文字说明材料，有些还带有照片和插图，能详细而全面地提供与商品有关的信息。许多家电产品的说明书（如电视机、洗衣机、冰箱、空调的使用说明书等）通常是一本手册。

（二）插页式说明书

一些产品的包装盒或袋里附带一页纸，纸上印着有关产品的信息，这页纸就是一份插页式说明书。药品说明书常以这种形式附在药盒里，提供有关该药品的成分、药理作用、适应症、剂量及其他注意事项等。

（三）标签式说明书

这类说明书是指附在产品包装或直接附在产品上的纸或其他材料制成的标签。最常见的是成衣上的标签，上面标有衣物名称、面料成分、尺码、颜色和洗涤说明等。

（四）印在包装上的说明书

有些产品的文字说明直接印在其外包装（包装盒、包装罐、包装瓶等）上，例如许多食品和饮料的文字说明就属此类，其中包括产品名称、商标、成分、净重、贮存及保质期等。

第二节

商品说明书例文评析

【案例1】

连花清瘟胶囊说明书

请仔细阅读说明书并按说明使用或在药师指导下购买和使用。

【药品名称】

通用名称：连花清瘟胶囊

汉语拼音：Lianhua Qingwen Jiaonang

【成份】连翘、金银花、炙麻黄、炒苦杏仁、石膏、板蓝根、绵马贯众、鱼腥草、广藿香、大黄、红景天、薄荷脑，甘草。辅料为玉米淀粉。

【性软】本品为硬胶囊，内容物为棕黄色至黄褐色的颗粒和粉末；气微香，味微苦。

【功能主治】清瘟解毒，宜肺泄热。用于治疗流行性感冒属热毒袭肺证，症见：发热或高热，恶寒，肌肉酸痛，鼻塞流涕、咳嗽，头痛，咽干咽痛、舌偏红，苔黄或黄腻等。

【规格】每粒装0.35克

【用法用量】口服。一次4粒、一日3次。

【不良反应】尚不明确。

【禁忌】尚不明确。

【注意事项】

1. 忌烟、酒及辛辣、生冷、油腻食物。

2. 不宜在服药期间同时服用滋补性中药。

3. 风寒感冒者不适用。

4. 高血压、心脏病患者慎用。有肝病、糖尿病、肾病等慢性病严重者应在医师指导下服用。

5. 儿童、孕妇、哺乳期妇女、年老体弱及脾虚便溏者应在医师指导下服用。
6. 发热体温超过 38.5℃的患者，应去医院就诊。
7. 严格按用法用量服用，本品不宜长期服用。
8. 服药 3 天症状无缓解，应去医院就诊。
9. 对本品过敏者禁用，过敏体质者慎用。
10. 本品性状发生改变时禁止使用。
11. 儿童必须在成人监护下使用。
12. 请将本品放在儿童不能接触的地方。
13. 如正在使用其他药品，使用本品前请咨询医师或药师。
14. 运动员慎用。
15. 打开防潮袋后，请注意防潮。

【药物相互作用】如与其他药物同时使用可能会发生药物相互作用，详情请咨询医师或药师。

【贮藏】密封，置阴凉处（不超过 20℃）。

【包装】铝塑板装。每盒 24 粒。

【有效期】30 个月

【执行标准】《中国药典》2015 年版一部

【批准文号】国药准字 Z20040063

【说明书修订日期】2015 年 12 月 01 日

【生产企业】

企业名称：石家庄以岭药业股份有限公司

生产地址：石家庄市高新技术开发区天山大街 238 号　邮编：050035

电话号码：800 8038581（座机拨打）400 7898989（手机/座机均可拨打）（0311）87320288

传真号码：（0311）85901719

网址：http：//www.yilingshop.com，如有问题可与生产企业联系

【简评】

这份说明书将要说明的款项用黑体字标出，结构清晰，说明的内容一目了然。其中，又着重介绍产品的“功能主治”和“用法用量”，主治症状详细，用法介绍具体。

【案例 2】

银浪美容珍珠粉使用说明

简介

珍珠自古就是女性的养颜佳品，《本草纲目》记载：“珍珠涂面，令人润泽好颜色，

涂手足，去皮肤逆胪，能化面去黯，令光泽洁白。”其神奇的功效已被现代科学所证实，现代ESP技术已证明珍珠具有自由阴离子和羟基自由基，具有延缓衰老的作用。这种功效与珍珠独特成分有关，根据现代科学分析，珍珠不仅含有18种蛋白质氨基酸，而且还含有非蛋白质氨基酸——牛磺酸，它具有多种生理活性，尤其是具有解毒作用，是人体内一种极为重要的必需氨基酸；珍珠还含有多种人体必需的微量元素，如铁、铜、锌等，其中新发现的锗、硒为已知防癌之重要元素；此外，珍珠还含有独特的抗衰老因子——卟啉类和某些未查明的生理活性物质；珍珠的主要成分——钙也是人体最重要的元素之一。上述多种有效成分的综合作用使珍珠表现出神奇的功效，它是任何其他药材所无法取代的。它的保健功效是：祛痘、消斑、增白、嫩肤；药用功效是：平肝定惊、镇心安神、清热解毒。

“银浪”珍珠粉美容、护肤方法

1. 用于祛痘、消斑、增白、嫩肤，可综合采用下述各法

(1) 混合法：白天使用。将“银浪”珍珠粉混于护肤品中调匀后均匀涂抹在脸部即可。

(2) 粉扑法：晚间及睡前使用。清洁脸部，用护肤品或用温水滋润脸肌肤然后用粉扑蘸取适量“银浪”珍珠粉均匀抹于脸部，次日晨洗去。

(3) 面膜法：隔天使用。首先，按下述肤质使用不同介质将一包“银浪”珍珠粉调成糊状待用：干性：用适量蜂蜜或蛋黄加水或牛奶调配。油性：用适量蛋清加水或牛奶调节调配。中性：选用上述任一方法均可。

其次，清洁脸部，用热毛巾敷脸两次，每次5分钟；最后，把调好的糊状珍珠粉均匀抹于脸部，保留30分钟，再用清水洗去，珍珠粉敷脸过程若再外敷热毛巾则效果更佳。

(4) 口服法：坚持每天早饭后及临睡前用温开水送服“银浪”珍珠粉，每次约1克。胃酸缺乏者慎用。“银浪”珍珠粉外敷与内服相结合是养颜的最佳方法。开封后注意密闭放于干凉处。

2. 用于爽身：小儿或成人沐浴后直接用本品爽身，可有效防治痱子及保养肌肤。

3. 用于收敛生肌：将“银浪”珍珠粉撒于各类皮肤患处如暗疮、刀伤、裂口、溃烂等处，能促进肌肤快速愈合复原。

湛江银浪海洋生物技术有限公司

【简评】

这份说明书的标题采用“商品名称＋目的＋说明书”的形式，正文部分采用复合式结构方式：简介部分采用概述式，对产品的成分及功效进行概括介绍，给消费者一个总体的印象；使用方法部分采用分条列款的形式，针对不同的用途介绍使用方法，层次分明，条目清楚，便于消费者使用。

第三节

商业广告

一、商业广告的含义和特点

商业广告是以盈利为目的的广告，主要通过传播媒介所进行的有关商品、劳务、市场、观念等方面的广告传播活动。商业广告以盈利为目的。不管商品广告所传播的信息内容是什么，最终目的都是为广告主的企业或个人获得盈利。商业广告必须明确“广告主”，广告主对他发出的信息的真伪负法律责任，使消费者放心地购买广告主为之做广告的商品。这是与新闻和宣传不同的。商业广告作为商品销售的一个环节，有它自己的目标市场和目标对象，这是由企业的商品或服务的目标市场所决定的。

商业广告的特点包括以下几个方面：

（一）预见性

商业广告具有一定的战略眼光，能够客观上把握广告目标的实现，通过商品品牌占领市场，来实现知名度的宣传。

（二）动态性

商业广告并非一成不变，它也会随着一系列因素的发展变化而不断变化。单从消费者方面而言，消费者对于产品的要求是不断变化的，那么这就使得产品在消费者心中的地位也是不断变化的。商业广告就需要根据这些变化来改变广告形式，调整发展战略以便适应市场需求。

（三）目的性

商业广告的目的性是它的另一大特点，目的是为了宣传品牌，通过宣传来增加营销量，实现收益。

（四）真实性

有创意的广告会吸引观众并让人印象深刻；情节好的广告给人以看电视剧的感觉；恰到好处的背景音乐更让人舒心；明星效应可以取得很好的宣传效果。

二、商业广告的作用

（一）沟通产销，刺激需求

商业广告可以为企业提供大量的经济情报和市场信息，使企业能对市场形势进行分析，预测市场发展变化的方向，或根据市场需要调整企业产品组合，或对已有产品进行改进和革新，或开发更能满足市场需要的新产品。

（二）扩大销售，加速流通

商业广告可以帮助企业扩大销售渠道和范围，促进商品流通。

（三）鼓励竞争，活跃经济

商业广告可以激励企业之间展开竞争，从而推动经济的发展。

（四）传播文化观念和社会价值观

商业广告也可以向消费者传递适合社会要求、符合人民群众利益的思想、道德、文化观念等内容。

三、商业广告文案的写作

商业广告的文案有广告文稿和广告标语两种形式，都涉及文字写作的内容。

（一）广告文稿的写作结构和内容

广告文稿的结构一般分为标题、正文、结尾三部分。

1. 标题

标题是广告的眼睛。广告文稿的标题在形式上与新闻标题没有多大差别，可以由主标题、引题、副题三层组合，也可以任意组合，甚至短至一两个字。广告标题的制作手法灵活多变，格调也丰富多彩。

广告文稿标题的制作具有一定的随意性，但也需注意下列基本要求：

（1）结合主题，突出产品个性

广告文稿的标题一般应概括或暗示广告的主要内容，人们看到标题，就能了解广告主要是讲些什么。产品个性是指产品生产者和广告主通过各种手段塑造的，由消费者感觉到的对产品本质特性、情感因素等各方面的一种整体形象，文稿标题应该努力去表现和突出产品个性。

（2）新颖独特，富有情趣

广告文稿的标题要引人注目，就需把握消费者的心理，尽量诱发他们的好奇心和共鸣感。新颖独特、不落俗套的标题往往就能出奇制胜，满足消费者的好奇心理。而善于设身处地为消费者着想，充满人情味的创意，也总是能引起人们的亲切感，产生较大的吸引力。

（3）简洁凝练，朗朗上口。

2. 正文

如果说广告文稿的标题的主要作用在于吸引消费者，那么，广告文稿正文的重点就是说服消费者，使消费者由注意、兴趣阶段向前发展，产生欲望，导致购买。正文一般应包括以下内容：对标题内容的解释、阐发或证实，与同类产品相竞争的优点等。必要时也可简要介绍企业的生产或销售情况，对质量及服务做出许诺等。

广告文稿正文大致可以分成以下五种形式：

（1）直述体。直述式就是使用平直的语言，以摆事实为主，直接交代出有关信息资料，让事实去说服人的一种诉求方法。对商品或劳务的特征，不加渲染和修饰，直截了当、简洁明晰地表述出来。

（2）描写体。就是以鲜明、生动的语言，以描绘形象为主，通过对商品或服务的性能、特征、工艺、环境等形象的描绘，给人以感染，并留下深刻的印象。

（3）说明体。广告文稿多以说明为主要表达方式。创牌期间的商品，介绍商品或劳务的基本性能、特点、用途，使用方法以及销售（或服务）的有关事项、联系办法等内容，均使用说明方式来传递商品（或劳务）信息，介绍商品知识，给消费者以客观、实在的感觉。

（4）议论体。议论体就是对商品或劳务直接表明态度和看法，评论其利弊得失。议论说理就是运用逻辑推理形式，直接阐明道理，进行理性诉求，让消费者明白某种道理，使其认为应当而且必须购买某种商品。议论与说明常结合使用。在一篇广告文稿中，往往是多种表达方式结合使用，常常是说明与概述、议论相结合，使之互为补充，相辅相成。

（5）艺术体。广告文稿的艺术性是由其趣味性及吸引力所决定的。作为宣传、鼓动的手段，除要真实、准确地介绍商品或劳务的信息资料外，还要借助于形象思维来构思表达。首先，从表达方式看，要综合运用记叙、说明、描写抒情等多种手法；其次，从文体形式看，有诗歌、戏剧、散文、曲艺等；最后，从语言表达看，要运用生动、形象、节奏感强、富于音乐性的语言，因此可使用多种修辞格以加强广告文稿的艺术性与表现力。

3. 结尾

广告文稿作为应用文章，表达时具有完整的结构形式。标题一般表明宣传的“是什么”，正文是随着标题的诱导，回答“怎么样”，结尾部分就必须告诉读者“到哪儿买”或“怎样联系”，所以结尾一般要写一些敦促性话语和交代性文字，信息要求详尽、清楚。

（二）广告标语的写作要求

为了加强宣传效果，加深消费者的印象，许多企业经常将所要传播的广告信息凝聚成一两句口号式的广告标语，概括性地介绍商品特点或企业的指导思想，从而树立企业的信誉或某种消费观念。广告标语又称广告语或广告口号，它是通过媒介反复使用的一种特定的商业宣传用语，是商业广告的一种特殊形式。

广告标语的种类和方式灵活多样，总体要求做到：

1. 创意新颖，不落俗套
2. 语言简明，易记易诵
3. 高度浓缩，突出特点

总之，广告标语要富有感染力和鼓动性，要使人留有深邃而久远的想象，回味的意境。这绝不是随手拈来的，需要撰写者有开阔的思维、敏锐的灵感和认真钻研的精神，刻意创新、精心设计才能获得。

四、商业广告文案的写作要求

（一）内容要真实，语言要简洁

商业广告的内容一定要真实，讲究信誉，不无中生有，也不夸大其词。同时广告语言都要锤炼，做到简洁、生动、形象、贴切、通俗易懂。

（二）创意要新颖、重点要突出

商业广告的成功与否，在于创意的优劣。新颖的主题，只有通过新颖的创意才能体现出来。而要做到创意新颖，就要在构思上有独到之处。因此，一定要匠心独运，巧妙构思，注意突出重点。

（三）掌握用户心理，把握宣传策略

写作商业广告文稿和广告语，一定要注意研究用户和消费者的心理特征，把握宣传

的策略，这样才能为他们所接受，收到好的效益。否则，就会使用户产生逆反心理，出现讨厌情绪。

（四）形式要多样，格调要健康

商业广告写作由于它的内容包罗万象，涉及面广，写作的形式不能单一。一定要采取各种各样的表现形式，使它生动活泼，多姿多彩，这样才能使人耳目一新。同时，商业广告内容应当有利于人民的身心健康，遵守社会公德和职业道德，维护国家的尊严和利益。商业广告除了促销作用外，客观上也会对社会生活的某些方面如社会风气、生活方式、语言、心理等产生潜移默化的影响。因此，商业广告写作既要重视经济效益，能够帮助销售商品，又要实实在在地满足目标消费者的需要，还应该注意社会效益，有助于精神文明的建设。

第四节

优秀广告词例文评析

（一）饿了么

如果你生病了，
请告诉我，
就像小时候那样。

【评析】

随着外卖平台和跑腿服务的兴起，饿了么推出了最新的外卖跑腿买药派送服务，这则广告语不仅简短贴近生活，也让无数人特别是那些身在异乡打工人感受到家人般的温情。

（二）小红书露营季活动

不是大人给了孩子童年，
是孩子在陪大人复习童年。

【评析】

这是小红书为露营季活动推出的一款文案。文案中简单两句话，给人以扑面而来的清爽气息，让人即便从文字上也能感受到野外露营的欢乐和轻松。

（三）滴滴专车

在冬天，
去见见那个一想到就会暖的人吧。

【评析】

这条文案看似平淡普通，但结合产品性质，这句文案就变得格外有意义。

（四）**Keep App**

日子有些沉闷，
还好跑起来有风。

【评析】

作为一款以运动为主的App，这篇文案引起了很多跑步者甚至运动人士的共鸣，对于热爱跑步的人，跑步不止是一种锻炼，更是一种精神满足和生活态度。

（五）长城干红葡萄酒

长城干红：三毫米的旅程一颗好葡萄要走十年

三毫米，
瓶壁外面到里面的距离。
不是每颗葡萄，
都有资格踏上这三毫米的旅程。
它必是葡园中的贵族；
占据区区几平方公里的沙砾土地；
坡地的方位像为它精心计量过，
刚好能迎上远道而来的季风。
它小时候，没遇到一场霜冻和冷雨；
旺盛的青春期，碰上十几年最好的太阳；
临近成熟，没有雨水冲淡它酝酿已久的糖份；
甚至山雀也从未打它的主意。
摘了三十五年葡萄的老工人，
耐心地等到糖粉和酸度完全平衡的一刻
才把它摘下；
酒庄里最德高望重的酿酒师，
每个环节都要亲手控制，小心翼翼。
而现在，一切光环都被隔绝在外。
黑暗、潮湿的地窖里，
葡萄要完成最后三毫米的推进。
天堂并非遥不可及，再走
十年而已。

【评析】

这篇广告长文案，没有华丽词汇和煽情，而是通过红酒具体制作流程和动作的细节叙述，逐步带着消费者走进产品，画面感扑面而来。同时，加之看似权威的数据和专业化的表述："摘了三十五年葡萄的老工人""酒庄里最德高望重的酿酒师。"给人以信赖和品质高的感受。

思考·讨论·练习

1. 商品说明书的特点是什么？商品说明书常用的结构模式有哪几种？

2. 根据下面提供的材料写一份项目式结构说明书。

广州市白云区江村广药集团广州羊城药业股份有限公司生产的广东凉茶颗粒，由岗梅、木蝴蝶、淡竹叶、金沙藤、火炭母、五指柑、金樱根、布渣叶、山芝麻、广金钱草等组成。本品性状为棕色的颗粒或不规则状粉末，味苦、甘。本品为暑湿类非处方药品。有较强的利尿作用；能增加胃肠平滑肌收缩力，促进小肠蠕动；同时还具有良好的抗菌消炎作用，对呼吸道和消化道常见的12种致病菌有较强的抑制作用。本品清热解毒，祛湿生津，主治四时感冒，发热喉痛，湿热积滞，口干尿赤。用开水冲服，一次1袋，一日1~2次。使用期间饮食宜清淡；孕妇慎用；风寒感冒者不适用，其表现为恶寒重，发热轻，无汗，鼻塞流清涕，口不渴，咳吐稀白痰；不宜在服药期间同时服用滋补性中成药；有高血压、心脏病、肝病、糖尿病、肾病等慢性病严重者、孕妇或正在接受其他治疗的患者，均应在医师指导下服用；服用三天后症状未改善，或出现吐泻明显，并有其他严重症状时应去医院就诊；按照用法用量服用，小儿、年老体虚者应在医师指导下服用；药品性状发生改变时禁止服用；儿童必须在成人的监护下使用；请将此药品放在儿童不能接触的地方；如正在服用其他药品，使用本品前请咨询医师或药师。本品应密封，置于阴凉干燥处贮藏。本品每盒装10袋，每袋装1克。有效期为二年，生产日期、生产批号见包装，批准文号为ZZG5516G粤卫药准字（1994）第119089号。电话（020）8186198986202878，邮编510450，如有问题可与生产企业直接联系。

第五章

新闻类文体

【本章导读】

学习新闻写作要走出一个误区，即要明确“宣传稿不是新闻稿”。写作宣传稿时明确的目的性先入为主，一切围绕主观意图和预期的宣传效果来运用语言文字；写作新闻稿时要遵循客观真实原则，有一说一，不能主观判断先入为主。自媒体时代，新闻最缺的是公信力，把传统新闻写作的表达形式适度地运用到自媒体的新闻表述中，会极大增强自媒体的可信度。

第一节 新闻概述

一、新闻的源流及其定义

（一）新闻的源流

顾名思义，新闻即是被传播出来的新近发生的信息。信息，指音讯、消息、通信系统传输和处理的对象，泛指人类社会传播的一切内容。人通过获得、识别自然界和社会的不同信息来区别不同事物，得以认识和改造世界。在一切通讯和控制系统中，信息是一种普遍联系的形式。1948 年，数学家香农在题为“通讯的数学理论”的论文中提出：“信息是用来消除随机不定性的东西。”人类自进入群体生活以来，信息的交流就成为了生活的必需内容。有研究者经过对殷代甲骨文资料的验证，认为著录于古籍的最早的新闻事件是殷代先祖王亥的被杀事件。以书面形式传播的官方新闻，萌芽于秦代的刻石纪功，正式出现于汉代的诏书。而"新闻"一词源自唐人孙处玄的"恨天下无书以广新闻"（《新唐书》），西方则至1423年才出自苏格兰国王詹姆士一世之口："我把可喜的新闻带给你。"

1615年，世界上第一种真正的报纸《法兰克福新闻》在德国诞生，而23岁的美国青年本杰明·戴于1833年9月3日在纽约创办的《太阳报》，揭开了以商业性为特征的现代报纸的序幕。从此，西方的新闻发展，就先后经历了缺少时间观念、多写传闻，有较多推测成分的杂报时期；主张"报纸应当是时代的记录"（英泰晤士报创办人约翰·沃尔德）的素朴记录时期；"刊登最新、最有趣味与最生动的故事"（达纳《太阳报》）的趣味主义时期；不尊重事实、任意渲染的煽情主义时期；尊重事实与科学，注重记录性的客观报道时期；以及重视主体意识，强调研究分析的深度报道时期。

中国是世界新闻史上报纸的最早产生地。最早写在纸上的报纸，是出现在唐玄宗开元年间的开元杂报；最早印在纸上的报纸，出现在北宋末年。中国人在国内创办的第一张具有现代意义的报纸，据研究认为是艾小梅于1873年8月创刊的《昭文新报》。

（二）新闻的定义

随着新闻事业的发展，对于新闻的定义，人们众说纷纭。

那么，到底什么是新闻呢？1943年，陆定一在《我们对于新闻学的基本观点》中指出："新闻的定义就是新近发生的事实的报道。"这一观点，在国内得到了广泛的认同。这是因为：

1. 指出了新闻的本源

陆定一认为："新闻的本源乃是物质的东西，乃是事实，就是人类在与自然科学和在社会斗争中所发生的事实。"事实虽不是新闻，却是新闻产生的基础，这就将其与以虚构、表现为特征的文学文体区别开来。

2. 强调了事实的时效

它是新近发生的，应是新鲜的内容而不是历史。

3. 规定了表达的方式

新闻是通过报道表达出来。所谓报道是"通过报纸、杂志、广播或其他形式把新闻告诉群众"（《现代汉语词典》）。可见，它强调的是"告诉"，即在传递信息的过程中，只是内容的再现，而不是创作、表现。

综合以上的观点，可以总结为新闻是对新近发生或发现的、具有重要意义的事实的报道。

二、新闻的特征及其作用

（一）影响新闻价值的因素

从哲学意义上讲，大千世界，每时每刻都是新的，在实际生活中，新近发生的事很多，但不一定都是新闻。可见，只有具有新闻价值的事实，才能构成新闻。价值具有客观性、功利性的特点。因而，对于新闻价值的认识也就有主观说、客观说、主客观统一说等不同的观点。可以说，新闻价值是新闻质量的标志，且两者之间的关系是呈正比的。一般认为影响新闻价值的要素主要有五个。

1. 时效性

指新闻事实的新近程度和新闻报道的及时程度。发生与报道的时差越小，新闻价值越大。这一方面指时间新，所记之事为新近发生，且时间越近，新闻价值越大；另一方面指内容新鲜，所用题材为社会生活的新体验、新风尚，新情况、新问题。

2. 重要性

指新闻事实和新闻报道的分量及重要程度。内容越重要，新闻价值越大。新闻事实有较重大的政治意义、社会意义或与多数人关系密切，或震动人心，或为许多读者关注，如伊拉克战事、国际反恐情况、春运消息、重要会议、禽流感事件、伪劣产品曝光等。

3. 显著性

指新闻事件参与者及其业绩的知名程度。地位和业绩越显赫，新闻价值就越大。对此，西方流行的“新闻数学公式”是最好的说明。其基本公式为：

平常人 + 平常事 = 0

其派生公式为：“不平常人 + 平常事 = 新闻或平常人 + 不平常事 = 新闻”。

4. 接近性

指新闻事实本身及所发生的地点与读者距离的邻近，其表现为地理、心理、情感、年龄、职业、爱好、生活、利害、关系等方面。一般来说，与读者距离越近、关系越密切的事情，越被他们关注。

5. 知识性与趣味性

新闻虽不是猎奇，但内容要有趣，富有戏剧性，使读者从中增长知识、增广见闻。其实质是新闻事实和新闻报道对受众精神与情感的善意满足。

（二）新闻文体的特征

从对影响新闻价值因素方面分析，新闻文体的特征有以下几方面：

1. 客观真实性

真实性是指新闻与其所反映的客观现实必须完全相符。真实是新闻的生命，是取信于民的根本保证。马克思就曾明确指出：“人民的信任是报纸赖以生存的条件，没有这种条件，报刊就会完全萎靡不振。”它不单要求基本的事实必须真实，而且细节、各种资料、人物的言行心理都要确有存在。同时，还要注意微观真实与客观真实的关系，避免片面性、绝对化。

新闻是现实的记录。正如有人所说：“今日之新闻，明日之历史。”新闻写作者是时代的记录员，必须尊重事实，既不能夸大、缩小，也不能无端想象，更不能胡编乱造。

2. 高度的时效性

时新性包括时间的新近和内容形式的新颖两个方面。时间性越强，新闻价值越大。人们需要新闻，主要是为了获取信息，信息的传递当然是越快越好。西方有观点认为：“今日之新闻是金子，昨日之新闻是银子，前天之新闻是垃圾。”因此对于被称为“易碎品”的新闻，我们不能在时间性上闪烁其词、含混不清：刚刚、最近、不久前、前些日子……这种“朝花夕拾”的写法是新闻的大忌。

而内容形式的新颖，包括报道的角度、主题的提炼、结构的选择等，这是吸引读者注意的重要手段与方法。因其常用常新，具有一次性、排他性的特点，所以，广大新闻写作者要有敏锐的新闻触角，较强的写作综合能力，求新求异的进取姿态，才能适应工作的要求。

3. 完整的事实性

新闻的本源是事实。“新闻应该按新闻的规律办事——让事实说话”“新闻之所以有力量，就是靠事实讲话……新闻要提供大量的事实，让受众从中得出概念、结论、判断”。因此，作者应该精选事实，巧用事实，呈现事实的完整面貌。

4. 广泛的可接受性

秘密的、为少数人服务的信息叫作情报，而新闻是公开的为社会大众服务的信息。它要能够被广大读者分享，这就决定了新闻应该顾及不同类型、不同层次、不同需求的读者的特点，在题材、内容、形式上适合读者的需要。比如在一份报纸里，就有时政、生活、财经、体育、文化等类别，以满足不同人群。

5. 关乎生存的重要性

新闻是对有重要意义的事实的报道，新闻就是广大群众欲知、应知而未知的重要的事实”。而这“重要的事实”就是与群众密切相关的关乎生存的内容，它小至俗话所说的“开门七件事，柴米油盐酱醋茶”，大至美国心理学和行为学家马斯洛的人类需求五个层次中的其他需求。所以，有人根据新闻与人们生存、生活关系的密切程度，把新闻分为“硬新闻”（指与生活直接相关的生产、经济、政治、军事等的报道）和“软新闻”（指供消遣、娱乐等间接内容的报道），这也不无道理。

（三）新闻文体的作用

新闻是一种被传递的信息，新闻文体是借助大众传媒报道新闻信息的写作体裁。在现实中，新闻文体的作用主要表现为三个方面。一是指导现实，推动各项工作的开展。新闻通过对方针、政策、措施等的报道，能使工作明确方向。二是实行监督，促进社会文明建设。新闻借助对各种社会现象的反映，激浊扬清、倡导正气、针砭错误。三是传播知识，满足人们的求知欲望。一般的人总会受到时间、空间、学识的制约，对事物的了解与认识常会心有余而力不足。所以，借助新闻文体，可开拓视野，广博见闻。

三、新闻文体的分类及写作思维的运用

（一）新闻文体的分类

广义的新闻，指一切报道性文字、体裁的总称，包括消息、通讯、读者（记者）来信、深度报道、新闻评论、报告文学等体裁。狭义的新闻，专指消息。

（二）新闻文体写作思维的运用

新闻的题材是现实中新近发生的事实，由于其就存在于我们身边，一般人往往熟视无睹。因此，写作中若能有意识地运用独特的思维方式，往往能收到事半功倍，出人意料的效果。

1. 逆向思维

逆向思维方式就是遇事倒过来多想一想为什么，通过以换质、换位、对立面的角度，从而达到苏轼《题西林壁》中“横看成岭侧成峰，远近高低各不同。不识庐山真面目，只缘身在此山中”的认识，把握事实的新闻价值。

2. 发散思维

发散思维就是围绕一个目标，从多方面寻找解决问题答案的思维方法，它具有流畅性、变通性、独特性的特点。古诗“山重水复疑无路，柳暗花明又一村”即是例证。德国诗人歌德曾指出：“独创性的一个最好的标志就在于选择题材之后能把它加以发挥，从而使大家根本想不到会在这个题材里发现那么多东西。”

3. 统摄思维

它又称收敛思维，是一种综合、归纳的思维方法。巴尔扎克说：“艺术作品就是用最小的面积惊人地集中了最大量的思想。”而要达到这个目的，必须使用统摄思维。很多重大的新闻事件：SARS 病毒、禽流感的流行，促使了我们对环境的关注；各地接连不断的煤矿事故，引发了我们对生产、管理等制度的落实与监督的思考，以及对党政机关体制的深思。这无不是统摄思维的结果。

第二节

消　息

消息是对新近发生或发现的具有重要社会意义的事实迅速、简短的报道。由于其在新闻文体中最常用，人们看得最多的新闻文体形式。

一、消息的文体特征

（一）事实为本

事实为本是消息的一个重要特征。客观的现象和事实是我们认识世界的基础，作为引导人们认识世界方式之一的消息，其写作当然也应以事实为基础。因为读者关注的是你用事实表达的无形的意见，而不是外在的、强加的有形而直接的议论。

偏重于简要完整事实的叙述，平等地罗列对某一问题的各方意见，并不排除作者观点、立场的表达。写作时使用富有感情色彩的词语，通过背景材料的对比，借助人物之口等方式，都可以恰当地显示作者的思想倾向。

当然，在必要的时候，在叙述事实的基础上作者也不必“犹抱琵琶半遮面”，而应以如椽之笔点睛。

（二）迅速及时

迅速及时是消息的又一重要特征。人们了解信息，当然是求新求快。“新”与“快”又是联系在一起的，否则，“明日黄花”只能引发人们的怀古之情了。所以，为显示时效，常在消息开头的“电”“讯”字样前配以具体的时间。

（三）简明精粹

消息涉及的范围广、数量大、时间性强，同时受媒体版面、时间、接受者生活节奏的限制。为了满足读者在有限时间里获得更多信息的要求，消息常用简明精粹的语言叙述基本事实，在题材上一事一报，在篇幅上较为简短，常一百几十字，多为千字，最短的是标题新闻。当然，短是消息的基本特征，但不是绝对标准。

二、消息的类型

消息的分类，从不同的角度，以不同的标准有不同的类别，比如可以按传播手段、篇幅长短、报道对象、事件性质、内容范围、发生地域、写作形式等方面进行划分。

目前，国内比较广泛接受的是依据写作形式特点、兼顾内容对象的方法，把消息分为动态消息、经验性消息、综合性消息、述评性消息、特写性消息、人物消息、社会新闻、摄影新闻、公告性消息等。

（一）动态消息

动态消息是对国内外新近发生或正在发生的重大事件或现实生活中的新事物、新情况、新问题、新成就、新动向的报道。其一事一报，作者不加评论，所以又叫纯新闻，它包括三种形式。

1. 简讯

简讯又叫短讯、快讯。它以最快的速度和最短的文字进行报道，是新闻报道中短小精悍的一种形式，常为二三百字，甚至可短至几十字。

2. 简明新闻

简明新闻往往只用一两句话简洁地报道新闻事实，故又称“一句话新闻”。其常以组合的形式推出，有文无题。

3. 标题新闻

标题新闻是一种新出现的形式，其极简要地报道事实，只有标题，没有正文。

（二）经验性消息

经验性消息又叫典型消息、典型报道、经验性新闻。它是针对全局性工作中存在的问题、报道某一部门或单位的典型经验或成功做法，以点带面，达到指导，推动工作的目的。

经验性消息偏重于交代情况、反映变化、总结经验，有客观的分析，有理性的归纳，在实践中有较强的说服力。但写作中应注意挖掘新闻价值，不要写成一般的工作简报、工作总结。它以报道先进经验为主，但也可以总结反面教训。

（三）综合性消息

综合性消息又叫综合新闻，它往往综合反映带有全局性的情况、动向、成就、问题。因此，它所写的不是一时一地之事，而是一地多事或一事多地，是一种涉及面广，时空跨度大的鸟瞰式消息。

综合性消息的写作，要求作者要充分地使用材料，既有全面情况的概括，又有典型事例的引用，还可有精妙恰当的分析。其可通过横断面、纵剖面、纵横结合等形式展示。如每年对春运、高考、毕业就业等情况的报道就是综合消息。

（四）述评性消息

述评性消息也叫述评新闻、记者述评。它介于新闻与评论之间，以所报道的事实为基础，结合现实情况，边述边评，边叙边议，是一种评论性较强的消息。当然，应防止叙议失当，述评偏颇。根据内容对象，述评性消息又可分为：

1. 形势述评

对国际或国内重大的政治、经济、军事、文化等方面的形势进行述评。

2. 思想述评

对社会普遍存在的某种思想、倾向、行为进行述评。

3. 事态述评

对正在发生的某些重要事件作实况报道分析，并表明记者的看法和态度。

4. 工作述评

面对某项工作中出现的新情况、新变化、新问题进行分析和研究，提出自己的新建议、新意见。

（五）特写性消息

特写性消息又称特写性新闻、新闻素描、新闻速写。它通过截取重大事件中重要场景或新闻人物中富有特征的片断，采用电影特写镜头的写法，集中报道关键内容，以突出最精彩、最有特征的片断或侧面。它常用形象化的语言、白描的手法，抓住动态内容，传达对象神韵，使人产生如见其人、如临其境的感受。

（六）人物消息

人物消息又叫人物新闻，它以人物为对象迅速反映新闻人物的行为或侧面。它往往突出一点，不及其余，篇幅短小、内容鲜活。它与人物通讯的最大区别就是精、短、快。

（七）社会新闻

社会新闻以社会伦理道德为基础，反映日常的社会生活、社会问题、道德风尚。它以事件为报道对象，涉及普通人的现实生活，富有人情味，能促发人们思想认识的思考。

（八）摄影新闻

摄影新闻是一种以一幅或一组分镜头照片，再配以简练精当的文字进行报道的形式。其文字既可集中，也可分散于各幅照片中。它具有较强的可视性和可读性。

（九）公告性消息

公告性消息包括新闻公报、政府公告、政府声明等形式。其一般用于较严肃的场合、内容。故有严正庄重、用语严谨、观点鲜明的特点；同时，它主要针对范围广而难以一一知照的、广泛的读者对象。

三、消息的写作

（一）明确写作要求

1. 深入采访

新闻采访是一种调查研究的活动，是新闻写作的前提和基础。新闻的本源是事实，而事实不能通过想象获得。因此，要想写好消息，必须深入实际，掌握真切、丰富的第一手材料。在采访当中，既要明确报道思想，做好充分的准备，又要多看多听多想多记，还要讲究巧妙、科学的方法，如点面结合、两面挖掘、抓取特点、抓住关键等。只有采访时心中有数，才能做到收获丰富，写作时别出机杼。

2. 确定主题和报道角度

消息的主题是所报道的新闻事实包含的思想意义，是新闻的价值所在，也是我们选择和组织材料的依据。一般来说，主题的确定应结合一定时期的路线、方针、政策和人民群众的实际需要。新闻事实意义显露的，自然信手拈来；那些意义深藏，或含有多侧面的事实，则要深入分析提炼，寻找切合现实的主题。

消息的报道角度是报道的新闻事实的着眼点、出发点和立足点。同样的新闻事实，不同的报道角度，表现的主题也有不同。因此，要尽量选择最佳的角度，提炼深刻的主题，以充分展现新闻事实的价值。对角度的选择，一般考虑这几个方面：抓住特点、寻觅新点、选定重点、发现靠近点、以小见大。

3. 严格选材

“真、短、快、活、强”是消息的选材原则。

真是指材料的真实；短是指材料的简洁，只取基本事实，以小见大；快是指时效性强；活是指内容鲜活、形式灵活；强是指针对性、倾向性强，体现舆论导向，有鲜明的政治性、政策性、社会性特征。可以说，真、短、快是消息的生命线，是取信于民的根本；活、强是消息获得广泛可接受性的重要方法与手段。

4. 交代清楚新闻要素

新闻属于记叙文体，即使是新闻评论，也来源于新闻事实，是在事实基础上的引申。要想真实、准确、完整地传递一个信息，以满足群众的欲望和要求，就必须清楚地交代事实的必要材料，即基本的文体构成因素。新闻的构成因素与记叙文的六要素相近，西方简称为“5 W”和“1H”，这就是何时（When）、何地（Where）、何人（Who）、何事（What）、何因（Why）、何果（How）。

一般来说，消息的六要素要俱全，但必要时，在不影响读者理解的前提下可有所省略。

（二）选择结构形式

消息的结构形式是作者对新闻事实的安排或布局方式。其主要有以下几种结构形式。

1. 倒金字塔式结构

倒金字塔式结构又叫倒卷帘式结构，起源于19世纪60年代美国的南北战争期间。当时通信落后，线路常会中断，只好先把主要的事实传递出去，然后次之。这种结构的特点如下：

“倒金字塔”是一种逻辑结构，简单说，就是按内容轻重缓急安排写作结构，把最重量级的内容放最上面，其次的放后面，再次的再后面，形成一种重心居上的结构。这种结构中消息的各个部分，分别为：标题，导语，主体，结尾。

（1）打破叙事常规，按照材料的重要性安排顺序。

（2）使用直叙型导语，只讲主要事实，可变成“简明新闻”或“一句话新闻”。

（3）各段之间有逻辑联系，下一段往往是上一段内容的具体化或补充。

（4）突出重点，方便读者阅读。

倒金字塔式结构是消息最基本的结构形式，它适用于时效性强、事件单一的新闻，特别是重大事件的报道，而对非事件性、富有故事性或人情味的新闻则不太合适。

倒金字塔结构新闻的各个部分都能够相对独立，所以能够从下往上逐一删除而不破坏消息的完整性，而且永远留下最重要的内容。因此，这个模式一度大受欢迎，形成记者爱写，编辑爱用，读者爱读的局面。

2. 金字塔式结构

金字塔式结构又叫时间顺序式结构、编年体式结构。它按照事件发生的时间顺序安排材料，随情节的推进，高潮在后面出现，从而让人真相大白。因此，它又称为积累兴趣结构。

这种结构的特点是条理清晰、现场感强、产生悬念、引人入胜，适于报道故事性强，以情节取胜的新闻，尤其适合现场目击记者的写作，它可以没有独立的导语段。

3. 双塔式结构

双塔式结构，又叫倒金字塔与金字塔并用式结构。它一般先交代主要事实、结果或意义，然后按顺序报道相关内容。它能对前两种结构方式取长补短，为记者普遍采用。这种结构适用于内容丰富而重要的动态消息、综合消息及解释性、议论性较强的消息报道。

4. 散文式结构

散文式结构又称自由式结构。它主要借鉴了散文的结构形式和表达特点，选材自由、表达灵活、描写生动、亲切自然。它包括了多用于报道记者招待会、访问记者的问答式结构，报道景物和场景的镜头画面式结构。

5. 并列式结构

一个概括性导语，随后内容是并列关系的并列式结构（也叫提要式结构、集纳式结构）；通过两个新闻事实的对比，揭示差异的对比式结构（也叫反差式结构）等。

（三）设计构成部分

消息通常由标题、导语、主体、背景、结尾五部分组成，其中背景不是消息构成的独立部分，而是从属部分。

1. 标题

标题又叫题目，是揭示、评价新闻内容的文字，是新闻内容的集中和概括。标题从性质分，有实题与虚题；从结构上分，有单行标题、双行标题、多行标题。

（1）标题的作用。刘熙载说："文有文眼，题有题眼"。标题则是新闻报道的眼睛。标题必须用最简单最清楚的方式呈现，必然就是一个主谓结构的单句，它能回答"谁怎么样""什么怎么样""哪里怎么样"等问题。它有三个方面的作用：一是揭示内容，传递信息。标题应是新闻内容的高度概括。二是评点事实，揭示本质。消息应让事实说话，但标题可体现作者的倾向，引导读者理解主题。三是吸引注意，诱读全文。它以生动的文字吸引读者，进而阅读全文。

（2）标题的种类。形式上可以是单行标题，也可是多行标题。多行标题又称复合题，是多种多行题目组成的标题群。它可由引题、主题、副题、提要题等种类标题构成。它信息量丰富，宣传声势大，常用来报道重大新闻事实。

主题。主题又称正题、主标题、主标、母题。它是消息的必备标题，标题的核心部分，一般概括主要的事实或思想。主题可多行排列，但以一行为主，大多不超过两行。

引题。引题又称眉题、肩题。一般用来交代背景，说明原因，揭示实质意义。

副题。副题又称子题、次题、副标题。用来补充、印证、说明、注释、提示主题。

提要题。又叫提示题、摘要题。它是对新闻内容的概括或对相关内容的交代，有时也标以"核心提示""新闻背景"等字样。比如：

“暖风熏得游人醉”
西湖连续三天温度超20度

成长型大学——独立学院怎么走发展之路
全省20所独立学院领导齐聚钱江学院共商发展大计

我校召开第十次学生代表大会
大会选举产生了新一届学生会，某某当选为学生会主席

有些重要会议新闻还可以兼有引题和副题，如上一则还可放上大会口号作引题，但是一般以简洁为好。

（3）标题制作要求。新闻的标题，除了符合一般标题准确、鲜明、生动、简洁的要求外，由于它有突出新闻事实、结构独特、相对独立的特点，因此在制作上有自己的特色与要求。

第一，标题有虚实之分。实题是揭示新闻事实的题目，是用一句话对内容事实的准确表达；虚题是摆出观点，或点明主题，或表现精神，或揭示意义，是对内容意义的有力渲染。一般来说，单行标题多为实题，多行标题有虚有实。具体地说，引题常为虚题，副标题、提要则多为实题，主标题可虚可实。

第二，标题必须有谓语。一般文章，包括其他的新闻文体，对谓语的要求没有严格的规定，是可有可无的，但作为传递最新信息的消息，它要突出新近发生的事实，必须使用谓语动词。如：唐山大地震（报告文学标题）；唐山发生大地震（消息标题）。

第三，同种多行标题，一个词不能分拆在两行；不同种类的标题、内容应有层次感，且“一语破的，点明精髓。”

第四，副标题不用破折号标示。当然，为了使标题更加灵动，还可以从文体（记叙、描写、议论等）、语体（白话、文言、半文半白等）、语法、修辞（白描、对比、对仗、情态、用典、设问、双关、数字等）等方面进行借鉴。

2. 导语

导语是消息的开头部分，是新闻事实的精粹，它通常是消息的第一句话或第一段话。由两个自然段组成的导语，有主次之分，又称为“复合导语”。如：

中新社郑州4月2日电素有“九朝古都”之称的洛阳，正加紧筹办第二届牡丹花会。

牡丹为洛阳市花，每年4月15日至25日，洛阳都举行牡丹花会。

当然，在消息的导语前面，往往有“本报讯”的字样，这就是消息头。它主要有“电”“讯”两类，以区别信息传递方式的不同。若从其他通讯社消息整理的，以“据”字标示。消息头具有标明版权所有、表明新闻来源、监督发布单位责任、便于读者编辑鉴别的作用。

对新闻导语的分类，有的考虑新闻要素的体现，将其分为六要素导语和部分要素导语，有的根据时间性的特点，将其分为直接性导语和延缓性导语。结合表达方式和表现方法，可将其分为三大类：

（1）叙述性导语。叙述性导语是用简洁凝练的语言，简明扼要地将新闻中的主要

事实直接地叙述出来。它包括直叙式、对比式等具体形式，是最基本、最常见的方法。

直叙式导语，又叫陈述式导语。它开门见山、直接叙述事实的关键、精华、主旨。其难点在于确定“叙述什么”“怎样叙述”，且必须包含较大的新闻信息量。如：

新华社华盛顿1月28日电　今天上午美国东部标准时间11点38分，“挑战者”号航天飞机升空约1分12秒突然爆炸。

概括式导语，又叫综合性导语。它对新闻的内容进行高度的浓缩和概括，突出梗概、结果。它适用于内容复杂、过程曲折的消息。如：

本报讯——陕北米脂县谷子连年丰收，群众家家做年糕，户户做米酒，高高兴兴度春节。社员们纷纷要求向党中央报喜，说今年过了个美年。

对比性导语，有时也叫背景性导语。通过对有差别事物的比较，以突出目前事实的新闻价值。它可进行时间对比，也可以进行空间对比，以体现变化或特征。如：

新华社洛杉矶7月29日电　中国在奥运会历史上“零的纪录”的局面在今天11时10分（北京时间30日凌晨2时10分）被中国射击选手许海峰突破。许海峰以566环的成绩获得男子自选手枪冠军，夺得了奥运会的第1块金牌。

（2）描写性导语。描写性导语是一种以绘声绘色或传神的描写方法以展示事物形象或事件特征的导语形式。其具有现场感、生动感、情趣感的特点，能产生扣人心弦的悬念效果。它常有见闻式和特写式两种。

见闻式导语。它直接记叙、描绘新闻对象，以叙述为主，穿插描写，适用于报道较大的场面，注重动态性、过程性。如：

合众国际社1980年6月12日电　圣海伦斯山昨晚爆发，从烟雾笼罩的火山口喷出的巨大蘑菇状黑色烟柱升入天空，高度将近10英里。驾驶飞机在火山口上空飞行的飞行员说，这次火山爆发看起来就像是原子弹爆炸。

特写式导语，又叫白描式导语。它以洗练之笔勾勒出对象的形象性轮廓，突出事物的特征。描写是为表现主题服务，切忌为描写而描写。如：

本报讯——古朴牌坊，青瓦小舍，悠闲的乌蓬船穿梭往来。昨晚，广州友谊剧院舞台上展现出明末秦淮河的奢靡和江南水乡的韵致。由广州话剧团排演的史诗话剧《白门柳》在这里首演，向羊城观众展现了一幅波澜壮阔的历史画卷。省委常委、宣传部长×××，副省长×××等观看了演出。

（3）议论性导语。议论性导语是较直接并公开地表达作者倾向、观点的写作方法。消息以客观叙事为主，但并不反对议论。它多用于经验性、问题性或对比性的典型报道和连续报道中。

引语式导语。记者不直接出面，而是直接或间接地借新闻人物精彩的或有针对性、代表性的谈话，从而给人以强烈的印象。引语一般放在消息的开头，且能反映主题。如：

“中国将于2020年前在沿海地区再建设30座核电站。”近日，此间国际观察人士说：“中国国家发改委计划在2020年之前将中国的总发电能力提高至8亿~9亿千瓦，其中约4%将由核电站提供。这30座核电站总计需耗资约人民币3万亿至4万亿元。建成之后中国的核发电能力将较目前提高4倍以上，至3600万千瓦。”

设问式导语。有时也叫提问式导语。虽然两者有所区别：设问为即问即答，提问则在导语提出问题，以正文作答案。但是，它们都属于同一种思维方式，都要抓住读者关心的内容设问。同时，设问式导语的制作原则是，有疑而问，不难为读者，不连续提问。如：

本报讯　您家里有老年病人吗？您知道如何对病人实施急救吗？笔者昨日获悉，针对这些护理难题、问题，中大护理委员会等单位将于明日在英雄广场举行家庭护理义务咨询活动，向市民宣传相关知识。

评论式导语。在叙述事实的基础上，作者直接揭示事件的因果关系和思想意义。议论要一针见血，画龙点睛。如：

新华网西宁 10 月 12 日电　记者从青海省气象科研所了解到，三江源湿地保护修复技术研究课题最近通过现场验收。这一课题研究掌握了不同湿地保护与修复技术的实施效果，为进一步制订三江源区湿地保护对策提供了科学依据。

此外，结论式、诗词式、比兴式、数字式等，根据实际情况，可分别归入上述各类之中。

3. 消息的主体

主体是消息的重要组成部分，主要详细报道新闻事实，所以被称为“新闻躯干”“正文”“新闻的展开部分”。其功能有三个方面：一是解释和深化导语。导语所涉及的内容相对较为简略，有必要进一步提供有关细节与背景材料，使其具体化。二是补充新的事实。导语或许只涉及部分最新鲜、最重要的事实，为使读者能完整了解内容，需要充实其他新闻要素。三是承上启下。既展开导语，又为结尾形成条件。

（1）主体的构成形式。主体的构成形式，和消息的结构形式密切相关。与之相对应，有三种构成顺序，即时间顺序、逻辑顺序、合式顺序（即时间与逻辑顺序结合）。这三种顺序，分别适用于金字塔结构、倒金字塔结构、双塔式结构，而散文式结构可依照写作的需要，选择其中一种。

（2）主体的写作要求。一是围绕导语，紧扣主题。主体是对导语的展开，但选材要切合主题需要，切忌材料充塞，离题万里。二是内容充实，材料具体。消息靠事实说话，内容不足，材料过于概括，都会严重影响新闻的说服力。同时，还应注意材料的点面结合。三是层次清楚，逻辑严密。新闻事实叙述清晰，事实与事实衔接紧密，主体与导语之间的文字要力避重复。四是力求生动，巧兴波澜。消息是对事实的报道，但不是对事实的罗列。“文似观山不喜平”，因此，要避免平铺直叙，通过多种手法的运用，增加生动性、形象性。

主体是对导语的扩展。如：

广西海上风电示范项目全面启动　防城港项目预计总投资约 245 亿元

发布时间：2023－03－27 10：01：00　来源：人民网——人民日报

本报南宁 3 月 26 日电（记者祝佳祺）　3 月 25 日，广西海上风电示范项目在防城港市全面启动。项目分为防城港海上风电示范项目（180 万千瓦）和钦州海上风电示范项目（90 万千瓦）。

据介绍，防城港示范项目预计总投资约 245 亿元，力争 2023 年底首台机组并网发电，2024 年底全容量并网，全部建成后每年上网电量将超 50 亿千瓦时，预计可满足

500万户居民家庭基本用电，可节省标煤150万吨，减少二氧化碳排放量400万吨。除了满足基本用电，该项目还将带动海上风电产业落户广西，形成以风机、塔筒、叶片装备制造为核心的产业集群。

4. 消息的背景

背景又叫背景材料，它能突出新闻事实，衬托、强化主题，增强新闻的知识性、趣味性。它在消息中没有固定位置，可能独立成段，也可嵌入导语、主体、结尾之中。它属补充性质。

对背景的理解，有广义与狭义之分。狭义的背景，指新闻事件或人物所涉及的相关材料，而广义背景则包括导致新闻事件的发生、发展的、广阔的时代与社会的环境，与新闻人物和事件的发生、发展过程直接有关的情况以及向记者提供消息的第三者的情况。一般来说，按背景材料的性质和作用，常将其分为三类：

（1）说明性材料。说明性材料是对与新闻事实有关的政治背景、地理环境、历史演变、思想状况、物质条件、人物面貌等所作出的补充介绍材料，以阐明事实产生的原因、条件和环境。

（2）对比性材料。对比性材料是用来进行比较，以突出差异，显示新闻的特点、价值和意义。从时空关系上，有今昔的纵比，彼此的横比；从性质上看，有正反、对错、成败等的对比。

（3）解释性材料。解释性材料又称注释性材料，它主要是对新闻对象的性质特征所涉及的名词术语、风俗习惯等所作的注解。它的对象是读者较为生疏的内容，因而有助于读者理解，增长知识，广闻博见。

总的来说，背景应与主题密切相关，同时要简洁凝练，生动有趣。

5. 消息的结尾

消息的结尾，就是报道的结束句。虽然有的消息可无独立的结尾部分，但作为消息的有机组成部分，其仍是存在的。好的结尾，能加强消息的完整性、严密性，为表现主题画龙点睛，留下余韵。

一般而言，处于系列首尾位置的材料容易记住。所以，应重视何处结尾，如何结尾。常见的结尾方式，主要有自然式、小结式、描写式、补充式、比较式、提问式、评论式、引语式等。

不论何种结尾形式，都要紧扣主题，以叙事为主，顺势而行，简洁有力。

第三节

通　　讯

通讯是一种运用多种表现手法，比较详细、生动地报道客观事件和典型人物的新闻体裁。它是各种新闻传媒主要使用的文体之一，能发挥较大的社会作用，被称为“报纸的明珠”。

在中国早期的报纸上，用电讯传递新闻的叫“电讯”，用邮信传递的叫“通信”，其比“电讯”更详尽具体，后来通信发展成一种独立的新闻文体——通讯。可见，通讯是由消息发展过来的，是对消息内容的扩充。严格说来，西方传媒没有我们所说的通讯体裁，只有与之相近的特写新闻、新闻专稿。

一、通讯的特征

（一）通讯与消息的比较

通讯与消息同属新闻文体、自然具有新闻的一般特征，但两者的差异也是明显的：

1. 外在形式

一是外表上，消息开头通常有消息头，通讯则标题下有作者署名。二是篇幅上，消息较短，通讯较长。三是人称使用上，消息为第三人称，通讯则三种人称都可以。四是标题方面，消息可多种多行，副题不用破折号；通讯多为两行或一行标题，副题要用破折号标示。

2. 表现内容

消息多为概括叙述，以事为中心，一文一事；通讯具体形象地报道人事，以人为中心，关注全过程，较完整细致，被称为“详细的新闻”。

3. 时间效应

消息多反映动态内容，偏重迅速；通讯强调事态的发展过程及蕴含的思想性、要求及时。故同一事实，一般先有消息，后有通讯。

4. 表达方式

消息以叙述为主，兼有描写，简洁明快；通讯以叙述描写为主，可以议论、抒情，较详尽生动。

5. 结构形态

消息相对定型，由标题、导语、主体、背景、结尾组成，且多用倒金字塔结构；通讯则灵活多样，不拘一格。

（二）通讯的特征

在新闻文体中通讯的特征有以下几点：

1. 充实性

通讯要详尽地反映新闻事实，对事态的发展过程及思想意义都要关注，自然要求取材范围广，体裁容量大。即是说，现实生活中具有典型意义的人和事，有一定情节性的内容，都可包含其中。其材料具体、生动、充足。

2. 生动性

这是指表现手法的灵活多样，它是区别于消息的主要特点。通讯在遵循新闻真实性的基础上，可调动情节、细节、描写、烘托、抒情等多种文学手法，生动展示现实丰富多彩的广阔空间，有鲜明生动的现场感和立体感。

3. 议论性

通讯以事实为基础，但不仅仅为报道动态内容，还担负着阐释现实的重任。从新闻事实中发现本质，是通讯构思的关键，也是通讯的价值所在。

二、通讯的类型

通讯的类型一般有按报道内容和报道形式的两种分法。按报道形式，可分为访问记、专访、特写、大特写、巡礼、侧记、记者来信等。写作上习惯按报道对象和内容划分。

（一）人物通讯

人物通讯是用来展示新闻人物事迹与形象的一种通讯体裁。它以人物为中心，记述各条战线的先进人物和有特殊社会意义的人物，或弘扬先进，或抨击罪恶，以树立新风。一般侧重于正面人物的报道。根据使用材料的特点，有三种形式。

（1）传记式。写人物的一生或较长一段的生活经历。

（2）片断式。写人物一时一事或某一侧面、阶段的内容。

（3）群像式。围绕一个主题、一个中心，同时写多个人物、人物之间没有主次之分，共同构成一个群体。

（二）事件通讯

事件通讯是反映典型意义的新闻事件的通讯体裁。它重在记事，要具体完整地交代事件发生、发展的过程，揭示其因果影响，挖掘典型意义。

事件通讯常用来报道重大的政治活动和事件，如人民群众普遍关心的某些重大活动和场面，重大的事故等。因此，它不仅具有新闻价值，还有很高的文献价值。

（三）工作通讯

工作通讯是以报道实际工作中取得的经验、成就或存在问题为主要内容的通讯体裁。它主要抓住读者关心或迫切需要解决的问题进行研究探讨，且应在每项工作普遍开展之前，否则就无指导意义。

报刊上的记者来信、工作研究、采访求记、观察与思考、探讨与研究、理论与实践等栏目上发表的文章多为工作通讯。

（四）概貌通讯

概貌通讯又叫风貌通讯、旅游通讯，是一种着重描绘现实生活的变化，日新月异的面貌，以及社会风尚，习俗人情的通讯体裁。它通过对一个地方、一个单位、一条战线、一个部门的全貌或片断，运用点面结合，对照比较的手法，描绘出“风貌图”“风俗画”“风土画”，突出对象变化、展现时代步履，使读者开阔视野，增加知识，提高情趣。

概貌通讯可算是我国最古老的通讯体裁之一，其渊源可追溯至传统的山水游记。当然两者是有差别的：山水游记多为寄寓抒情之作，偏重主观情意；概貌通讯则反映变迁，有很强的政治性、政策性、倾向性，集思想性、知识性、趣味性于一体。

根据题材特点，概貌通讯又分为综合性概貌通讯、印象性概貌通讯、杂记性概貌通讯和国际概貌通讯四种，且其标题常有纪行、纪实、巡礼、随记、漫记、参观记、印象记、散记、札记、杂记、侧记、见闻录、掠影、拾零、拾趣、拾萃、记游等字样。

（五）小通讯

小通讯又叫新闻故事、报闻小故事。它截取生活中的某一侧面，通过一个情节较有连贯性的事件或人物活动的某一片断，生动活泼地反映丰富复杂的人情世态的通讯体裁。小通讯是通讯的基础，一般通讯常由几个小故事串接而成。

可以说，写好小通讯是写好“大通讯”的基本功。

小通讯的特点是：

1. 短小精悍

短小是指它的篇幅，常在500字左右；精悍是指它的选材，涉及面不广，取材单一，一般为“一人、一事、一题”，截取某一侧面或片断。

2. 情节生动

小通讯的关键是故事性强。要想情节生动，一是出人意料，出奇制胜。这既受制于内容本身，又取决于谋篇表达的功力，要避免“一天式”的开头（如一天凌晨，一天上午），“狂风暴雨”“雷鸣电闪”的矛盾渲染，“旭日东升”的结束象征。二是侧重写人物活动，少写背景；重具体，少概括。

3. 以小见大

小通讯讲究蕴含深意，强调“一叶知秋”的效果。这也是它与特写性消息的区别。

（六）主题通讯

主题通讯又叫集纳通讯，是通讯中最富特色的一种。它按某一主题，将几件看似互不相关，但性质相同的事件或小通讯巧妙地组合在一起，配以一个共同序文的报道形式。

主题通讯的特点是：一是能多侧面，多角度、大容量地选择和组织材料；二是叙事与说明结合，有较强的议论色彩。

三、通讯的写作方法

（一）提炼主题

通讯的主题，除了一般文章主题的正确、鲜明、集中、新颖外，更强调其现实性、政治性。就通讯而言，对主题的提炼要注意两个方面：

1. 现实需要

所谓现实需要的主题，就是“政治上重要的，为大众所注意的，涉及最迫切问题的主题”。因此，提炼主题时，既要研究了解党的方针政策，又要熟悉掌握群众的生活实际，只有这样，主题才有方向性、决策性、有效性、指导性。

2. 视角的新巧

指在同类题材、同类事件、同类事实中，别具慧眼，发现他人意料不到或难以意料的报道角度。可以说，无新意，即无深度；无奇巧，即无生气。

（二）选准材料

通讯的材料，无非就是人物与事件，其选材的关键是有以下几点：

1. 人物

（1）要有时代感。穆青说：“能否高瞻远瞩地提炼出能够反映时代特征的主题，并且从这个高度来表现英雄人物的革命精神和思想风貌，就成为决定人物通讯成败、优劣的关键。”（《新闻散论》“谈谈人物通讯采写中的几个问题”）。报道的对象要具有时代精神的闪光点。

（2）构成矛盾。矛盾冲突有三种：人与自然界的矛盾，人与人之间的矛盾，人物自身思想的矛盾。生活中的人，总要面对各种关系，主客观的各种因素，决定了这些关系并不总处在平衡之中。人物在其间的抗争，就是其思想之光的闪烁。

（3）处理好人物关系。正确反映新闻人物和集体与群众的关系，“不虚美、不隐恶”，不抬高一人，贬低一片。“因人而言，因人废言”的现象应绝对禁止。

（4）多种手段表现。在真实性原则的前提下，应以描写为主，着力描摹刻画人物，通过人物的动作、外貌、心理、语言等的描写，借助细节的强烈感染力，表现思想性格。同时，议论要形象，抒情要缘事而发，切戒抽象空泛。

2. 事件

（1）抓住关键性情节。关键性情节是事件发展的关节，能显示事件的脉络，所以，抓住一个或几个关键性情节，可起到纲举目张的作用。

（2）写好关键性人物。事因人生，人因事显。事件的核心是人，事件就是由人的活动构成。所以着力刻画一个或几个关键性人物在事件中的所作所为，能更好地揭示事件中的价值和意义。

（3）突出事件的高潮。高潮是矛盾的焦点，在矛盾冲突中表现人物，最佳的、最精彩的就是将其置于高潮中。在激烈的、波峰浪谷中作出选择，这是极为惊心动魄的。因此，应调动多种表现手法，写活写透高潮。

至于其他类型的通讯材料，无非也是人与事的结合：工作通讯突出现实针对性、叙议结合；概貌通讯强调变与新，情景交融，在对比中显变化，见闻里含知识；主题通讯，则要求材料性质的一致等。

（三）安排结构

英国剧作家、戏剧理论家威廉·阿契尔认为：“真正的艺术在于懂得要在多长的时间内保持沉默，又要在什么适当时候开始说话（《剧作法》）。”对于结构而言，分析掌握材料的特点，考虑主题表达的需要，选择恰当的结构形式，这也是记者应具备的能力。

1. 纵式结构

纵式结构也叫顺序结构，是一种按时间推移，事物发展或认识过程的顺序来安排层次的方法，其特点是有条不紊。它有三种形式：

（1）程序式结构。按时间流程的先后安排结构。

（2）悬念式结构。开头设置矛盾、疑团，然后寻根溯源，释消悬念。它一般以倒叙起头，顺叙展开，引人入胜。

（3）对比式结构。纵式的对比性结构表现为同一人，同一事前后变化的对比。

2. 横式结构

横式结构按空间的更换或事物的性质来安排层次的结构方法。它的特点是涉及面广，主要有两种结构形式：

（1）并列式结构：材料之间为对等关系。

（2）对比式结构：横式对比式结构是将不同人或不同事物进行对照比较。

3. 纵横结合式

纵横结合式又叫合式结构，以时间为经，空间变换为纬，用纵横交叉的形式安排层次的结构方法。它适于处理事件复杂、时空跨度大的材料。

第四节

新闻类文体例文评析

【消息案例1】

春节何以获列联合国假日

本报讯　第78届联合国大会22日协商一致通过决议，将春节（农历新年）确定为联合国假日，获得联合国会员国和联合国秘书处工作人员的热烈欢迎和踊跃支持。

如今，许多国家和地区把春节作为法定节假日，全球约1/5的人口以不同形式庆祝春节。春节何以获列联合国假日？成为联合国假日意味着什么？春节又拥有着怎样的世界魅力？

一、联合国假日有何讲究

在纽约联合国总部，假日分为两种：官方假日和"浮动假日"。逢官方假日，联合国总部不办公，除保安人员等少数必须坚守岗位的工作人员外，其他人均不上班。"浮动假日"是为特定人群设立的额外福利，工作人员可以根据自己的宗教信仰或文化背景选择特定"浮动假日"调休。联合国"浮动假日"原则上不安排重要活动，但安理会等特定部门因工作需要，有时也会在这类假日安排会议。

以2023年为例，联合国共有9个官方假日，包括全球普遍公共假日，比如元旦，以及东道国美国的法定联邦假日；重要宗教节日，比如圣诞节、开斋节和宰牲节，也是联合国的官方假日。今年的"浮动假日"共有8个，主要是宗教和文化节日。

第78届联合国大会22日协商一致通过名为《会议时地分配办法》的决议，将农历新年（春节）确定为联合国假日。作为"浮动假日"，决议提出设在联合国总部和庆祝此节日的其他工作地点的联合国机构避免在春节这一天举行会议，并鼓励今后在起草会议日程表时考虑到这一节日安排。

二、成为联合国假日意义何在

正如联大决议指出，许多联合国会员国庆祝春节，该节日具有重要意义。联合国秘书长每年都会发表春节贺词。

中国常驻联合国代表团临时代办戴兵表示，中国推动春节成为联合国假日，是践行全球文明倡议、倡导尊重世界文明多样性的务实行动。春节正式成为联合国假日，充分展现了中华文明和东方文化的传播力影响力，将有助于促进世界不同文明的交流互鉴，体现联合国倡导的多元、包容文化价值理念。

祖籍广东客家地区的泰国音乐老师陈国立说，联大决议将农历新年确立为假日，体现了国际社会对中国以及东方文化的重视。"以往西方的节日成为世界的节日，如今国际社会越来越看到和承认中国和东方文化之于人类文明的重要性，这体现了东西方世界在文化层面的互相尊重、了解，是一个促进东西方民心相通、文化交融的良好开始。”

日本冲绳大学地域研究所特别研究员泉川友树说：“过春节是整个东亚地区的传统生活方式，冲绳至今保留着过春节的习俗。得知春节被纳入联合国假日，非常开心。”

三、春节在全球的影响力有多大

万象复苏、草木更新，春节在全球很多国家和地区都是一个重要节日。越南、韩国、朝鲜、印度尼西亚、马来西亚等将春节定为法定节假日，并在当地形成了颇具特色和规模的庆祝方式。

春节是越南重要的传统节日，假期为七天。越南人通常从农历腊月初就开始为过春节做准备，置办年货、供品，还要打扫、装饰房间，买年画、贴春联等。承载好运祝福的花更是不可或缺。

在朝鲜，过节前人们会把屋里屋外收拾干净，置办新衣和美食，正月初一一早给长辈拜年，畅玩各种民俗游戏，是朝鲜人民过农历新年的传统。

在韩国，大年三十、正月初一和初二是法定节假日，“祭礼”和“岁拜”是核心内容。正月初一一大早，家中就摆好各式祭祀用品，举行祭拜先祖的活动。祭祀结束后，晚辈依次向长辈拜年行礼。不同于中国“红包”代表喜庆，韩国人选择用白色的信封来装压岁钱。有意思的是，“春运”现象在韩国也会出现。

受中国传统文化影响，日本冲绳至今仍保留着过传统春节的习俗。正月初一早上，一些冲绳人要去自家水井或村落共用的泉水处打一桶“若水”（新鲜干净的清水），祈求清洁身心、永葆青春。与日本本州岛过年吃寿司不同，肘子是冲绳人过年必备的年夜饭。

在马来西亚，春节公共假期是大年初一和初二。过年时，很多人喜欢“捞生”：将五颜六色的鱼肉、配菜、调料等放在一个大盘里，人们围成一圈，站起身，用筷子反复将盘里的材料捞起，同时说着吉祥话，以祈求在新一年风生水起，步步高升。

串门拜年是新加坡人过春节的传统习俗之一。当地人常用一个漂亮袋子或礼盒装着双数的桔子登门拜访，寓意“好事成双”。七彩缤纷的“捞鱼生”是新加坡过年的“大菜”，用生鱼片搭配生菜丝、红萝卜丝、花生碎等配上桔子汁调成的酸梅酱，寓意年年有余、鸿运当头、甜甜蜜蜜。

（原载 2023－12－28《人民日报》海外版）

【简评】

这是一篇非常精彩的动态消息。作者通过联合国假日有何讲究，成为联合国假日意义何在，春节在全球的影响力有多大等多个方面解释了读者心中的疑问，让国人喜悦之外更了解了这个新闻事件的深层含义，是中华文化影响力的提升的表现。

本文主要有以下几个特点：

（1）主题鲜明、思路清晰。作品围绕春节何以获列联合国假日这一主题，通过三个方面阐释使读者心中有了明确的认知。

（2）要素清楚，选材独特。新闻涉及的时间、地点、人物、事件、原因、结果交代清楚，满足了人们对事件的了解，通过各国各地人们过春节的习俗介绍，使读者了解到中国春节在世界各地的广泛影响力。

（3）语言生动，极具感染力。本文介绍各国各地的春节习俗时，既烘托出春节的庄重欢乐，又把不同国家地区的春节习俗的差异展现出来，读之觉得韵味深长。

【消息案例2】

村民挖紫薇——围剿丹霞山

肩上扛的车上载的苗圃移植的都是野生树种

本报讯（记者/刘海斌）日前，记者在仁化县丹霞山景区采访时发现，大肆挖掘景区内的紫薇、杨梅、石积等树种出卖，已成为周边农民的一大生财之道。

4月29日，在丹霞镇夏富村，记者看到，农民成群结队，或骑摩托，或开拖拉机，或步行上山挖掘紫薇、杨梅等树种。挖回的紫薇，小的每株4元钱便出卖，有上十年乃至百年树龄的，则卖到几十元至上千元不等。记者顺路查看了村边的四五个苗圃场，场内无一不种着从山上挖回的紫薇等树种。其中最大的一个苗圃场内，竟有紫薇上千株、杨梅400余株，可见盗挖风气之烈。据知情人介绍，类似这样挖掘古树名木的现象，在韶石山、矮寨山、大石山等整个丹霞山景区都存在。

紫薇又名百日红、满堂红，是新生代早期第三纪出现的物种之一，是我国特有物种。其花期可达5个多月，是地球上花期最长的植物，其花色以粉红色为主色调，盛开时满树粉霞，灿烂无比，曾被南宋诗人杨万里赞誉为："谁道花无百日红，紫薇长放半年花。"

（原载于2004年5月10日《南方日报》）

【简评】

这是一篇问题型综合消息。问题综合消息的写作，要求在矛盾的萌芽状态就让其显露出来，以引起人们的注意，促使其解决。它有很强的指导性。

本文的特点如下：

（1）针对性强。据调查发现，随着经济的发展，在城市绿化建设和房地产绿化建设热潮的背后，非法采挖、倒卖古树的歪风正在一些地区，尤其是偏远、落后山区愈演愈烈，从而给城市和农村带来双重的灾难。这种现象的实际情形怎样呢？作者以自己的见闻对其严重性进行了披露。

（2）采用金字塔结构。文章以叙述性导语引出，较详细地叙述了见闻的过程。作者虽不直接表明观点，但其危害触目惊心，事实的力量已不言自明。

（3）内容充实，点面结合。作者由紫薇的被挖，引及其他的古树名木，由丹霞镇夏富村，写到丹霞山景区的其他山头，从而突出这种现象的普遍性。同时，以说明性背景材料结尾强调了这种危害的灾难性、毁灭性，振聋发聩。

【通讯案例1】

航空发动机焊修技术专家孙红梅——激光焊接 精准无缝

记者 吴君 通讯员 江伟兵

头戴焊工帽，手持焊枪，眼睛紧盯着镜子反射出来的内壁情况，在第五七一三工厂，孙红梅正一丝不苟地修复某型航空发动机损坏的机匣。突然，当漏点受高温熔化至液态金属滴落前的瞬间，孙红梅迅速加焊丝将其堵住，待内部漏点排除后，再将机匣上的“窗口”补片焊牢。整个过程，将附近轴承座变形误差控制在0.003毫米，仅有头发丝的1/25。

“这些修复后的发动机机匣，不论是性能还是使用寿命，与原来的零件基本没有区别。”别看孙红梅自信满满，操作熟练，但是提起修复过程，她仍心有余悸。

此前，该型航空发动机燃烧室机匣损坏，国内没有成功修复案例。接到任务后，孙红梅发现，机匣内部构造复杂，故障点多发生在腔内。“我们要从外部摸排、准确判断故障位置，微创‘解剖’不污染内腔，确定漏点定位、实现精准焊接，复原‘缝合’以防变形。”孙红梅介绍，这4个关键步骤环环相扣，其间任何一个小失误都会造成产品报废。

为了逐步解决各个难题，孙红梅待在厂房内把镜面反光仰焊、激光焊、光电复合焊等4种新技术试了个遍，经过近半年的研究攻关，终于掌握了这套给发动机机匣做“手术”的方法。

孙红梅有一股子韧劲，只要认定的事情，就一定要做好。1999年，孙红梅从西安理工大学材料科学与工程学院焊接专业毕业。“我要去部队工厂，为国防事业做贡献！”从小就有从军梦想的她一头扎进了深山荒野的工厂。

为了尽快练就过硬操作本领，孙红梅白天在维修现场熟悉产品性能，掌握各部件的维修技巧，向师傅同事学习经验；晚上，她又拿起书本，学习科研院所的焊接技术研究成果。两三年时间，孙红梅就掌握了全部基础焊接工艺，从学徒成长为厂里的技术骨干。

2002年，孙红梅被调到襄阳厂区，担任焊接和热喷涂技术员。新部门刚成立，没有资金添置焊接喷涂设备，孙红梅就动手将以前报废的设备拉来修；为了保证试修周期，她利用晚上和周末的时间，跑到谷城厂区借用设备进行试修。

在修复某型发动机有磨损故障的涡轮叶片时，由于需要焊接的部位是个棱边，形状不规则，最厚的部位大约1毫米厚，最薄的只有0.3毫米，焊接时特别容易焊塌了。此外，叶片材料是一种铸造高温合金，焊接时特别容易产生焊接裂纹。“当时，厂里的老师傅们都说这叶片焊不了，一焊就裂。”孙红梅提到，如果焊接失败，会造成每枚叶片3000多元的损失，还会耽误生产进度。

孙红梅不愿放弃，她整天围着堆满厂房的发动机“转圈”，拿着发动机叶片认真观察，一方面认真查阅相关资料，另一方面反复尝试动手实验。一天下来，孙红梅往往汗流浃背，耳朵嗡嗡响，眼睛也常被电弧光打伤，“那时候一闭眼就刺痛难忍，泪流不止，整晚都睡不成觉……”

在孙红梅的努力下，她逐渐发现：只要控制好电流参数就应该能实现叶片焊接。为此，她一次次试焊，有一天终于在叶片上焊出了整齐的焊缝，“当我看到焊缝没有烧塌，没有裂纹时，我感到无比地高兴和自豪！”孙红梅说。

此后，孙红梅和团队从零开始，掌握了激光焊技术，实现了“无变形焊接”。他们将经验编写成《激光焊接工艺标准与质量检验标准》，推广激光焊，十几年来创造了几千万元的价值。

2013 年，由孙红梅领衔的“红梅工作室”挂牌，她时常会驱车 40 公里从城区到山区老厂传授研究经验，普及焊接新技术，带领成员探索解决装备修理瓶颈问题。截至目前，“红梅工作室”培养出厂级技术专家 4 名、高级技师 3 名，先后完成 26 项科研项目。“有的人操作技术进步很大，甚至在某些时候比我操作得还好些，大家在一起互相学习、共同提升。”说起学员，孙红梅感到很欣慰。

（原载于 2021 年 11 月 16 日《人民日报》）

【简评】

这是一篇人物通讯，讲述了 5713 工厂一级技术专家、大国工匠、中国劳模工匠论坛执委孙红梅，手握毫厘千钧之力，眼含秋毫不放之功，专攻航空发动机焊修技术，用行动诠释、传承大国工匠精神。

本文在写作上的特点如下：

（1）富于时代气息，体现了当代大国工匠的特征。穆青认为：“一篇好的人物通讯，往往会起到人物的某一段传记，时代的某种记录的反映。”新闻人物孙红梅专攻航空发动机焊修技术，实际工作中她曾先后维修航空发动机 600 多台，操作熟练。研发 10 余项核心修理技术，攻克 60 多项技术难题，获得 6 项发明专利，2020 年被评为全国劳模。通讯有针对性地写出了当代大国工匠的精神风貌。

（2）纵横式结构，有利于扩展报道内容。报道以时间为经，显示了孙红梅的技术逐步成长的过程；以实践为纬，写出了她的毅力顽强、业务过硬、创新能力。在矛盾冲突中闪烁思想，展现优秀。

（3）抓关键情节，多方面表现人物性格。作者抓住孙红梅认真专研修复技术等情节，通过语言，行动、心理等细节描写，表现特定环境下的人物心态；点面结合，具体描述关键情节，展现人物专研精神；借用人物语言，体现人物心理，特别是结尾段，直接引语，质朴中显示了人物的追求。正如老舍所说：“话是表现人物思想感情的。话找对了，人物的形象就出来了。”

【通讯案例2】

阿佤山和牛血崖画

李雨霖

阿佤山10年景不同

记得第一次进入阿佤山的时候，最大的印象是生态破坏严重，到处是火山地，种植着满坡的旱谷，山上树木已经很少，只有成片成片的飞机草。村寨中大多是茅草房，低矮的屋檐一直垂到地面，叼烟斗的佤族妇女慢慢走在烈日之下。

正值干旱季节，几个月不见滴雨的巨龙竹在热浪中喘息。只有天空高远湛蓝，漠然地俯视着这块神秘的土地。

这次进入阿佤山仍是旱季，车子穿过勐省坝驶入山路，渐行渐高，眼帘中却苍翠了许多，所有山头都被云南松覆盖，极像是一顶绿色的草帽。山坡上大片甘蔗蔚然成林，大部分都还未收割，若步入其间，倒有几分青纱帐的感觉。那被大青树和巨龙竹所包围的，应该是村寨了，石棉瓦的屋顶在正午的阳光下反射出晃眼的银色，这时心中略有些失落，茅草房怕是拍不到了。忽然，一株火红的攀枝花从车窗外掠过，整座山峦的色彩刹那间丰富起来。

佤族的猎人头风俗

“司岗里”是佤族人民创作的许多关于解释宇宙万物和人类起源的神话传说中最流行的一个。“司岗里”不仅是佤族的历史，也是一个民族的向往与追求，它的背后是一场血腥的悲剧。

到达沧源以后，接触最多的名词仍是“司岗里”，沧源佤族说“司岗”是葫芦，即人是从葫芦里出来的。

而对于“司岗里”传说，各地的佤族有不同解释。西盟佤族认为“司岗”是山洞，人类是从山洞里出来的，在佤族的圣地，缅甸勐冒的公明山还有一个“司岗里”山洞。在瓦语里“司岗”的意思很多，除了葫芦、山洞以外，屋顶交叉的千木、手挽手的人，以及团结都是“司岗”。而沧源县佤文化研究会秘书长王学兵对“司岗里”有他独到的看法。

大约在1900年前，佤族生活在今缅甸景栋一带，后来与傣族发生战争，佤族失败了，只好迁居阿佤山。但佤族是一个种植水稻的民族，在山区无法种植，这时来了一个人，他带来了旱谷种。这个人看到佤族十分团结，而且英勇善战，他担心以后佤族强大起来会侵略别的民族，于是他把种子煮熟后才拿给佤族。第一年，颗粒无收。第二年，这个人又来了，他说要砍人头祭谷魂，粮食才长得出来。

佤族上当了，开始猎人头。从此，各个部落之间仇杀不断，一个民族分裂了。当时一些有识之士呼叫：“我们不能猎人头了，要‘司岗’!”就是说，佤族再不团结起来，将走向毁灭。

但血一流，就难以止住，1000 多年的腥风血雨笼罩着阿佤山。只有“司岗里”传说一代接一代地流传着。

佤族姑娘舞动的长发

说起佤族，给人印象最深的应该是歌舞，许多人对佤族的了解，来自于佤族姑娘甩动的长发。一个歌舞的民族，豪放、粗犷，木鼓声中到达天人之间的对话。

佤族舞蹈起源于宗教仪式。3000 多年的崖画上就有舞蹈的画面，只是这类舞蹈大部分不是为娱乐，而是与宗教有关。如狩猎前和战争前举行模拟舞蹈，以保证狩猎及战争取得胜利。舞蹈中还有一种属于化装舞，画中人物头插羽毛、兽毛、兽角（齿），身披羽毛而舞，用以对神祇表示敬意和祈祷。

还有大量的舞蹈来自于日常生活，佤族人民在生产劳动、节日喜庆中，往往都要全寨出动，通宵达旦歌舞，充分把自己内心的喜怒哀乐发泄出来。

佤族舞蹈真正走上舞台，成为艺术是从 1958 年开始的。阿佤山歌舞团团长尼桑告诉我们：“1958 年以后，许多文艺工作者走村串寨，搜集整理民间舞蹈，进行改编，像《甩发舞》就是赵俊政（佤族）老师和上海来的陈本亮老师在永和一带受佤族姑娘洗头甩发的启发而编创的。”而佤族的木鼓舞是一种神器，用来“召唤神灵”不能随便敲打，过去与舞蹈没有关系，也是到了 20 世纪 80 年代才被搬上舞台。

崖画是佤族的标志

崖画是沧源佤族最为宝贵的文化遗产，也是这个民族 3000 多年来寻找幸福生活的标志。从古滇国的青铜器中，我们可以看到沧源崖画中的头饰，看到对牛的崇拜，以及杀人祭祀、干栏式的建筑、一脉相承的稻作文化，这一切又与佤族有着千丝万缕的联系。

在阿佤山中，流传着许多关于崖画的传说，沧源崖画就是因为这些传说而在 1965 年被发现的。

崖画的创作者是谁？至今没有定论。据佤族老人讲述，在佤族民间的确保存着一幅内容与沧源崖画毫无差别的布画。传说中是一个叫艾惹的男孩在一座石崖中得到，这幅画教人类种植、饲养、建筑、各种技能等，教人如何过上稳定、幸福的生活。

（2004 年 4 月 19 日《南方日报》）

【简评】

这是一篇概貌通讯。佤族是云南省独有的少数民族，35 万人主要分布在云南的西南部。作者以优美的笔触勾勒了阿佤山的风土画和风情画。

本文的写作特点如下：

（1）突出时代变化。“变”与“新”是概貌通讯的关键和亮点。文章写出了阿佤山自然环境和风俗习惯的变迁，以小见大，表现了我国少数民族人民在新时代的新思想、新生活。

（2）采用横向结构。文章分别介绍了佤族人民生活的自然环境和生活习俗，并列安排。但在每项内容里，又通过其发展源流的介绍，暗含前后对比，突出前后变化。

（3）偏重介绍知识。佤族是一个人数较少的民族，虽有广为人知的《阿佤人民唱新歌》，但其独特的生活传统仍是“养在深闺人未识”。因此，文章主要介绍了猎人头风俗、姑娘长发舞和崖画的渊源变化，以广见闻。

（4）倾注强烈情感。以情感人，这是人际交流的有效方法。文章中，作者对生态环境改善的欣喜，对血腥习俗的深沉思考，对豪放粗犷、“达到天人之间的对话”的长发舞的赞赏。

思考·讨论·练习

1. 导语的常用写法有多少种？下面的导语属哪种类型？其有何不足？

昨天本市一座规模庞大的钢筋混凝土框架结构的五层楼仓库，采取“三向折叠内合倾倒”控制爆破获得成功。这座高达20米，面积约6000平方米的大楼，仅仅在3秒内就在原址上化成一堆废墟，而周围的居民住宅和其他公用设施却安然无恙。

2. 请根据下面的材料，各设计出一个以上的标题和导语。

江西婺源的红荷包鲤与云南的源江鲤是内地地理品系的两种较好的鲤鱼。1973年以来，国家水产总局长江水产研究所引进这两个品种，在湖北江陵县庙湖渔场进行了红荷包鲤（雌鲤）和源江鲤（雄鲤）的杂交选育试验，获取杂交一代荷源鲤，经全国十几个省、市，100多个单位几年的生产性试养和有关部门鉴定，其被列为我国淡水鱼类的又一新品种。荷源鲤的体型介于双亲之间而略偏母亲，头小体宽背肉厚。其杂交优势突出，增产效果显著，一龄鱼可长到1.5~2千克，个体生长较之红荷包鲤及普通鲤提高40%以上，产量可提高30%左右。荷源鲤具有起捕容易、杂食少病、适应性强、肉厚质美的特点，有“肉头鲤”“肥鲤”之称。目前，荷源鲤已大批生产，并向全国普及推广。

3. 试从近期报刊上找一些典型的通讯作品，分析其所属类型及写作特点。

4. 试从报刊上找出内容相同或相近的消息和通讯各一篇，比较两者的区别。

第六章

毕业论文

【本章导读】

毕业论文是应届毕业生的毕业作品，是学生毕业前针对某一课题，综合自己所学的基础理论、基本知识和基本技能写出阐述某一问题的文章。它要求学生把所学的知识应用于实践中，为毕业后在工作岗位上更好地、有方向地研究和发展打下基础。本章主要介绍毕业论文的定义、特点、种类和写作。

第一节 毕业论文概述

一、毕业论文的定义与作用

（一）毕业论文的定义

按照《中华人民共和国学位条例》，学位分为学士、硕士、博士三级，学生提出申请授予相应学位时必须提供评审用的论文，因此，相应的学位论文分为学士论文、硕士论文和博士论文三级。可见，学位论文是指学位申请者从事科学研究取得创造性或有了新见解，并以此为内容撰写而成，作为提出申请授予相应学位时评审用的论文。由于学位论文多数是在学位申请者学业结束前夕撰写提交，因此，人们一般习惯上又称其为毕业论文。事实上，毕业论文是指大中专应届毕业生的毕业作品，是学生在临毕业前，针对某一课题，综合自己所学专业的基础理论、基础知识和基本技能围绕某一问题进行阐述的文章。

这就要求毕业论文具有较强的实践性，能把所学的专业知识应用于实践中，为毕业以后在工作岗位上更好地有方向地研究和发展打下基础。

毕业论文的写作，是在有经验的教师指导下进行的。

（二）毕业论文的作用

首先，毕业论文可以使学生总结自己在校期间的学习成果，培养自己综合运用所学知识分析，解决实际问题的能力。

其次，毕业论文作为科学信息的载体，能够打破民族、地域和时间的界限，传播各种科学成就，促进科学的交流，并能促使各学科之间的交流、融合与创新。

最后，毕业论文能帮助我们遵循某一学科的发展历史找到新的起点。科学的发展是以积累为基础，以继承为前提的。毕业论文以反映某一学科的研究动态，把某一学科的过去和现状加以系统研究，可以从中看到本学科发展的轨迹，获得启示，寻找新的研究起点。

二、毕业论文的特征

毕业论文与一般议论性文章不同，它是对所学学科领域中的某些现象或问题进行论述的一种文体。因此，从学术论文都应具备的一般特征来说，它具有独创性、科学性和理论性的特征。从论文的体式来说，它又具有形式的规范性和语言的准确性的特征。

（一）独创性

独创性是毕业论文的生命。所谓独创性，严格地说，是指论文作者所提出的观点，是对某一个问题的全新认识，是与众不同与前所未有的看法。毕业论文如果缺乏独创性又是重复别人论述过的东西，拾人牙慧，那肯定是平庸之作。相反，若有较好的独创性，则毕业论文可能是一篇优秀之作。

对研究水平还不是很高的青年学生来说，要拿出一个有价值，有意义的新的学术见解并非易事，因此，如果能够使用别人没有用过的材料，或者能够采用新的研究方法，从一个新的角度，重新对已有的理论观点加以阐释，这样的论文便有了作者对问题的一些自己见解，也就具有独创性了。

（二）科学性

科学性是毕业论文的灵魂。前面说过，撰写毕业论文必须具有独创性，但创新并不是故意标新立异，哗众取宠，而是必须保证论文的科学性。论文缺乏科学性，不仅无法起到应有的作用，而且会适得其反，会将人们引入误区。因此，科学性是一篇论文应具备的起码条件。

毕业论文是科研成果的表述和记录。它的科学性主要要求内容真实、正确、准确。真实，是指论文内容符合实际情况，是客观存在的真实反映，不带个人的好恶偏见，杜绝一切的感情用事。正确，是指论文内容符合客观规律，经得起实践的检验。准确，是指论文内容的阐述要恰如其分，既不夸大，也不缩小。

（三）理论性

毕业论文的理论性，首先体现在论述的完整上。一篇毕业论文，应当自成一个理论认识系统。从提出问题，分析问题，到解决问题；从论述的展开，材料的选取，到观点的明确，都要围绕某一个中心，要环环相扣，层层递进。整篇论文，必须是一个严密的推理过程。其次，体现在内容深度上。毕业论文不应该仅仅反映一般的现象和过程，也不是谈论浅显的经验法则，而应是努力追求对事物的本质和规律的理论认识。

（四）规范性

形式的规范性包括格式的完整和结构的严谨两方面。毕业论文格式的规范、完整，后面将作具体介绍。而结构的严谨，是指毕业论文的结构既要符合形式逻辑的要求，又要符合辩证逻辑的要求，做到条理清楚，层次分明，观点突出。

（五）准确性

毕业论文要求语言准确。毕业论文的叙述描写，只用朴实的直叙和客观简洁的描述，把观点直接交给读者，把一些值得注意的现象记叙清楚，很少使用积极的修辞手法、形象化的语言。因此，毕业论文具有严密、简洁、朴实的语体风格。严密，要求论文的写作要注意词意、语法、语义的细微区分，认真遣词造句，做到表意准确、严密。简洁就是不用冗词赘语，力求简单明了。朴实，就是通俗易懂，尽量使人看了就明白是怎么回事。毕业论文如果使人读不懂，或读得非常吃力，那么，就违反了毕业论文的写作基本原则。

三、毕业论文的种类

从研究对象看，毕业论文可以分为两大类：一是自然科学毕业论文；二是社会科学毕业论文。

（一）自然科学毕业论文

自然科学毕业论文，又称为理工科毕业论文。这是理工科各专业的毕业生，根据专业培养目标，选择某一课题，在教师的指导下，综合运用所学基础理论、专业知识、专业技能，写出表达科研成果、阐述学术观点的论说性文章。自然科学的毕业论文可以分为五类：

1. 理论类毕业论文

理论类毕业论文指的是针对所学专业学科范围内某一课题，通过严密的理论推导和理论分析，对研究成果进行理论性的概括和总结，正面提出自己的观点和见解的说理性论文。

2. 实验类毕业论文

实验类毕业论文指的是为了验证某一科学理论或假说，或者为创造发明和解决实际问题，有计划、有目的地进行科学实验，然后把实验过程和实验结果用书面表述的形式加以归纳、总结，这就是实验类毕业论文。

3. 观测类毕业论文

观测类毕业论文是指综合运用所学专业的基础理论、专门知识和实践技能，对自然界的各种现象和事物进行观察和测量，将所观察、测量的结果进行准确、具体的描述，从而给人以明确、完整认识的文章。

4. 报告类毕业论文

报告类毕业论文指的是综合运用所学专业的基础理论、专业知识和实践技能，对所学专业的某一课题进行研究或考察后写出的正式科研成果的书面报告。

5. 评述类毕业论文

评述类毕业论文指的是根据所学专业的基本原理、基础知识和国家的科技经济政策，对特定领域里的某一学科、专业、产品、技术经济的研究成果、科技发展趋势进行综合性评述的文章。

（二）社会科学毕业论文

社会科学毕业论文是根据专业培养目标，针对某一课题，在教师的指导下，综合运用所学专业的基础理论、专业知识和专业技能，写出表达科研成果、阐述学术观点的论说性文章。

社会科学的毕业论文可以分为五类：

1. 论证类毕业论文

论证类毕业论文是指综合运用所学专业的基础理论、专业知识和专业技能，对社会科学领域里的某些重大理论问题或现实生活中的某些社会现象及问题，进行探讨、研究、阐述、论证，揭示其本质和规律，以表达作者的思想、观点、见解的说理性文章。

2. 考证类毕业论文

考证类毕业论文是指针对社会科学不同专业领域里的某一问题，运用考证的方法，以直接或间接的材料深入地进行探究，追本溯源，考证事实的真伪异同，最后推导出具有真实性、真理性论断的文章。

3. 诠释类毕业论文

诠释类毕业论文是指针对本专业领域内的概念、理论、假说、原则以及事物的属性、特征、功用和史实、事件的面貌、来龙去脉、发展变化等作出解释说明的文章。

4. 调研类毕业论文

调研类毕业论文是指对现实生活中存在的各种现象或问题，运用所学专业的基础理论、专业知识和专业技能，进行深入细致的调查研究后，作出正确判断，提出相应对策和建议的文章。

5. 争辩类毕业论文

争辩类毕业论文是指对本学科、本专业的某些重大理论问题、学术观点有不同的看法，提出来进行争论和辩论，以达到辨明道理、驳倒对方的主张和观点，进而表明自己的看法，弘扬真理的文章。

第二节

毕业论文的写作

一、写作计划的制定

“凡事预则立，不预则废”。毕业论文写作前最好拟定一份写作计划，可以使写作过程有条不紊地进行。一般说，毕业论文的写作计划应该包括以下项目：

（一）课题的提出及其内容的阐释

（二）研究目的和具体要求的说明

（三）写作时间的安排

写作时间指整个写作过程的起始时间，也就是从选题到论文最后完成的总期限，这样可以使写作过程得到合理安排和落实。

（四）写作步骤的安排

这是写作计划的主体部分，要尽可能详尽些。写作步骤一般可作出如下安排：

(1) 搜集、获取资料。要写明获取资料的基本途径及所需时间，这一方面应该尽量做到越具体越好。

(2) 阅读、整理、研究资料。

(3) 拟定提纲、撰写论文。要写明从行文的准备到文章的定稿大致所需时间，对每一个环节的工作都应有具体的打算。

（五）其他情况说明

如果需要指导教师的帮助，如实验、某些资料的搜集等，也要作出具体的安排，如果是多人合作，即论文的作者不止一人，则要对分工情况有所说明。

同所有计划一样，写作计划也是事先制定出来的，在计划的进行中，难免会有一些没有预料到的情况出现，或者发现计划本身有不尽完美、合理之处，这就需要根据实际情况，对计划加以调整、修订，使计划保持着可行性。

二、课题的选择

（一）选题的意义

选择并确定研究的课题，是毕业论文写作的第一步骤，也是非常重要的一个步骤。爱因斯坦说，“提出问题往往比解决问题重要”。选题决定着论文的价值，也关系到论文的成败。有人说，“题好一半文”，这说法很有道理。

从最直接的意义上说，选题是一次具体的科学研究活动开始的标志，它为整个活动确立了明确的目标。科学研究是一项目的性极强的活动，漫无目的的研究是不会有什么结果的。有了问题，才谈得上问题的解决，课题确定了之后，工作才有了方向，所有的努力才会集中到一点上，才容易有收效。

无论从哪个角度来说，选题的意义都是不可低估的，撰写毕业论文，必须重视选题，第一步就要争取“选对题”。

（二）课题的类型

科学研究有两大类，一类是开创性研究，另一类是发展性研究。所谓开创性研究，就是对别人没有研究过的问题进行的研究；所谓发展性研究，就是在已有研究成果的基础上，对别人曾研究过的问题作进一步的研究。因此，毕业论文的课题也就分为两大类：

1. 开创性研究的课题

开创性研究的课题，也就是没有研究过的问题。有些问题属于早已存在，但长期被人们所忽视，或者由于条件的制约，一直无法进行研究；也有些问题是在社会发展中产生出来的新问题。每个时期，都有好多问题可以作为开创性研究的课题。比如，我国社会主义市场经济体制的建立，带动了文化的转型，一些学者提出要重建中华民族文化等问题，便是一些开创性研究课题。研究这些课题，容易有所突破，有所创新，而且研究成果往往能够及时起到指导社会发展的重要作用。

但是，进行开创性研究，一般没有太多的资料可以利用，也没有现成的方法可作借鉴，难度很大，困难很多，这就要求研究者具有较高的研究水平和较好的意志品质。因此，一般毕业论文的选题主要用下一种类型的课题。

2. 发展性研究课题

发展性研究课题，是需要进一步研究的课题。有些课题，虽然已有人对它做过研究，但随着时间的推移，情况有了变化，或条件有了改善，已有的研究成果或显陈旧落后，或暴露出种种不妥之处，因而有了继续或重新研究的必要。

但是，发展性研究课题不是重复性研究，它必须对被研究过的问题形成新的认识。发展性研究的形成有很多种，毕业论文写作中常见的有下面三种：

（1）深化、补充已有观点。即在已有研究的基础上，进行更广泛、深入的研究，以使已有的研究成果得到丰富和发展，使已有理论观点得到深化和补充。

（2）批驳、修正已有观点。研究同一课题，得出有所不同，甚至截然相反的学术观点，在科学研究中是常有的现象。主要表现为两种情况：一种是学术争论，就一个正在讨论、有争议的问题，发表自己的不同看法。另一种是修正或推翻“通说定论”，这一种通常有较高的学术价值。

（3）赋予已有理论的新的社会意义。有些问题早已有了众所周知的结论，仅从科学发展的角度来看，已失去了重新研究的意义。但从社会需要的角度看，确有一些问题有重新提出的必要。结合社会发展实际，挖掘原有理论的意义，有时能够达到调整人们认识，为社会生活提供重要的理论借鉴作用。

（三）选题的原则

课题的弃取，不能随心所欲，必须有一个标准和根据。选题的原则，就是衡量课题、决定弃取的标准和根据。课题有意义，作者有见解，是写出高质量毕业论文的两个决定性因素。选择课题，主要考虑以下两个因素：

1. 科学性原则

科学性，首先，要求立论的观点正确。论文能正确地反映客观事物，并揭示它的规律。这就要求论文的论述是系统的、完整的、首尾一贯的，而不是零碎的、片面的、前后矛盾的。其次，要求知识的准确性。知识不准确，就不能准确地反映客观事物的规律。最后，要求要选择客观上有意义的课题。课题的客观意义包括两方面的内容：一是社会意义，二是学术意义，就其本质而言，这两项内容又是统一的。

2. 可行性原则

课题有意义，只能说课题研究的进行是必要的，而究竟能否写出一篇高水平的毕业论文，还要看作者能否完成课题的研究，能否提出有价值的学术见解，至少是能否提出自己的一些见解。对学术见解的产生及其价值起制约作用的因素很多，其中最主要的因素有专业水平、兴趣爱好、资料、设备、经费、时间等主、客观条件，对此，应有充分的考虑。

毕业论文的写作一定要量力而行、扬长避短、宜实不宜空、宜专不宜泛，要难易适中，经过自己主观努力能够完成的课题。因此，选题的可行性必须考虑到：①要选择有能力完成的课题；②要选择有兴趣完成的课题；③要选择有条件完成的课题。

毕业论文的写作条件一般应考虑三个方面：①资料条件；②时间条件；③导师指导条件。

（四）选题的途径和方法

毕业论文选题的途径、方法正确，就会收到事半功倍的效果，否则，就可能造成人力、物力、时间的浪费。

1. 选题的方式

目前毕业论文的选题，一般有三种方式：

（1）命题与自选题结合的方式。论文指导老师拟出若干题目，经教研室确定然后向学生公布，学生可根据自己的实际情况，在公布的题目中进行选择。

（2）自选题。一些有一定科研能力或对某一方面有较深研究或爱好的同学，可以根据自己的专长，独立进行选题、命题。

（3）引导性命题。一些缺乏研究能力，不能独立选题，而且对公布命题感到迷惑，心中无数，难以确定选题的同学，就必须请求指导老师的帮助，在指导老师的有效引导下完成命题。

学生在选题过程中，除了自己主动地进行探索之外，主动地争取指导老师的指导，对论文的写作是非常有益的。

2. 选题的途径

（1）查阅文献资料。通过查阅大量的文献资料，清楚地了解本学科研究的历史和现状，特别是本学科发展的新动向、新问题，并从中寻找有研究价值的课题。

（2）做好必要的调查、咨询工作。通过本学科的调查、咨询工作，了解到实际工作中的一些疑难问题和亟待解决的问题，并从中发现课题。

（3）积极主动地去思考。在查阅文献资料、调查咨询的过程中，需要大脑积极地去思考、去想象、去联想、去发现，积极地思考出新的问题，这样往往能形成自己的新思想、新思路。

3. 选题的方法

毕业论文选题过程中常常出现这些问题：把握不住选题的方向，寻找不到最佳选题，题目过大或过小等。那么怎样选题呢？常见的选题方法有以下几种：

（1）横向扫描，确定选题方向。选题方向，指的是研究学科里哪一方面的课题。如中文系的学生，是研究语言，还是研究文学作品，或者是研究文学概论？

毕业论文写作首先应该结合实际情况，确定选题方向。横向扫描是确定选题方向的一种较好方法。学生在自己所学专业范围内，根据自己的兴趣爱好、专业特长、资料搜集能力、现实需要、指导教师等主、客观诸方面因素，对所学专业的各门课程对比、筛选，从而确定课题研究的大体方向。

（2）浏览捕捉，确定最佳选择。选题大方向的确定，仅是迈出选题的第一步，第二步应在大方向之中确立具体的选题方向，尤其是要在诸多可提供选题的具体方向中，寻找一个最佳的选择。

运用浏览捕捉可以寻找最佳的选择方向。即在已确定的大方向领域内，大量阅读各种各样的资料，并进行深入的研究，从而形成自己的一些见解。如中文系学生确定文学作品为研究大方向，在大量的阅读资料过程中，他可能会发现很多具体研究课题。如某一作家在当时的影响，对后人的影响，作品风格的构成，思想的传达等，当你认为某一方面是你的最佳选择时，就把它作为具体的选择方向。

（3）收缩或放大，确定题目适中。一些同学往往选题不当，或题目过大，或题目过小。如《鲁迅小说中知识分子问题》《论“京派”小说》《论艾青的诗歌》，这些题目对于要求在较短时间内完成的毕业论文，就过大了。而另一些题目，如《论孔乙己的性格特征》《马致远〈秋思〉的艺术构思》等，对于一名即将要毕业的大中专院校学生来说，题目太小了，未能通过撰写论文反映自己的实际能力。对于这些情况，必须在指导老师的指导下，采取收缩或放大法，把题目过大的适当收缩，题目过小的适当放大。这样，就可以使题目大小适当，充分体现自己的实际能力。

三、课题的研究

（一）课题研究的意义和内容

选择课题是毕业论文写作过程中极为关键的第一步，随之而来的课题研究则是具有决定意义的重要环节。毕业论文的写作过程中，有些同学常会碰到这种情形，选题时非常慎重，充分考虑了各个方面的因素，已经找到了一个比较理想的题目。可是，由于对问题研究得不够深入，或者由于研究工作的失误，最终未能写成一篇令人满意的论文，甚至于根本无法成文。出现这种情况，是由于确定选题后，未能对课题进行深入的研究。可见，课题研究是毕业论文写作过程中的关键性环节。

一切学术见解都是人脑对客观事物的概括。本质的、能动的反映，是主体思维同外界信息相互作用的结果。主体思维和外界信息是学术见解产生的两个必备因素，缺乏其中的任何一个要素，课题研究的进行和完成都是不可能的。要取得课题研究的成功，必须从这两方面入手，进行积极的努力。具体说，就是要在资料工作的进行和思维方式的运思上多下功夫。

事实上，课题的研究中，既没有不需要研究者的思维活动介入的资料工作，也没有完全脱离材料，不以材料内容为凭借的主体思维。资料工作进行和思维方法的运思是交织在一起的，为了便于说明问题，才把两者分开加以阐释。

（二）毕业论文资料的搜集

资料是一切科学研究的基础，是构成文章的要素，有说服力的学术观点，必须靠材料的有力支持，离开了材料，再高明的人也写不出好的文章。因此，要写好毕业论文，就一定要充分地搜集资料。

1. 搜集资料的原则

资料种类繁多，来源广泛，任何单位，任何个人，都不可能搜集齐全的材料。毕业论文资料的收集，更应该遵循一定的方法和原则，才可能在较短的时间搜集到必需、可用的资料。

（1）目的性原则。资料如浩瀚的海洋无边无际，如果漫无边际，什么都搜集，既浪费了时间，也毫无用处。因此，搜集资料首先要有明确的目的，要根据自己所写的研究课题紧紧围绕自己的研究目标，进行有目的地搜集。

（2）价值性原则。要善于鉴别资料的真正价值，以确定其取舍。搜集的资料要经得起时间的考验，特别是对自己的研究有所裨益，能对自己的观点起有力的支持作用。最好是搜集来自生活实践的第一手材料，较新鲜、生动、真实。

（3）及时性原则。搜集资料要及时，一旦发现，要随时摘录，储存待用。否则稍纵即逝，后悔莫及。

（4）统筹性原则。搜集资料要做到纵横考虑，统筹兼顾。纵的方面是指搜集那些有利于把自己的研究引向深入的资料。横的方面是指多方面、广泛地去搜集与自己课题研究领域相关的所有资料，即充分地占有资料。一方面，可以在论述时旁征博引；另一方面，也可以从中受到启发，产生新的认识。纵横搜集，统筹兼顾，可以培养自己对资料掌握的综合和概括能力。

（5）系统性原则。搜集的材料要尽可能全面并使之系统化。这样，使资料条理性和准确性得到保证，提高了资料的使用效率。

（6）准确性原则。搜集的资料要翔实可靠，准确无误。尽可能搜集第一手材料。二手材料的搜集使用一定要严加鉴别，认真考证，辨其真伪，然后才可使用。

2. 获取资料的基本方法

搜集资料的方法，因各人的条件和使用目的不一样而不同，搜集资料的方法常见的有观察、实验、调查和利用图书情报机构。目前，学生撰写毕业论文最常用的方法是利用图书情报机构。

利用图书情报机构，是获取文献资料的基本途径。为能有效地利用图书情报机构，提高文献检索的效率，毕业论文的作者必须做到：要熟悉图书分类法；要善于使用检索工具；要选用合理的检索方法。

检索文献资料的方法主要有以下三种：

（1）追溯法。即以已掌握的文献资料后面所附的文献目录为线索，追溯查找其他文献的检索方法。在缺少检索工具或检索工具不齐的情况下，可以使用这种检索方法。

（2）常用法。这是利用工具书查找文献资料的检索方法。一般分为三种方法：顺查法、倒查法和抽查法。

顺查法是利用检索工具，由远及近地查找文献资料的方法，即从研究话题产生的起始年代查起。按照时间先后顺序逐年查找。它的好处是资料齐全清楚，缺点是工作量大。要花费许多时间、精力才能完成这项工作。

倒查法，是跟顺查法相反的方法，利用检索工具，由近及远地查找文献资料的方法。因后期资料能较集中反映课题研究的最新成果，有利于节省时间，提高研究成果，但跟顺查法相比，漏检的可能性要大些。

抽查法是在全面了解本学科或某个课题的发展状况的基础上，选定其中学术研究最为繁荣、文献发表得最为集中的年代，进行重点检索的方法。它的好处是能在较短的时间内，得到较为丰富的资料，前提是必须准确地把握学科发展或课题研究的情况，以便正确地确定重点时期。

（3）循环法。也叫混合法，是一种把追溯法和常用法结合起来使用，循环查找文献资料的检索方法。它的一般顺序是，先利用检索工具，也就是通过常用法，找到一些文献资料，再利用这些文献资料所附的参考文献目录追溯查找资料。如果已有了基本的检索工具，又占有一定数量的资料，就可以采用循环法查找资料了。

搜集资料的过程当中，对资料记录的方法很多，但最基本的记录方式是笔记，它具有其他记录方式所不具备的灵活性和实用性。面对大量的文献资料，对于不同的内容，人们常常采用不同的方式加以处理，按照记录内容和记录方式的不同，可以将笔记分为五类：

（1）摘录笔记。对文献的论点和结论，以及其他具有重要参考价值或可以直接引证的材料，如重要的段落和关键的语句，应如实摘记。

（2）提要笔记。读完文献之后，对文献的基本状况、主要内容作全面的概括，把它写成一个简短的纲要，就形成了提要笔记。

（3）提纲笔记。阅读书籍或篇幅较长的论文，对全文的总观点、每个部分、每个层次的观点，以及说明观点的主要材料，加以高度概括，并把它们依次排列出来，写成一个能够反映读物的基本结构框架的大纲，即提纲笔记。

（4）心得笔记。即专门记录自己在阅读中所产生的体会、收获或对读物的批评、质疑意见的笔记。

（5）索引笔记。在查阅资料时，遇到与自己的专业研究方向有关，估计以后有可能用到，但暂时又觉得没有条件或者没有必要仔细阅读的文章或者其中的某些章节，为了今后查阅的方便，可把书名或篇名、作者、出版单位或出处、出版时间等记录下来，还可对其内容作一个极其简要的介绍，这就是索引笔记。

使用何种形式的笔记，应根据资料内容的特点和科学研究的需要来确定，同时也要考虑个人的习惯。笔记的形式主要有以下三种：在文献上作记号、写眉批；成册的笔记本；卡片和活页纸。此外，对于报刊资料，还可以采用剪切方法收集资料。

3. 思维方法的运用

进行科学研究分不开理论思维，即逻辑思维。毕业论文思维方法的运用应做到以下两个方面：

（1）要掌握科学的逻辑思维方法。辩证思维是唯一正确科学的思维方法，主要有归纳和演绎、分析和综合、抽象和具体、逻辑和历史等几种。各种辩证思维的方法，是相互联系着的整体，每一种方法都要以其他方法的运用为前提，互为补充。毕业论文写作时，一定要把这些方法综合起来，加以合理地运用，才能达到辩证思维的目的，收到理想的效果。

（2）要善于运用创造性思维。科学研究是一项复杂的创造性活动，而人的创造活动的进行，是离不开创造性思维的。要进行创造性思维，首先必须加大信息的存储量。因为大脑中的关联信息越多，信息间的相互作用、信息点联结的机会也就越多，有些发现、有所创造的概率也就越大。其次要加大信息间作用的势能和频率。要使信息相互作用，仅有数量还不够，还必须使信息“动”起来，让信息在运动中产生相互作用。因此，要求毕业论文的作者应具备下面几个条件：一是要有敏锐的感知力；二是要集中精力、潜心研究思考问题；三是充分调动解决问题的愿望、动机、目的等非智能因素；四是克服思维的从众倾向；五是努力避免思维定势所造成的消极影响。

科学研究活动的进行需要研究者具有较强的创造性思维能力，同时，研究者的创造性能力又会在科学研究这类复杂的创造性活动中得到锻炼和提高。对于青年学生来说，只要勤于努力，肯于钻研，就有可能在毕业论文写作实践中获得同科学研究的需要相适应的创造性思维能力。

四、毕业论文的执笔写作

一项写作活动要由许多方面的工作组成，而各方面的工作做得如何，最终都要借助于执笔写作，以文章的形式反映出来。毕业论文的执笔写作是一项非常复杂的工作，要涉及一些具体的环节和步骤，而且写作的过程也是一个再创造的过程。要提高毕业论文的质量，在文章执笔写作阶段，应该在这些环节的改善上多下功夫。

（一）毕业论文的一般格式

根据我国多年积累的经验，参考国际标准化的要求，毕业论文的组成有下列9个部分：封面、标题、署名、摘要、关键词、正文、参考文献、附录、致谢。这些目次可根据毕业论文的具体情况而增减，如长篇论文可增加目录，多数论文没有附录。

1. 封面

封面是毕业论文的外表面，要提供应有的信息，同时起保护作用。它给人第一印象，因而要设计得规范，装帧得美观。封面的内容有以下五个方面：

（1）毕业论文的完整的题目；

（2）作者姓名；

（3）指导教师姓名、职务、职称、单位名称及地址；

（4）作者就读的学校，专业（系）；

（5）提交论文的日期（年、月、日）。

2. 标题

标题在毕业论文写作中起着举足轻重的作用。好的论文标题可以提高它的自身价值，差的标题也可能使论文失色。

毕业论文标题写作的基本要求：一是提示主题，紧扣中心，或能反映论文的基本观点；二是确切明了，概念表述清晰；三是结构严谨，句式合乎逻辑，文字简洁准确。把握论文标题写作的基本原则和技巧，既是论文作者的基本功，又是一篇毕业论文成功的关键一环。

3. 署名

毕业论文署名是为了体现作者的辛勤劳动和对论文负责。毕业论文多数是在老师的指导下一个人完成的，署名的位置在标题下面，若是多人合作，则按贡献大小顺序排名。

4. 摘要

摘要即论文提要，主要写明研究目的、研究对象、方法结果、结论及结论的适用范围等。写摘要的目的是让读者在阅读正文以前，对论文的基本论点有一大概的了解。摘要必须十分精练，简明扼要，具有独立性，其篇幅一般以250字左右为宜。

论文摘要应当与正文有相同的信息量，要有必要的数据，要善于使用专业词汇和术语来表述内容。其表达形式通常有三种：陈述性摘要、资料式摘要和陈述资料式摘要。陈述性摘要，只叙述论文的要点，不写出研究结果和讨论的细节；资料式摘要，是对论文的浓缩，应说出论文研究的目的、方法和结论；陈述资料式摘要，介于陈述性和资料式之间的摘要方式。

5. 关键词

关键词是从论文中选出能够概括主要内容的单词或者词组，它必须是标准化的词语。若是新创立的词要按汉语产生新词的规则构词，不能生造。关键词可从标题、摘要或正文中选出，一般有3~5个单词或词组即可，依其在文章中出现的次序排列在摘要下面。必要时可查《汉语主题词表》和《MeSH》词表。关键词是表示全文主题内容的信息条目，它代表了论文最核心的部分。标出关键词的目的是为文献标引和检索提供方便，可使以后的分类、计算机输入、存储、检索化繁为简，操作便利。因此，它是不能缺少的。

6. 正文

正文包括序论、本论、结论三部分，是毕业论文最重要的组成部分。下文有专门详细论述，这里不再重复。

7. 参考文献

在毕业论文中引用他人的论述、数据、资料等，均应注明出处，列出参考文献。读者从引文或参考文献的数量、质量与时间上可以判断作者研究的广度和深度，也能在一定程度上看出论文的学术价值。因此，引文、参考文献既要广征博引，又要精粹、新鲜，要权威性、可靠性、说服力，也应促人思索，具有启发性和前沿性，能代表最新研究水平。

此外，科学研究还有继承性、扬弃性、阶段性，不可能是无源之水，也不可能把什么问题都全部解决。列出参考文献，还有助于读者了解作者在继承、批判、发扬前人的研究成果方面作了哪些工作，有无新的开拓，也能反映出论文作者的治学作风是否严谨，是否尊重别人的劳动成果。

参考文献通常的写法如下：

（1）期刊参考文献，要依次写出：作者、引文标题、刊名、年份、期数、引自页码。专著参考文献，要依次写出：作者、书名、出版单位（必要时注明出版社所在城市）、出版时间与版次、引自页码。

（2）论文集参考文献，依次写出：作者、篇名、原书编者和书名、出版单位（必要时注明出版社所在城市）、出版时间与版次、引自页码。

8. 附录

附录是正文之后的附加内容，是为了帮助读者更好地理解正文而附在后边的图表、数据及其他有关材料，这也是为减轻正文负担，使正文更加集中、紧凑、中心突出而采取的有效办法。

9. 致谢

科学研究需要各方面的指导和支援，所以在毕业论文结束之后应对曾经给予帮助的个人和单位表示谢意。致谢不只是礼节性的回报，更不是一般的客套，而是对帮助者劳动的尊重，是对他人贡献的肯定。因此，应根据帮助的大小，用恰当的措辞表示出诚挚的谢意。

（二）毕业论文的写作过程

毕业论文的写作是一种行为过程，是借助于书面语言表述作者的研究所得，使之成为文章的艰苦劳动。这一过程包括科学研究和执笔撰写两个大的阶段。

也就是说，毕业论文的写作绝不只是一个“写”字，而首先是做长时间的大量的“研究”工作。在研究阶段主要是搜集材料，选择研究对象，观察、实验、分析研究对象等，并且探索它的变化过程，掌握它的特征，抓住它的矛盾，寻找它的联系，探索它的内质，认识它的规律，揭示它的奥秘，解决种种问题。撰写阶段则是研究的继续，主要是整理研究的结果，提炼自己的认识，确立论文的论点，构思谋篇，执笔行文，修改加工等。这两个阶段是紧密联系，不可分割的。

从毕业论文写作的步骤来说，毕业论文的写作包括选题、搜集资料、分析研究资料、确定主要论点、拟定提纲、撰写成文等环节。前面已经对选题、搜集材料、分析研究材料、确定论点等方面做了论述，这里仅介绍拟定提纲和撰写成文两个环节。

1. 拟定提纲

在毕业论文写作过程中，指导教师一般要求学生编写提纲。从写作程序上讲，它是作者动笔行文前的必要准备。拟定提纲是在论文脉络清楚，结构框架基本形成的基础上进行的。毕业论文的撰写要求在布局谋篇上完整缜密，结构严谨，所以正式撰写论文前要拟定好提纲。如果没有一个提纲就动笔，可能造成文章前后重复，互相脱节，关键的论据被漏掉，论点不能被充分论证。有了完整的提纲，写成的论文才能做到结构分明，条理清晰，论点明确，论据充分，论证有力。拟定写作提纲的过程，也是将取得的资料和初步形成的思路、论点进一步加工制作的过程，从而最后形成论文的完整结构。提纲在论文撰写过程中，还可能要调整和修改。

下面简单阐述编写毕业论文提纲的方法。

（1）先拟标题。

（2）写出总论点。

（3）考虑全篇总的安排：从几个方面，以什么顺序来论述总论点，这是论文结构的骨架。

（4）大的项目安排妥当之后，再逐个考虑每个项目的下位论点，直到段一级，写出段的论点句（即段旨）。

（5）依次考虑各个段的安排，把准备使用的材料按顺序编码，以便写作时使用。

（6）全面检查，作必要的增删。

在编写毕业论文提纲时还要注意以下几点：

第一，编写毕业论文提纲有两种方法：一是标题式写法。即用简要的文字写成标题，把这部分的内容概括出来。这种写法简明扼要，一目了然，但只有作者自己明白。毕业论文提纲一般不能采用这种方法编写。二是句子式写法。即以一个能表达完整意思的句子形式把该部分内容概括出来。这种写法具体而明确，别人看了也能明了，但费时费力。毕业论文的提纲编写要交予指导教师阅读，所以，一般要求采用这种编写方法。

第二，提纲写好后，还有一项很重要的工作不可疏忽，这就是提纲的推敲和修改，这种推敲和修改要把握如下几点：推敲题目是否恰当，是否合适；推敲提纲的结构，先围绕所要阐述的中心论点或者说明的主要议题，检查划分的部分、层次和段落是否可以充分说明问题，是否合乎道理，各层次、段落之间的联系是否紧密，过渡是否自然；进行客观总体布局的检查，再对每一层次中的论述秩序进行“微调”。

2. 撰写成文

提纲拟定以后，就可以动笔写作了。按照“提出问题—分析问题—解决问题”的认识规律，运用“序论—本论—结论”的结构框架展开论文写作。

（1）写好序论。序论也叫前言、引言、导论或绪论，它是论文的开头部分。毕业论文序论的内容，一般包括选题的背景、缘由、意义和目的，或研究的目的、范围、方法及所取得的成果，也可以对论文的基本观点、本论部分的基本内容作一个扼要的介绍。序论的写法主要有以下几种：

交代式。开头交代论文写作背景、缘由和目的意义。

提问式。一开头就提出问题，或在简要交代写作背景之后随即提出论文所要解决的问题。

出示观点式。序论开宗明义，将论文的基本观点或主要内容揭示出来。

提示范围式。序论部分提示论文的论述范围。

阐释概念式。序论先释题，阐释题目中和文中出现的基本概念。

以上列举的是毕业论文几种常见的序论写法，实际上远不止这些。序论的不同写法使毕业论文呈现出百花齐放、推陈出新的风貌，避免“千人一面、千部一腔”的感觉。但无论采用哪种写法，每篇毕业论文的序论，都应当符合以下几点要求：

第一，序论要开门见山，迅速入题。议论性文章通常要求开门见山，一开头就能让读者接触到文章的中心，了解文章的基本内容是什么，而不能“下笔千言，离题万里”，带着读者在文章中心以外尽绕圈子，使读者如坠入云里雾中。

第二，序论要引人入胜，能抓住读者。开头要让读者对文章产生良好的初始印象，产生阅读的兴趣。这就要求序论要有实质性内容和易于吸引读者的词句。

第三，序论要简洁、有力。开头的文字不宜过长，以免显得头重脚轻，结构不匀称。一个繁杂冗长的开头，会使读者产生恶劣印象而不忍卒读。古人说：“起句当如爆竹，骤响易彻。”开头要像放鞭炮，骤然而响，使人为之一震。毕业论文开头的文字尤其要简洁、有力。

文章如何开头，是作者常常要煞费苦心的事情。写好序论，是毕业论文初稿完成的关键性一步，切不可草率从事。

（2）写好本论。本论是论文的主体部分，是分析问题、论证观点的主要部分，也是最能显示作者的研究成果和学术水平的重要部分。一篇论文质量的高低，主要取决于本论部分写得怎样。

本论部分的要求，一是论证充分，说服力强；二是结构严谨，条理清楚；三是观点和材料相统一。下面分别加以说明：

论证充分，说服力强。

本论部分最主要的任务是组织论证，以理服人。作者要千方百计地证明自己的观点是正确的、可信的。为此，必须围绕论点，运用论据，展开充分的论证。论证就是要用论据来证明论点的正确性或证明对方论点错误性的过程和方法。从论题的性质来看，论证又可分为立论和驳论两种。

A. 立论。正面阐述自己的观点，证明它的正确性，从而把论点确立起来的过程就叫立论，也叫作证明；常用的证明方法有：

a. 例证法。这是一种用事实作为论据，举例说明的论证方法，即常说的“摆事实”。事实胜于雄辩，让事实说话，这是最常用而有效的论证方法。运用例证法进行论证，事例要典型，数据要确凿，叙述的语言要简明扼要。

b. 引证法。引用马克思主义经典作家的言论，权威人士的观点、理论，或科学上的公理、定律，还有其他格言、谚语、名言、警句等来证明自己观点的论证方法，也称“事理论证”。

c. 采用引证法，所引用的言论要忠实于作者原意，不能断章取义；引语要准确无误，最好注明出处；引语要简洁，避免大段引用、喧宾夺主；对引语要作一些阐发说明，不要引完即简单下结论。

d. 分析法。分析法是把一个较为复杂庞大的事物或事理，分解切割成若干部分，然后一一加以考察的论证方法。通过对所论事物或事理的分析、透视，发掘出其中蕴含的道理和规律来，从而很好地证明论点。

立论论证的方法除了以上几种外，还有因果论证、对比论证、比喻论证等，这里不一一介绍。

B. 驳论。驳论是通过驳斥对立论点，证明它是错误的、荒谬的，从而证明自己观点正确性的一种论证方法。驳论可分为驳论点、驳论据和驳论证三种。常用的驳论方法有直接反驳法、反证法、归谬法等。

a. 直接反驳法。运用论据或推理，直接证明对立论点是错误的方法。

b. 反证法。为了证明对方的论点是错误的，可以先证明与其相矛盾的另一论点是正确的，这就是所谓反证法。

c. 归谬法。先假定对方的论点是对的，然后以它为前提，推导出一个明显荒谬的结论，从而证明对方论点是错误的。

论证或反驳的方法有很多种，究竟使用哪一种或哪几种，要根据论证的实际需要来确定。一般来说，单纯地只用一种论证方法是很少见的，在多数情况下，需要将几种论证或反驳的方法结合起来，才能取得好的论证效果。

结构严谨，条理清楚。

本论的篇幅长，容量大，层次较多，头绪纷繁，如果不按一定的次序来安排文章内容，就会层次不清、结构混乱，大大降低表达的效果。根据层次之间的不同关系，可以把本论部分的结构形式划分为并列式、递进式和混合式三种类型。并列式结构。并列式结构又称平列式结构或横式结构。它的特点是，围绕中心论点划分为几个分论点和层次，各个分论点和层次平行排列，分别从不同角度、不同侧面论证中心论点，使文章呈现出一种多管齐下、齐头并进的格局。

A. 递进式结构。递进式结构又称推进式结构或纵式结构。它对需要论证的问题，采取一层深于一层的形式安排结构，使层次之间呈现一种层层展开、步步深入的逻辑关系，从而使中心论点得到深刻透彻的论证。

B. 混合式结构。混合式结构也称并列递进式结构或纵横交叉式结构。有些论文的层次关系特别复杂，不能只用一种单一的结构形式，需要把并列式和递进式结合起来，形成一种混合的结构形式。采用混合式结构，又有两种形式：第一种是在并列的过程中，在每一个并列的面上，又展开递进（并列中的递进）；第二种是在递进的过程中，在每一个递进层次上，又展开并列（递进中的并列）。这种方法比前两种更复杂，也更难掌握一些。

为了避免由于内容过多而使条理不清，写作本论时，常在各个层次之前加一些外在的标志，这些外在标志的主要形式有小标题、序码、小标题与序码相结合及空行等几种。

观点和材料相统一。

本论部分的内容由观点和材料构成，写好本论的另一个要求是将观点和材料有机地结合起来，以观点统帅材料，以材料证明观点。

从总体上说，材料应按照各自所要证明的观点来安排，即把所有的材料分别划归到各个小观点之下，随着观点间逻辑关系及排列顺序的明确，材料自然也各得其位了。但是，在同一内容层次之中的观点与材料应怎样安排，究竟是先出观点还是先列材料，在起草时不能不斟酌一番。为了避免雷同，应该有所变化。一般是先摆观点，后列材料；有时也可以先列材料，再摆观点；还可以边摆观点边列材料，夹叙夹议，由浅入深。总之，要把材料和观点紧紧地糅合在一起，有机地统一起来，为表现文章的中心服务。

（3）写好结论。结论是一篇论文的收束部分，是以研究成果和讨论为前提，经过严密的逻辑推理和论证所得出的最后结论。毕业论文的结论部分大致包括以下几项内容：

一是提出论证结果。在这一部分中，作者应对全篇文章所论证的内容作一个归纳，提出自己对问题的总体性看法和意见。

二是指出进一步研究的方向。在论文结论部分，作者常常不仅概括自己的研究成果，而且还指出课题研究中所存在的不足，为他人继续研究指明方向、提供线索。

写好结论应该注意两点：第一，要使结论部分真正起到收束全文的作用，一般不要提出新的观点或材料；第二，结论的语言要简洁有力，给读者留下深刻的印象。还要避免两种错误：一是草草收尾，不当止而止；二是画蛇添足，当止而不止。

第三节

毕业论文例文评析

【案例 1】

电子商务环境下顺丰速运发展策略研究

摘要：近些年来，在经济全球化推动下，我国快递业迅速壮大并呈现出国有物流企业、民营物流企业和国际物流巨头三足鼎立的形势。随着互联网技术的高速发展，商品的需求增加，在此背景下电子商务出世，并表现出蓬勃发展的趋势，以顺丰速运为例的传统快递行业纷纷进入电子商务领域谋求更大的发展机遇，但是由于起步晚、经验少、时间短、相关政策不完善等诸多因素导致企业发展缓慢，制约了以顺丰速运等传统物流企业在电子商务背景下的长足进步。本文以顺丰速运为研究对象，通过对顺丰速运电商业务发展历程的分析，加上对内部和外部环境的深入研究，探讨电子商务环境下顺丰速运发展存在的问题，并给出相应改进措施，通过信息思维转变、电商平台构建、融资渠道拓宽、专业人才培养等方面为其实施电商业务发展策略提供保障。

关键词：电商业务　顺丰速运　环境分析　发展策略

一、顺丰速运概述

（一）顺丰速运企业简介

顺丰速运是中国投递速度最快的快递公司之一，1993 年 3 月，顺丰速运诞生于广东顺德，总部位于广东深圳。2017 年 2 月 24 日，顺丰速运在深交所上市，正式改名为顺丰控股。顺丰速运在我国国内拥有先进的物流综合服务系统，以“成就客户，推动经济，发展民族速递业”为自己的使命，积极寻找发现客户需求，努力为客户提供快速便捷、安全可靠的运输渠道。经过多年探索尝试，已初步具备为客户提供一体化综合物流解决方案的能力，为客户提供多样化、标准化、个性化的方案。顺丰同时初步实现了物流智能化且拥有已形成一定规模的网络服务系统，成为顺丰速运的行业优势。经过 20 多年的艰苦经营和精确精准的战略选择，顺丰顺运已经拥有集天网、地网、信息网为一体的物流服务网络，顺丰速运一直实行直营的管理方式，由企业总部统一对各个分部进行管理和运营。顺丰速运不断提高科技能力、不断改造设施设备、加强培养专业人才，为顺丰速运成为一家优秀的民族企业奠定了基础。

（二）顺丰速运电商发展历程

2010 年 8 月，顺丰速运公司开始准备运营“顺丰 E 商圈”，出售包括母婴用品、食品、茶叶、商务礼品等多种类别的商品货物。在同时间里，广州深圳着手布局顺丰速运的便利店业务，尝试 O2O 电商经营模式。2011 年 12 月，顺丰速运注册成立了顺丰电子商务有限公司，并且在 2011 年底郑重推出了属于顺丰自己的支付应用系统“顺丰宝”，从此顺丰开始正式的进入电子商务领域，但该支付应用系统并未在内地使用很长时间，只在中国的香港地区提供了服务。在此不久后，顺丰速运又推出以给商务人士提供专业化礼品服务为主要经营业务的网站“尊礼会”，但也在上线后没多久消失。

2012 年 6 月，分属顺丰速运的电商网站“顺丰优选”在北京运营上线，主要特色服务是承诺 24 小时内送达，截至目前，“顺丰优选”已经在全国各主要的城市和地区完成了试运行，其主要业务为销售肉类海鲜、酒水饮料、新鲜果蔬、生活必需品、休闲零食以及生鲜日配等商品。“顺丰优选”专注高端食品，面向中高端的客户群服务，设备以及物流配送人员都是顺丰优选独自拥有。2014 年 5 月，顺丰速运以社区服务店 + 网购预售 + 快速配送的形式建立“嘿客”，网络服务社区店——“嘿客”的布局运营标志着顺丰正式迈入 O2O 道路。

2019 年 4 月，顺丰同城急送与优衣库共同合作推出“1 小时送达”的服务，消费者可以使用优衣库专属软件上进行网上购物并选择顺丰同城急送在一小时送达。顺丰同城急送与优衣库的在线合作，解决了服装类商品 O2O 模式电商“难落地”的问题，在当今科技不断进步，信息爆炸的互联网时代，为用户带来了更优质更舒服的体验。

二、顺丰速运发展环境分析

（一）外部环境

1. 电子商务环境下物流业发展政策

国家政策支持，监管力度加大。近些年来，国家对快递行业的重视程度越来越高，相关政策的出台也越来越密集。例如，在2015年10月国家出台《国务院关于促进快递业发展的若干意见》，2017年2月，国家邮政局又发布了《快递业发展“十三五”规划》，提出到2020年要建设完成覆盖全国、联通国际的服务网络，形成3～4家年业务量超百亿件或年业务收入超千亿元的快递企业集团，培育2个以上具有国际竞争力和良好商誉度的世界知名快递品牌。对于顺丰速运发展这无疑是一次巨大的机遇。针对电子商务的迅猛发展，国家发布了《国务院办公厅关于推进电子商务与快递物流协同发展的意见》等一系列的政策性奖励，推动物流业电商业务发展。但是，面对快递行业日益严重的问题，相关部门也逐渐进一步加大监督力度，《快递行业安全监督管理办法》等法令法规相继出台，以此加强对快递行业的安全管理和监督。顺丰速运虽然拥有较为标准化的服务，但有时也会发生暴力分拣的事件。所有，更加严格的监管政策对顺丰速运的管理水平以及应对危机处理的能力提出了新的挑战。

2. 电子商务环境下物流业市场需求现状

电商迅猛发展，网上消费爆发增长。互联网的全面覆盖，电商的飞速发展，改变了人们的生活方式及消费方式。2019年中国电子商务大会上，商务部电子商务和信息化司发布的《中国电子商务报告（2018）》显示，2018年我国电子商务交易额为31.63万亿元，同年快递业务量507.1亿件，同比增长26.6%，过去十年快递业务量CAGR超过44.4%。快递业务收入达到了6038.4亿元，同比增长21.8%。由此可见，快递业的业务增长离不开电子商务的发展，其直接影响着快递业的发展方向和趋势。顺丰凭借直营网络体系的时效优势，在高端快递和B2B商务件快递市场占据绝对份额，但由于单票价格较高很难切入电商快递市场，最近几年市场份额持续下滑。在线购物消费的爆炸性增长能够产生对快递服务的巨大需求，大力拓展电子商务新业务是必须抓住的巨大机遇，这将扭转顺丰市场份额持续下滑的劣势，也是公司长远发展必要的战略选择。

3. 电子商务环境下物流业的竞争形势

（1）同行企业竞争者。

现有企业的竞争主要来自由同城物流、国内物流、国际物流构成的“三大市场板块”以及国有物流企业、民营物流企业和外资物流巨头企业形成的“三大市场主体”造成的威胁。在三大市场主体中，顺丰速运当今阶段主要面临的威胁还是在众多民营物流企业上，例如中通快递、圆通快递、宅急送、申通快递、韵达快递等，可以想象其相互竞争的程度之大。目前在我国物流速递领域，基本还是被中国邮政速递占领，近几年来，联邦快递（FEDEX）、天地快运（TNT）、敦豪（DHL）等外资快递企业强势进入我国，迅速开展业务，快速拓展市场，依托他们丰富的经验和雄厚的资金优势。顺丰速运要想赢得更多的市场，必须明确自身拥有的企业优势和存在的劣势问题，积极开拓市场，提高服务质量，形成自己的独特竞争力。

（2）潜在的竞争者。

随着近些年来电子商务的强势发展带动了物流行业的进步，商品市场对快递物流的需求不断增大，加上快递行业进入门槛较低，使市场竞争变得愈发激烈，快递行业呈现井喷之势，不断有新的快递企业崛起，物流快递企业数量不断增加，与顺丰速运竞争客户和市场的对手越来越多。而像顺丰速运这样的传统快递企业适应市场还需要时间，无法在极短的时间内占领足够大的市场份额。所以，顺丰速运必须不断提升企业的核心竞争力，规范企业的经营管理，积极创新业务形势，这也是顺丰速运保持长久竞争力的必然选择。

（3）替代品的威胁。

顺丰速运属于国内民营快递企业，在国内除了顺丰速运之外，还有中通、韵达、天天等，这些快递企业在服务项目方面比较相近，而且在价格方面也具有一些优势。另外，以 EMS 为代表的一些传统物流企业，近年来不断拓宽业务范畴、提高业务能力、优化服务态度、积极占领市场，给顺丰速运的进一步发展带来了巨大挑战。所以，顺丰速运如果想要占据更大的市场范围、拥有更多的市场份额，就必须实现差异化个性化的客户服务。

（4）供应商的议价能力。

顺丰速运作为快递物流企业，运输基础设施是企业发展的命脉所在，尤其是运输工具所需要的供应原料——石油，石油价格的变动直接影响着公司的运营成本。我国过路费的定价权由国家直接掌握，中国石油等国有企业对成品油的供应采取垄断的策略，另外因国际市场的频繁波动，汽油、柴油的价格也受到其影响呈现上涨的趋势，再加上新型能源在短时间之内又无法直接替代石油应用于各种运输工具。因此相比较之下，供应商具有更强的议价能力。

（5）购买者的议价能力。

因为顺丰速运采取商务路线，其面对的目标客户群大部分为高端用户，所以对于市场的变动并不太敏感。顺丰速运一直以安全高效的差异性、个性化服务为追求，故而个人客户相比之下议价能力比较弱。但是，为了获取更多的客户和业务并且维持长久的合作关系，顺丰速运必须给予一定的优惠政策以此来维持自己的市场份额、提高自己的市场竞争力，所以团体客户有更强的议价能力。

（二）内部环境

1. 顺丰速运业务情况

顺丰速运的业务具有业务覆盖范围广、客户服务质量高的特点，除了特惠、即日、标快等主要业务之外，还开展了冷藏冷链、航空运输等个性化的业务，这已成为顺丰速运与其他物流企业进行竞争的一大优势。顺丰速运一直秉持准时、快速、高效的服务宗旨，获得了客户的广泛认可以及市场的基本认同，更是凭借其广泛的业务覆盖范围和个性化且高质量的客户服务，打造了良好企业社会地位和品牌形象。

2. 顺丰速运经营模式分析

现今的物流公司经营模式基本有三种：业务外包、门店自营、连锁加盟。顺丰速运的经营模式也是如此，其所有的门店都属于自营，由门店组成的分点部由分部直接管理，各分部又直接受区部管理。顺丰速运具有众多的网点，这样的经营模式解决了其在管理上的一些困境。顺丰速运实行客户细分的战略，发展小包裹服务，以此提高自己的竞争优势。顺丰速运把“成就客户，推动经济，发展民族速递业”作为企业的经营理念，一方面，通过积极创新优化客户服务，提升物流配送速度，开创新型业务项目，形成了安全、快速、顺畅的渠道。另一方面，通过积极运用先进科学技术，改良运输硬件设备、完善综合物流系统，提升物流运输的科技含量，建立了标准化的业务流程。最后，运用积极有效的管理方法，进行人员系统管理，建立了专业技术团队，在快速增长的快递市场需求进行积极开拓，降低经营成本并建立规模优势，形成强大的市场竞争力。

3. 顺丰速运企业能力分析

（1）顺丰速运的企业资本运营情况。

近些年来，顺丰速运的营业收入一直都呈现出持续迅速增长的态势。据腾讯网报道，2016 年 5 月，顺丰股权进行置换打算借壳上市，资产评估价值 433 亿元。2017 年 2 月，顺丰控股在深圳证券交易所更名并敲钟上市，宣布正式登陆 A 股。顺丰速运公司年报显示，2017 年顺丰速运实现营业收入 710. 94 亿元，增幅达 23. 68%，归属上市公司的净利润有 47. 74 亿元，同比增长 14. 12%，超额完成 2017 年所承诺目标利润（28. 15 亿元）的 129. 68%。2019 年上半年更是实现营业收入 494. 79 亿元，同比 2018 年上半年营收增长 17. 36%。搜狐网报道称，顺丰速运通过整合资源巩固自己的市场地位，实现了 A 股上市。

（2）顺丰速运企业的网点覆盖能力。

据中国网统计，截至 2019 年初，顺丰速运在中国大陆已经拥有 30 多家一级分公司，建有将近 5000 个营业网点，这些营业网点覆盖了我国 31 个省、自治区及直辖市，将近 300 多个大中型的城市和 1700 多个的县级市或县区。经过多年斥巨资发展，不断完善服务网络，顺丰速运已经形成从中山延伸到珠江三角洲再延伸到长江三角洲，从华南地区先后扩展到华北、东北、华中、华东，从大陆辐射到港台再到国际的空间布局。其服务网络凭借服务标准统一、服务质量稳定、安全性能高等显著优点，最大程度的保障了客户利益。

（3）顺丰速运企业的货物集散水平。

据中国网数据显示，截至 2019 年初，顺丰控股已经拥有 10 个分拨中心、717 个重货网点和 21 个重货中转场，拥有 6 万多名员工和 4000 多台自有营运车辆。另外，顺丰速运使用先进的设备并且全部配备货物自动分拣系统，标准化、流水化作业实现货物分拣数据的信息化处理，有利于对商品的信息追踪管理以及满足消费者客户的查询需求。

（4）顺丰速运企业的货物运输水平。

顺丰速运是快递行业中唯一一家拥有自有货机的公司，中国网报道的信息显示，截至 2019 年初，顺丰速运总共拥有 66 架全货机，49 个航空、铁路站点。除了全货机、航空铁路站点之外，顺丰速运还与多家航空公司签订了协议，拥有国内 230 多条航线。拥有顺丰自营的覆盖面极广的服务网络、较为完善的货物信息跟踪查询系统，另外，HHT 手持终端设备和 GPRS 技术能够有效的跟踪商品运输过程，可以确保货物能在运输的各个节点以最快的速度发运，因此在运输效率和运输的机动性上具有极大的优势，这也使运输速运有更强的核心竞争力。

（5）顺丰速运企业的科学技术水平。

顺丰速运一向重视并积极建设各项智慧物流设施，投入大量的人、财、物力，组建专业化的团队进行创新研发，涵盖大数据及区块链、AI智能决策、智能物流地图、自动分拣设备、智能硬件、物流无人机、数字化仓储、智慧包装、信息安全等多个方面。2019年7月中国网报道的数据显示，顺丰已经获得及申报中的专利就有1645项，软件著作权也有649个，在我国国内物流行业专利申请数量位居第一，有助于快递物流行业物流系统智能化、自动化，提高了物流环节思维、感知、学习、分析、决策和智能的能力。

三、电子商务环境下顺丰速运业务发展存在的问题

顺丰速运是我国国内一家成熟的快递公司，拥有较为完善的运输网络系统。无疑这已成为顺丰速运进行电子商务业务发展的主要优势。但是，按照快递行业的性质来说，物流快递业位于整个产业链的末端，顺丰速运的主要业务是在运输和配送方面，从产业链的末端向产业链的前端逆向发展电子商务业务，其中的难度可想而知。电子商务发展对供应链管理有着非常高的特殊要求，所涉及产品的定位和营销、仓储、物流、客户服务以及技术的改进、供应的筛选、平台的构建，都需要长时间的实践和积累。这都是顺丰速运向电子商务方向发展所不得不解决的难题。

（一）互联网思维不够成熟

21世纪是电子商务爆炸发展的时代，许多快递企业争相进入电子商务领域谋求更大的进步和发展，但是，大部分企业要么被收购、要么直接宣布破产，最终都以失败告终。相比较之下，顺丰速运是物流快递行业的领头羊，具有更强的实力和优势，尽管如此，顺丰速运的电子商务发展之路也并不顺畅，反而困难重重。分析原因主要有以下两个方面：在主要的业务经营方面，顺丰速运的主要业务是传统的运输和配送，而并非互联网形式的电子商务，因此在电子商务的业务推进和管理营销经验不足。在企业发展的底蕴上，顺丰速运是以发展原始的传统经济出身，其经营理念和运作方法缺乏电商思维，从而导致在企业的发展过程中不可避免的出现一系列的问题，屡遭挫折。顺丰速运要想从单纯的快递物流企业过渡到具有互联网思维的服务型企业，就必须将互联网思维具体到其业务的各个领域，使企业反应更快，组织更加扁平化，而且要能够根据客户需求不断迭代，随时随地改进服务。

（二）产品与平台对接不足

尽管顺丰速运在发展电子商务的道路上倾注了大量的精力，其中就包括人力、财力和物力的大量投入，甚至投资了数十亿资金开展电子商务产业，但却见效甚微，依旧表现出发展不足的状态。分析其原因是产品与平台的对接不够充分，未能发挥积极的促进作用。再加上电子商务本身就具有极高的专业要求，在购买、配送、收货、确认等各个环节都有很高的行业规范，这就更加需要顺丰速运的产品和平台能够拥有充足的对接和良好的协调，然而顺丰速运传统的物流运输和配送方式并不能满足电子商务的服务要求，且服务质量有待提高。因此，逐步完善电商服务的行为规范，提高行业的配送要求和服务质量，充分实现电商产品和电商平台的对接，满足市场需求，进而形成良好的企业形象和特色服务至关重要。

(三) 企业核心竞争力不强

众所周知，“快”是顺丰速运最大的核心竞争力，然而仅仅凭借速度快作为企业的核心竞争力还远远不够。现今，被人们所熟知的电商企业最多的便是阿里巴巴以及京东，它们都是通过发展电子商务出身，具有十几年的市场积累和实践经验，已经形成了强大的市场核心竞争力，在经济市场具有极强的影响力。除此之外，在电子商务领域，还有百度、淘宝天猫、国美、当当、苏宁等强劲的电商企业，因此顺丰速运的品牌影响力还是不够。顺丰速运处于步入电商领域的初级阶段，服务功能较为简单、管理制度不够完善、物流服务标准化水平低，这些问题都限制了其核心竞争力的提高，阻碍了顺丰速运的长足发展，因此想要在短时间内完全凸显自身优势、占领一定的市场份额，就必须大力提高企业的核心竞争力，以谋求更进一步的发展。

(四) 缺乏充足的资金支持

电子商务是商流、物流、资金流以及信息流在信息时代的综合结合体，电商业务的每一个流程都需要大量的资金支持。顺丰速运的所有的门店都属于自营，由门店组成的分点部由分部直接管理，各分部又直接受区部管理，顺丰速运具有众多的网点，各网点的运营与维护就需要大量的资金。顺丰速运一直以来致力于系统及设备的创新，大力的革新技术，这也需要投入大量的人力、财力和物力。顺丰速运新业务的开展以及专业人才的培养等各个方面都需要巨大的资金投入。综上所述，像顺丰速运这样的传统物流企业想要进入电子商务领域，更需要巨大的资金支撑相关电商业务的开展。但顺丰速运一直采取内部融资的方式，明显难以满足业务发展的需要，想要在电商领域获得更长足的进步，就必须要解决资金缺口问题。

(五) 专业型人才资源匮乏

优秀人才是企业极为重要的组成部分，现今阶段，由于电商物流属新型商业模式，因此对物流从业人员的各方面要求较低，这就导致了企业员工整体水平较低、各方面从业专业知识欠缺、技术水平有限。顺丰速运作为我国民营快递的领头羊，根据其2019年的内部通告，从业人员中本科仅占9.47%，高中比例占到了43.35%，初中比例达到了25.73%，由此可见，顺丰速运存在专业人才匮乏且从业人员素质普遍较低的问题。电子商务行业更新速度快、发展迅速，对从业人员的相关知识和技能的要求也越来越高，因此缺乏专业纯熟的电商人才，一直以来都是各物流企业发展电子商务必须面临的难题和挑战。人才资源匮乏制约企业的发展速度，阻碍了企业的良性发展，影响顺丰速运进军电子商务的进程。在当今发展的大趋势下，顺丰速运必须加紧优秀人才培养，积极进行人才资源储备，组建专业的业务团队。

(六) 客户投诉率日益增加

随着电商环境下快递行业的迅速发展，物流行业的投诉率也在迅速增加，顺丰速运的投诉问题主要集中在四个方面。一是物件延误、晚点问题，物流企业的员工配备以及硬件的更新换代跟不上业务量的增长，快件在配送过程中存在众多影响派送速度的因素，如人员失误、天气突变、交通堵塞等，客户对快递企业服务质量的要求越来越高。二是业务员态度差等服务问题，从业人员的素质有待提高，缺乏统一的服务标准，在解决用户的纠纷时，服务态度较差，遇到问题总是推拖。三是物件丢失、损坏及赔偿问题，在物流配送过程中，首先目前的硬件保障设备还不完善，其次是操作人员在配送过程中粗暴野蛮的操作，导致货物损坏需要赔偿。理赔处罚力度不够、赔偿过程遥遥无期。四是营业人员代收货款问题，营业人员办理业务的效率太低，私自挪用货款寄出，所送货物没有对号标价、涉及诈骗。

四、电商环境下顺丰速运未来发展的改进措施

（一）创新服务思维，构建特色平台

在当今的信息爆炸时代，转变思维至关重要。互联网思维是当今企业发展必不可缺的，良好的互联网思维可以通过改变企业管理经营方式，及时了解客户需求并提供高质量的服务。不仅能够为客户带优质的服务体验，还能为企业的未来发展明确方向。顺丰速运一直将从单纯的快递物流企业过渡到具有互联网思维的服务型企业作为自己的发展目标，这就需要构建自己独特的电子商务平台，一方面可以通过线上购物、商品配送，优化线上支付、身份验证和安全交易等服务，用电子化、信息化的方式完成商品的交易过程；另一方面，依附电子商务平台可以向客户宣传推送顺丰速运已有和新上线的业务，为其从传统行业往电子商务领域转型奠定基础。

（二）优化产品平台，实现充分对接

近些年来，顺丰速运积极开展电商业务、创新电商模式、搭建电商平台、开拓电商市场，利用自身物流优势推动其新业务的开展，线上、线下相互结合，虚拟、实体相互搭配，构建系统完备、特色突出、服务高效的电子商务平台。要尽快实现商品和电商平台的充分对接，尝试利用顺丰速运商城的开放电商平台引入更加丰富更多门类的商品。发展电子商务业务，要借助国家政府部门相关政策，抓住机遇，整合资源，为消费者提供更加方便、更加快捷、更加新型的服务，另外要积极提高市场竞争力和经济效益，使顺丰速运能够获得更加长久的发展。

（三）凸显自身优势，提高竞争能力

顺丰速运是国内速递行业的领头羊，服务和业务能力一直备受好评，但是在电子商务领域，有京东、阿里巴巴、苏宁、腾讯等老牌企业占据市场，已经形成了自身特有的品牌形象，因此顺丰速运要想在电商市场占有一席之地，就必须发挥自身优势，凸显特色扬长避短。顺丰速运要继续发挥快速优质的品牌形象和主营业务的渠道优势，保持在企业管理、技术设备、经营模式上的领先地位。另外，顺丰速运着力于占领高端市场，实施高端战略，这对于电商快递业务以低价为主的特点处于劣势，企业必须积极解决这一问题，要根据客户人群进行集中化的管理，还要针对性地对现实客户和一些潜在客户进行整点营销，通过新业务宣传和营销活动开展，降低营销的成本，利用重点发展，形成现实中的大客户，以此取得更好的效果。

（四）拓宽融资渠道，解决资金问题

顺丰速运大力发展电子商务，背后需要大量的资金支撑，首先就要解决资金的问题。顺丰速运扩张资金一直以来都采取内部融资以及银行贷款的方式，采用的模式基本上用内部资金进行网络的扩张，不太适合大规模融资，难以满足其发展电子商务的需要。如果在发展的过程中资金链断裂，很容易影响接下来的进一步扩建。因此，顺丰速运需要改变融资方式，拓宽集资的渠道，积极争取与各投资机构之间的合作，以此获取更多的资金投入和资金支持。同时，取得银行的长期高额贷款来进行未来发展。另外通

过与投资机构的合作能够使顺丰速运在其他领域发展学习到更加成熟的经验，有利于顺丰速运进一步的快速发展。

（五）培养专业团队，吸引优秀人才

近些年电子商务蓬勃发展，技术革新迅速，经营管理方式不断改善优化，同时，电商企业大幅度增加，因此需要大量的电商专业人才。专业人才的缺乏将极大地制约企业发展速度，影响企业竞争力的提高，所以，顺丰速运需要从企业内部和企业外部两个方面进行人才的吸引和培养。对外，利用企业高薪和影响力吸引在电商运作方面精通的销售人员和丰富经验的高级管理人才，以此来应对企业对相关人才的紧急需求。还可以与重点高校建立合作关系，招收专业学生人才进入企业进行培养。对内，要加强企业员工的培训工作，增加相关的人才培养项目，争取在尽可能少的时间内培养出专业水平过关、技术能力纯熟、思维方式创新的电商专业人才。

（六）提高服务意识，规范人员管理

针对顺丰速运投诉率越来越高的问题，企业应该优化网络站点布局，标准化业务流程，简化员工操作，提高派送效率，对运输设备和硬件进行更新升级。加强管理和监控机制，整合运输资源，把损失降到最低。另外，企业要长期对员工进行职业素质和业务技能培训，制定统一的标准化服务准则，如客服人员的服务标准化等。还可以实行问题或投诉责任制，把服务效果计入员工考核机制，提高服务效率。快件丢失、货物损坏及赔偿问题完善硬件系统等基础设施，对从业人员进行规范化管理与培训，强化理赔，进行标准化操作流程处理。

参考文献

[1] 林晨辉，施云清．顺丰速运核心竞争优势分析［J］．现代营销（下旬刊），2018（07）．

[2] 段潇宇．顺丰速运竞争战略分析［J］．西部皮革，2018（02）．

[3] 高月．顺丰速运企业战略分析——以 SWOT 分析和波特五力模型为工具［J］．商场现代化，2017（17）．

[4] 张玉玺．论电子商务环境下快递业服务质量改善对策研究［J］．中外企业家，2016（08）．

[5] 谢思敏．浅析我国物流业人力资源管理发展现状——以顺丰速运为例［J］．科技资讯，2016（15）．

[6] 吴小梅，庄晓月．顺丰速运差异化竞争战略的选择与规划［J］．厦门理工学院学报，2015（02）．

[7] 徐前影．顺丰速运竞争战略研究［D］．江西财经大学，2016．

[8] 李璐．顺丰速运有限公司竞争战略研究［D］．北京交通大学，2016．

[9] 韩志豪．SWOT 分析法的应用研究［J］．科学中国人，2017（23）．

[10] 胡博．试析“互联网＋物流”成本控制存在的问题及对策［J］．商业经济，2017（12）．

[11] 刘雷．我国快递行业的发展对策研究［J］．云南科技管理，2020（01）．

【简评】

本文是属于经济工作研究性质的毕业论文。经济工作研究是以社会当前某个重大的现实经济工作的实际问题为对象，通过调查研究，以详尽、准确的事实为依据，以科学的分析和严密的论证为基础，以提出和解决问题的设想和建议为目的，直接为改善现实经济工作服务的研究文章。

经济工作研究性质的论文与一般的学术论文既有共同点，又存在着明显的区别。共同点就是：两者要有正确的理论指导，透彻的理论分析和严密的科学论证。主要区别在于：一般学术论文是说理论证，即以务“虚”为主，而经济工作研究则主要是务“实”；因为它所研究的对象是现实经济工作中的实际问题，它的中心内容是分析和论证解决问题的具体经济工作方案；它所要达到的目的是要对现实经济工作直接起到某种促进作用。

经济工作研究类似于调查研究报告，但它与一般的调查报告又有不同。一般的调查报告主要目的是弄清情况，为领导机关提供某种信息，使领导者了解实情，借以作出正确的判断。其次才是相应地提出改进工作的建议。撰写经济工作研究文章虽然也必须进行调查研究，但其重点却在于后者，即主要是要论证某种工作方案的必要性和可行性，弄清情况是为论证工作设想服务。

此篇论文选题适当且具有现实意义，是本文的特点和优点之一。文科大学生的毕业论文选题要注重理论联系实际，具有现实针对性，为现实服务。衡量一篇论文的优劣，不仅要看其写作技法和文字表达能力，更主要的是要看其所提出的问题的价值，看其是否为解决问题作出了贡献。这篇论文的选题是值得肯定的。

首先，这个论题与当前物流经济发展密切相关，针对性强，是一个很有研究价值和实践意义的题目。其次，这个课题对于工作在当今物流前沿的在职学员来说，更是普遍关心并有直接的实践经验和切身感受的，因而能为写作提供良好的条件。毕业论文的选题，既要从客观上考虑它在社会主义建设中的现实意义，又要从主观上考虑有无较好地完成写作的条件，从这两个方面看，作者选定的这个题目都是很适当的。

本论部分脉络清晰，逻辑性强是本文的特点和优点之二。本论部分是文章的主体，它反映论文作者发现问题、分析问题和解决问题的能力。本文中心部分条理清楚，层次分明，作者从三个方面展开论述，而每个方面又都从几个不同的角度加以分析说明。第一部分：顺丰速运概述。这部分是相关论题概况介绍，清晰了解论文论述背景。第二部分：顺丰速运发展环境分析和电子商务环境和顺丰速运业务发展存在的问题。这部分是对论文对象进行现象论述，分为两个层面，表现出问题的优劣两个方面，这里是论文研究的价值着眼点，层次照顾的也较为清晰全面。第三部分：电商环境下顺丰速运未来发展的改进措施。提出整改措施，是解决问题部分，给出了论文的研究意义。本论文三方面论证逻辑清晰有序，主次分明，内容调理清晰，使学习者看后一目了然。综上所述可见，本文作者是按照“是什么”“为什么”“怎么办”的逻辑顺序来谋篇布局的，采取的是先“提出问题”，然后是“分析问题”，最后“解决问题”这样一种递进式的分析方法。这种按照客观事物的内在联系，层层推进，严密有序，层次清晰。

【案例2】

内部审计在房地产行业中的作用研究

会计学院

摘要：随着我国经济实力的蒸蒸日上，尤其是改革开放以来，房地产行业开始欣欣向荣，因此房地产行业也成为了我国的支柱产业之一，但是随着国内外经济环境的不断变化，国家各项政策的不断调控，房地产行业面临的困难也越来越多。由于房地产行业每年能给国家带来巨大的税收，并且能够带动其他行业的发展，解决社会就业问题。但是房地产行业政策性特别强；流动性差，地域性明显；资金需求量巨大，需要足够的资金来支撑，完善的资金链条供应；受地域、土地影响大，与其他行业联系紧密，定价受市场波动大，资金需求量巨大，受国家宏观影响大。如何正确作出有利于企业自身发展的决策，从而保证房地产企业健康稳定的发展已经是关系到企业存亡的关键问题了。因此，对房地产行业的特点及面临的风险进行介绍，从内部审计的角度出发，对内部审计在房地产行业的作用进行一定程度的深刻研究。

关键词：房地产行业　内部审计　房地产风险

一、房地产行业的特点及面临的风险

（一）房地产行业的特点

我国房地产主要的经营对象是土地和建筑物，是集多项经济活动为一体的综合性产业。其具体特点表现是：

1. 我国房地产行业的发展，一是政府的推动，二是相关政策的刺激。如今的房地产行业在国民经济中更是有着举足轻重的地位。房地产商品的生产、流通与分配直接影响着房价的波动，是影响国计民生的突出问题。因此除了受市场机制的正常运作外，政府还有一系列宏观调控措施，立法、制定相关政策指导房地产企业坚持正确的发展方向。如2018年限购，遏制房价过快上涨；增加土地供应；整治“首付贷”；更是出台法律《房地产企业税法》；而“330新政”有利于二手房交易等。这些政策对于房地产企业的生存和发展具有极强的指导作用。

2. 由于房地产企业投资开发周期长，因此房地产企业商品的价值的形成、转换和实现往往是多次性的，要经过一个相对漫长的过程。房地产企业开发建造周期较长，全部过程要通过的设计策划、建设施工、营销销售、管理运营等一系列环节，每个环节都需要多次、不间断地投入资金，不能一次实现全部价值，因此要通过抵押信托、预售、出租等方式分期实现价值。房地产企业商品的投资和开发周期长，也决定了房地产企业在开发经营中的资金的运转周期长。

3. 房地产行业地域性强，房地产商品因其“不动产”的特征，不能和大众商品一样随时随地的发生空间位置上的变化，具有极强的地域性。因此我国房地产企业主要分

布在一线城市等经济实力雄厚的地区，为此我国的房地产企业主要集中在北上广深等经济发达地区，次分布在经济发展呈上升趋势的大中型城市。因为区域间的政治、经济、文化、社会的不同，影响着房地产企业市场的供求关系。

（二）房地产企业行业面临的风险

1. 财务风险

房地产企业开发经营风险大，从最开始的项目开发到最后的销售，房地产企业开发经营周期长、资金消耗量大、流转时间长，开发和经营的每一个环节时时刻刻都影响着整个企业是否经营下去。由于自身资金短缺，我国的房地产企业上市公司大多数是通过银行贷款这条渠道来解决，由于贷款额的利息，在生产中又无形加大了企业的生产成本，使房企陷入财务困境。因此房地产企业上市公司的财务指标必须能够准确的反映企业的偿债能力。

2. 投资风险

房地产企业能够进行开发、经营的基础是房地产投资。房地产投资虽然能为企业产生巨大的经济利益，但是也会产生多方面风险。少数的房地产企业在投资方面缺乏远见。由于负责企业投资的相关人员没有系统的掌握投资信息，没有完全的了解企业自身情况，不能够很好解决投资过程出现的问题，比如投资回报率高低、投资规模大小、房地产企业市场上的供需情况等，这就是因为房地产企业负责投资的相关人员对这些必要的信息数据没有全面的掌握。在不清楚房地产企业投资项目之前就盲目的做出投资，必然会给企业带来无法估计的损失。

3. 融资风险

时下大多数房地产企业最主要的外部融资方式仍然是银行贷款，通过贷款所融到的资金是房地产企业项目开发运营过程中重要的一部分资金。但是银行贷款容易受到国内外经济环境影响。当通货紧缩时，银行为了刺激经济的发展，通过向社会输送资金，这时银行放款速度快、放款额度大、利率低，企业可以借到大量资金支持企业运作，降低了企业经营风险。当通货膨胀时，银行放款额度受限、贷款利率上浮，这在无形中增加了企业的融资成本，降低了企业的利润空间，影响了企业正常的经营。同时，购房者也会受到经济环境的影响，会影响企业销售量，也会影响到企业预售回款。因为预售回款是企业内部融资的主要渠道之一，预售回款的下降，会直接导致外部融资的资金需求量增加，加大了企业融资压力及风险，会对企业的偿还债务能力产生一定的负面影响。

4. 成本控制风险

房地产企业要想科学、有效地控制成本，就必须从最开始的顶端设计入手。在初步设计阶段，就要设计合理的构思方案，通盘考虑各种工程预算成本。现在很多房地产企业都将工程预算的工作外包给中介机构。这种方法有利有弊，尽管有利于企业减轻内部工作负担，降低工作成本，但是这样就不能有办法从根本上解决成本控制的问题，不能够将成本控制工作和风险管理工作有效结合起来。

5. 内部控制制度不够成熟、监管力度薄弱

大多数房地产企业内部成立的内部监管部门，缺乏一定的可执行性，在执行中不够严格，没有很好地将每个环节落实到位。另外，有些房地产企业设立的内部审计部门形同虚设，主要体现在内部审计机制不完善、独立性偏弱、审计人员专业素质偏低、审计

方法不科学、审计流程缺乏严谨性。但是最主要的问题还是内部审计部门不是一个独立的部门，是在董事会的授权下开展工作，容易受到高层领导的制约，对内部风险控制评价不能够做到完全客观评价，受到多方面利益影响，这也就让内部审计人员在执行监督工作的时候也被迫流于表面，充满形式主义，没有能够深入落实监督工作，这就导致审计部门没有发挥出它应有的作用。

二、内部审计的相关概述

我国内部审计协会在2013年新颁布的《中国内部审计准则》，对内部审计的定义有了全新的定义，新的准则中将内部审计的“监督和评价”职能改为“确认和咨询”。因此，新准则对我国内部审计的地位起到了推波助澜的作用，特别是对房地产企业内部审计提升到完善公司治理、增加企业价值的地位起到了帮助，这有利于企业内部审计转变执行观念以及内部审计在公司职责权利的上升。

三、内部审计在房地产行业存在的作用

有效的内部控制制度对企业的成功十分重要，而内部审计则是内部控制制度不可或缺的重要组成部分。内部审计的作用体现在它可以评价公司治理结构和政策是否合理、有效，可以为董事会和高级管理层决策提供关键信息，内部审计还可以帮助房地产企业完成治理目标，促进管理结构完善。

1. 加强行业的监察作用

内部审计的根本职能是监察职能。首先，对房地产企业的财务状况进行合理、科学的监察；其次，对房地产企业的关键机构、关键项目资金以及关键的企业投资进行合理的监察；最后，对房地产企业内部审计的工作机制以及内部审计的执行情况进行合理的监察。通过对房地产企业进行全面的监察，建立良好的监督制度，企业的发展过程中存在的问题进行合理的监察，保证企业的各个部门都能够按照规章制度进行工作，提高房地产企业的管理水平。

2. 内部审计是完善公司内部控制治理机制的重要环节

由于内部审计需要为公司董事会、管理层和其他人员建立的一系列的规章制度、政策和组织程序，与房地产企业治理是紧密相连的。在公司治理结构、治理机制和监察机制的建立过程中，需要内部控制的加入，要设计完整的内部控制的组织结构及运行机制，确立全方位的监控机制。公司治理机制的目的是为了保证企业资产的安全和完整，内部控制能够有效运行是需要真实的会计信息和健全的公司治理结构，这样才能保证公司不同结构主体内部控制目标的一致性，规范企业在经营管理中的协调性，可以提高企业决策的科学性和效率，科学的内部控制可以协调、制衡公司各利益主体之间关系，维护企业利益最大化。因此，企业治理是和内部审计密不可分的。

3. 内部审计有利于完善企业的风险控制

由于外部环境日益变化，加上企业的发展不稳定性，完善风险管理是企业能够稳定发展的重点。内部审计的相关部门和工作人员需要对企业的经济活动和管理活动保证足够的参与度，帮助企业能够真正的了解审计风险，完善审计风险的控制制度。内部审计要对审计风险进行密切的关注，及时地发挥出审计风险的预防效果，降低企业的审计风险。

4. 内部审计是弥补外部审计不足的重要手段

由于外部审计机构只是对经营结果进行监督，这种监督是具有滞后性和不科学性。相比较而言，内部审计是在房地产企业内部实施连续监督公司的生产活动和经营活动，能够全面地了解企业各项经济信息，而且还能够确定和调查那些可能存在的虚假信息。内部审计师在企业中拥有独特地位，内部审计人员可以活动于本企业的经营管理活动中，不但要熟悉企业的财务运作和会计核算，还要深刻了解企业的生产、经营管理等活动，要在日常活动善于发现问题，防微杜渐，最重要的是要有能力参与到评估企业可能存在的风险。因此，内部审计人员要有足够的能力和服务企业的理念，在推动企业建立现代化风险管理的过程中发挥重要作用。同时，由于内部审计人员也是房地产企业中的一员，他们比外部审计人员更加热爱本企业，有着强烈的集体荣誉感和责任感。因此，内部审计人员就能够以积极的态度及时地进行信息反馈，能够协助管理层发现问题、分析问题、最终解决问题，从而能够促进本企业决策的科学化、运作的有效化和价值的最大化，大大地提高企业的效率，使公司的决策能够快速的执行下去。因为内部审计既是企业内部控制体质的重要组成部分，又是监督与评价内部控制的主要手段，所以内部审计在企业经营管理中有着极其重要的地位。因此，人们把内部审计当作“企业良心”，当作维护企业道德文化的最后一道防线，是房地产企业能够稳定经营的重要保护屏障。

参考文献

[1] 中国内部审计协会．经营管理技术（第四版）[M]．北京：西苑出版社，2008：236－404.

[2] 杜殿明．谈内部审计风险成因及防范措施 [J]．北方经济，2007（14）.

[3] 马明全．内部审计在风险管理中的责任和作用 [J]．广西电业，2009（01）.

[4] 胡炜．内部审计工作面临的形势和对策 [J]．新会计，2016（104）：42－43.

[5] 赵聪．我国房地产系统性风险的研究 [D]．浙江大学，2014.

[6] 肖芳林，仇俊林．房地产企业财务风险及其防范策略 [J]．财会月刊，2011（02）.

【简评】

1. 该论文标题过大，房地产整个行业体系非常大，就几千字的论文而言，应该缩小相对论述范畴，指定内部审计针对房地产中的某一个具体领域来论证，更能做到对论文内容完整性的把握。

2. 论文内容结构设计不合理，应该从标题概念解读出发，先解释审计内部相关理论，再阐述房地产行业相关论述问题，最后将两者的关联关系加以论述。所以正确结构应该调整为二，一，三这个顺序。

3. 论文内容详略设计不合理，应该突出本论的核心部分，即重点论证“内部审计在房地产行业存在的作用”，而该论文却虎头蛇尾，在最该论述的部分没有详尽论述结论，使论文失去核心论证部分，也就失去了该论文的学术价值。

【案例3】

××××学院

毕业论文

题目名称：________________

院　　系：________________

专　　业：________________

学生姓名：________________

学　　号：________________

指导教师：________________

年　　月　　日

毕业论文原创性声明

本人郑重声明：本人严格遵守学术道德规范，绝不参与论文造假、买卖等学术不端行为，所呈交毕业论文，是本人在指导教师的指导下，独立进行研究工作所取得的成果。除文中已经注明引用的内容外，本论文不包含任何其他人或集体已经发表或撰写过的作品成果。对本文的研究做出重要贡献的个人和集体，均已在文中以明确方式标明。本人完全意识到本声明的法律结果由本人承担。

论文作者签名：　　　　　　　　　　年　　月　　日

快递公司审计风险分析及防范措施研究——以上海圆通速递有限公司为例

摘 要：随着新消费时代的到来，近几年网购的流行推动了快递行业的发展，大批民营快递公司的上市为快递行业带来新的机遇和挑战，同时也面临着一系列的发展风险。对于上市公司而言，完善的内部审计制度是必不可少的，加强审计工作对促进快递企业的健康发展具有高度的价值。但大多快递公司的内部审计制度的建立却不够规范，需进一步分析快递公司经济活动的基本特点，因地制宜地通过制度建设、人才培训、完善方法程序等策略，补齐快递企业的审计"短板"。鉴于此，作者尝试对快递行业上市公司进行案例研究，首先从快递行业上市公司内部审计和审计风险理论及特征入手，其次以上海圆通速递有限公司为切入点，对上海圆通速递有限公司的重大错报风险进行识别和评估，分析事务所针对重大错报风险采取的控制测试和实质性程序，随后结合理论与案例分析了快递行业上市公司审计风险成因，最后针对具体原因提出了针对性的防范措施。本文通过查阅相关文献和有关快递公司的资料，总结出快递公司在内部审计方面的问题及相应对策。

关键词：快递企业 风险导向审计 审计风险

目 录

一、研究概述 ……
（一）研究背景与意义 ……
（二）上海圆通速递有限公司简介 ……
二、上海圆通速递有限公司重大错报风险的识别与评估 ……
（一）财务报表层次审计风险识别与评估 ……
（二）认定层次审计风险识别与评估 ……
三、针对重大错报风险采取的控制测试和实质性程序的分析 ……
（一）对实施控制测试的分析 ……
（二）对实施实质性程序的分析 ……
四、完善上海圆通速递有限公司防范审计风险的实践措施 ……
（一）针对审计环境的风险防范措施 ……
（二）针对审计对象的风险防范措施 ……
（三）针对审计人员的风险防范措施 ……

参考文献 ……

致 谢 ……

一、研究概述

（一）研究背景与意义

1. 研究背景

在当今我国社会经济发展当中，快递行业所发挥的作用越来越重要，对我国经济发展也展现出了重大的意义。电子商务平台的迅猛发展也刺激了人们网购的需求，而快递行业的需求也随之不断增长，物流行业因此开始迅速崛起。因此，在中国经济整体处于相对低迷的形势下，快递行业依然能够表现出较高的增长态势：在过去的 2016 年，我国快递行业业务量达到了 313.5 亿件，业务收入超过 4000 亿元人民币，在过去持续六年的时间里，快递业务量都保持着高速增长，增速达 50%。国务院总理李克强将快递行业称之为我国经济发展的一匹“黑马”，这足以说明我国快递行业发展速度的迅猛。但是，随着“互联网＋”的提出与电商的迅速发展，二者迅速结合起来，呈现出迅猛的发展趋势。在电商行业高速发展的同时，触发了人们对于物流业、快递业空前的需求，虽然快递行业迅速发展，但是以往的快递业也不能满足人们的高需求。这种高需求迫使快递行业发生变化，快递行业开始考虑转型升级策略。快递行业是劳动密集型产业，进入和竞争门槛相对于较低，随着一段时间的发展，同质化竞争使集中度慢慢下降，利润也随之降低。同时，快递行业的利润也在慢慢减少，这加重了行业竞争压力。毫无疑问，快递行业现在亟待转型，目前快递企业仍然以价格为主要优势进行竞争，而快递企业的扩张需要庞大资金，选择上市就是快递企业加快转型升级的一种方式。在国家政策的支持下，2016 年，有四家快递企业先后成功上市，分别为申通、圆通、韵达和顺丰。然而快递行业竞争激烈，深陷低价竞争的漩涡，内部控制现状不能满足发展，发展模式落后于市场，快递行业的相关监管尚待加强，这些问题阻碍了快递行业的发展。在人们对快递服务高需求的情形下，快递企业必须进行转型升级，快递行业公司更多地选择上市寻求更大的资本市场，但是快递行业公司的内部控制、发展模式和快递行业监管方面的问题，都为快递公司的审计工作提高了审计风险。在证监会的处罚案例中，我们可以看出审计失败事件越来越多，我们不得不重点关注审计风险。尤其对于我国快递企业不同于国际快递物流巨头都是依靠传统企业 B2B 和 C2C 的包裹信函发展起来的且我国快递行业处于转型升级阶段，快递行业的现状、快递行业公司的特点、公司治理以及行业监管等问题给审计人员带来了越来越大的审计风险，合理控制项目审计风险则有着更加重要的意义。

2. 研究意义

目前，国内外文献对审计风险的研究大多集中在传统上市公司的案例上，对审计产业化的研究并不多。快递公司的借壳上市仅在 2016 年，因此这方面的研究很少。因此，本文在传统审计风险理论的基础上，结合我国快递业的特殊情况，对快递业的审计风险进行了分析和研究，补充了快递业上市公司的审计风险理论，在一定程度上弥补了我国快递业发展时间较短的不足快递业理论研究文献的短板为以后相关理论探讨留下了一定的数据参考，丰富了相关的支撑基础。科学高效的管理模式有利于快递业的健康快速发展。然而，快递行业的一些上市公司在审计风险管理方面存在问题。对于快递业来说，审计方法是非常重要的。因此，对快递业审计风险进行深入、全面的研究具有重要的理论和现实意义。一是我国快递业上市公司不多，代表公司的审计风险不断加大，银行深入分析可以为快递业识别、评估和应对审计风险提供参考意见，促进我国快递业审计风险控制水平的提高快递行业，降低审计失败的概率。二是从某种意义上说，对快递业上市公司审计风险的研究是审计行业的一次创新，为其他新兴行业提供了经验，有助于创新审计方法，拓展审计行业的研究领域。三是能够帮助审计人员更好、更及时地发现自身的不足，有利于整个快递业和新兴产业建设一支专业对口、综合素质高的优秀审计队伍。四是有利于规范快递行业的财务信息，提高其可靠性和可比性，使政府在对快递行业的管理和支持过程中有更可靠的参考标准，帮助整个行业形成良好的竞争环境和完善的监管机制。

（二）上海圆通速递有限公司简介

上海圆通速递有限公司（下文简称“圆通公司”）成立于2000年5月，经历了18年的发展，成为我国比较有影响力的物流运营商。目前的业务主要有速递、航空和电子商务相结合的服务业务。作为民营快递企业的行业龙头，在行业内处于领先地位。上海圆通公司的核心竞争力主要表现在天、地、信息这三个方面。天是指上海圆通公司成立的航空系统，拥有自营和外包货机的航空网络；地是指上海圆通公司依靠加盟式的经营方式，迅速在全国各地建立起了网点；信息是指上海圆通公司大力研发信息技术，打造信息技术平台，此外，上海圆通公司拥有自营的枢纽转运中心和扁平的终端加盟网络。2016年公司市场规模位居行业前列，业务量为44.60亿件。公司营业收入168.18亿元，比2015年增长39.04%。2016年公司实现归属于母公司股东净利润13.72亿元。快递公司通过自主研发的信息化平台对路由，操作节点进行监控，此外还对转运中心和加盟商进行管理，还有资金结算等功能。全网络信息化的管理，基本实现了整个快递流程中全程的控制和跟踪。公司快递服务的流程主要分为四个部分，其中环节包括快件揽收、快件中转、干线运输以及快件派送。这其中的快件中转部分多以公司自营的枢纽转运中心承担，快件揽收和派送部门则由加盟商网络来负责，四个部分涵盖了整个快件生命周期。

上海立信会计师事务所对上海圆通公司2016年度财务报表进行了年度审计，作者以上海圆通公司2016年度财务报表审计为案例进行分析。

二、上海圆通速递有限公司重大错报风险的识别与评估

（一）财务报表层次审计风险识别与评估

为了在报告层面识别和评估审计风险，本文分别对公司治理结构和经营模式进行了分析。

1. 股权集中度高

通过圆通公司财务报表披露股东持股比例数据和圆通公司实际控制人关系图，可以发现圆通公司股权集中度较高。大股东可以通过操纵财务数据和影响商业决策来利用其管理收益的权利。在国内快递业中，圆通公司股权集中度相对较高，其第一大股东也是企业董事会主席。因此，大股东很容易利用其控制地位对企业的经营活动和会计、财务处理产生影响，增加会计信息失真和盈余管理失真的可能性。

2. 信息风险增强

信息自动化技术的发展极大地促进了快递业的发展，给行业带来了新的发展机遇。

圆通公司的路由控制、运营节点监控、中转中心和加盟商管理以及资金结算等功能都通过自己的信息系统平台实现了信息自动化。因为整个流程的快递业务信息管理系统，可以使快递的收、转、递和客服业务，以及财务会计、人力资源等日常管理业务更加高效、稳定的运行。虽然公司定期对信息管理系统进行维护和升级，并对其进行持续监控，但由于快递业务量巨大，系统数据处理频繁，如果不能及时进行，将对公司的日程运营产生很大影响，甚至可能造成审计风险。虽然圆通公司建立了较为完善的信息处理和交换系统，能够实现业务覆盖，但在日常经营过程中发现的信息更新缓慢、对风险信息的敏感性不足、缺乏沟通渠道等欺诈迹象。信息化条件下，审计工作不仅要对财务报告的真实性、合法性发表审计意见，还要对企业财务信息系统的安全性、可靠性进行验证。这样，审计目标、审计对象、审计范围和审计方法都发生了很大的变化。在信息审计模式下，审计人员需要对被审计单位的电子数据转换进行验证后才能进行分析。由于审计相关人员使用的操作工具和方法不当，将原始数据转换为审计所需数据的过程可能导致所收集数据缺乏整体的安全性和可靠性。由于U盘存储不当、采集设备操作不当等多种原因，数据会被损坏，对审计单位的数据造成不良影响。如果对数据结构等条件的理解不够透彻，更容易导致数据清洗不准确、不完整，最终影响数据的采集和转换，进而形成数据风险。对于上述方面，如果审计人员对此不够重视或缺乏控制这一风险的能力，很可能对审计结果质量产生严重影响。采用信息化审计方法会带来更高的审计风险，甚至严重的后果。

3. 运行方式缺陷

圆通目前的经营模式主要是特许经营制，特许经营企业数量多，单一的特许经营范围很小。圆通公司的发展壮大离不开特许经营制度的信用。然而，这种模式的优点在一开始就很明显对企业发展的潜在影响将显示出严重的劣势。一是在特许经营体制下，总部对终端网点控制不力，服务质量和经营技术标准化不易推行；二是受特许经营者利益多元化的影响，各地特许经营者往往把自身利益放在首位，这将限制整个网络的执行力；三是加盟商直接接触加盟系统下的客户资源部门往往无法直接控制核心客户资源。此外，在特许经营制度下，圆通公司对特许经营人的控制主要依靠罚款来起到威慑作用。然而，这样一来，加盟商很难对公司有认同感。此外，各加盟商的人员素质和网络基础设施水平参差不齐，整体上难以形成相对统一的服务标准，加盟商的利润也不断受到压力挤压，加盟商的第一个想法是通过降低成本而不付出代价来保护自身利益关注公司的服务质量。快递业的业务分工比较明确。整个网络的运行由公司协调部署。终端网络运营由加盟商负责，公司负责主干线运营和转运。加盟商与集团的关系是，加盟商向集团支付数万元的特许经营费用，负责区域内的订单收发，同时也是集团品牌在区域内的形象代言人。集团负责提供品牌权威、技术和整个物流体系，可以说是一种合作关系，但在整个物流过程中，似乎本质是同一个主体。然而，特许经营模式的经营网点复杂，下属机构众多。加盟商的管理容易失控，各网点分布不均，不易管理，造成各下属机构的审计风险。

（二）认定层次审计风险识别与评估

在前文对快递业现状和审计风险特征分析的基础上，选择了几个重要的审计风险点对圆通公司的识别水平进行审计风险识别和评价，包括营业收入和毛利润、研发支出和政府补助这三个方面。

1. 营业收入

公司主营业务收入主要分为快递服务收入、增值服务收入和其他收入三部分。其中，快递服务收入是指快递公司在提供快递服务过程中发生的票面费、转账费和投递费。增值服务收入是指代客支付、货到付款等业务产生的服务费，其他收入包括加盟商培训费、客户服务业务服务费、呼叫中心等业务。在快递行业，公司的主要收入是服务收入，约占整体收入的99%。如2016年，公司主营业务收入163.54亿元，占公司营业收入的97.24%。除主营业务收入外，主营业务成本也应计入收入，即提供快递服务的成本及所有相关业务。2016年主营业务成本为142.37%，占销售成本的97.93%。公司其他营业收入4.63亿元，仅占公司营业收入的2.76%。由此可见，快递公司的成本支出与主营业务收入的比例几乎相同。2016年，公司主营业务收入163.54亿元，比上年增长39.23%。主营业务成本142.37亿元，比上年增长40.00%。2016年，公司主营业务毛利率为12.94%，比2015年下降0.48个百分点。2007年，我国快递业务平均单价为28.5元/件，2016年仅为12.71元/件，降幅为55.40%。长期以来，快递业务平均单价保持持续下降趋势。以圆通公司为例，2013年单价为5.15元/件，2015年为3.77元/件。随着单价、人口红利和人工成本的不断下降，公司的利润率也在下降。圆通公司的经营模式以特许经营为主，因此，企业要想提高经济效益，就必须寻求新的收入增长点，不断扩大市场份额，或寻求蓝海地区。在借壳计划中，圆通公司还就业绩承诺达成一致，承诺2016年、2017年和2018年圆通公司净利润分别不低于11亿元、13.3亿元和15.5亿元，有增加收入的动机，以吸引外部资本。激烈的市场竞争导致了恶性的价格战和较低的利润。从地区业务收入来看，我国快递业务量和业务收入仍以东部地区为主，中西部地区快递业务量和业务收入增长明显。2016年，东部地区贡献了全国快递业务量和业务收入的80%以上。它是高度季节性和区域性的。

通过上述分析识别最终确定的重大错报风险见表1。

表1　　　　公司重大错报风险

<table>
<tr><th>风险</th><th>对总体审计策略的影响</th><th>对审计程序的影响</th></tr>
<tr><td>快递行业竞争激烈，毛利率不断下降，企业对毛利率要求高</td><td>关注盈余管理是否合理，重点关注收入与成本，关注期末重大交易事项是否真实准确</td><td rowspan="2">1. 对收入进行截止测度，同系统生成的原始凭证进行查验，从订单号到物流单号连环追踪。
2. 结合存货盘点情况检查成本结转的准确性和完整性。
3. 关注重大交易事项，尤其是关联方交易，是否存在高估收入或者转移利润的情况。</td></tr>
<tr><td>Y公司借壳上市，为了吸引和巩固投资，需要达到一定的净利润</td><td>管理层是否存在虚假交易</td></tr>
</table>

2. 研发支出

2009年以来，圆通公司不断投入大量资金，开发具有自主开发和升级功能的快递服务运营系统“金刚系统”，全面提高与公司业务发展要求的匹配能力。它不仅提高了企业信息化水平，而且提高了管理效率，拓展了海外业务。目前，公司已形成了“金刚系统”“罗汉系统”“旅客系统”“管理驾驶舱系统”“GPS车辆监控系统”“地理信息系统辅助分拣系统”等领先的互联网信息技术平台，这些系统分布在整个业务流程中，大大提高了收、转、发的效率，减少了客户服务的工作任务。同时，在财务结算、人力资源等方面也得到了应用，提高了内部管理效率，提高了服务质量。2015—2016 年，圆通公司为“中转中心建设”和“智能设备升级项目”募集资金不超过 23 亿元。这些项目的建成可以提高快递运输能力和信息处理效率，满足业务快速发展的需要，可以预期，圆通公司在研发方面的投入会越来越多，各行业各企业研发产品的过程和技术都有其特殊性。审计人员应当根据行业和企业的特点，检查研究开发支出在财务账簿上的列示是否正确。

3. 政府补助

国务院和地方政府出台了一系列促进快递业发展的配套政策。在经济全球化的趋势下，快递业面临着机遇和挑战。一方面，政府的政策扶持和专项资金的发放，有利于快递企业更好更快地发展，谋求转型升级，开拓更广阔的市场。另一方面，这些财政支持可能会造成财政漏洞。根据圆通公司 2016 年年报，2016 年，公司收到政府补助及处置计入营业外收入的非流动资产利润 101483730. 69 元，占利润总额的 5. 55%，其中政府补助 43766481. 66 元，见表 2。

表 2　　公司 2013 年、2016 年政府补助情况表

年份	政府补助（元）	计入当期非经常性损益的金额（元）
2016	43766481. 66	43766481. 66
2013	29870000. 00	29870000. 00

2016 年，圆通公司政府补助金额较 2013 年增长 46. 52%。在享受多项政府补贴的同时，也存在着利用政府补贴操纵利润、粉饰报表的可能。

三、针对重大错报风险采取的控制测试和实质性程序的分析

（一）对实施控制测试的分析

圆通公司作为快递企业，在业务流程上有其自身的特殊性，主要风险集中在收入领域、支出领域和作业流程领域，会计师事务所选用和设计了下列步骤来对这三个重要环节进行控制测试：

1. 对收入领域的控制测试

根据快递企业的业务流程特点，制定了以下收入领域的控制测试：

圆通公司采用 ERP 系统进行销售和收款业务。客户下单后，在 ERP 系统中生成相应的销售订单，销售订单是销售过程中的重要控制环节。审核员首先检查 ERP 系统的权限设置和密码保护，然后关注销售订单。在 ERP 系统中，提取系统生成的销售订单，检查销售订单是否连续编号，是否按顺序执行。另外，当 ERP 系统自动审核销售订单时，应检查客户的合法性和合理性以及交易中涉及的价格等方面的详细检查。

在信用管理和订单处理方面，快递业的主要服务是货物运输。审核员要特别注意是否有未经授权的货物运输，检查客户订单管理，注意客户信用，确定运输和经营配送环节的票据传递是否真实可靠，并确定相关责任归属。同时，检查是否存在虚假订单导致的无效操作流程，检查圆通公司是否制定了新客户服务标准规定，是否制定了付款方式

（预付款、货到付款）等付款规则和规定，计算有效订单的成功率。

在应收账款管理中，要注重明确人员的权利和责任。应收账款记录人和收银员权责明确，快递合同管理、物流票据交付、发票开具、应收账款确认等业务对经办人员职责明确，并得到有效落实。

2. 对支出领域的控制测试

圆通公司的大部分支出是原材料和设备的采购，审计人员主要对采购和验收进行控制和测试。登录圆通公司网络信息管理系统，检查采购业务生成的电子订单、收货验收单是否与供应商提供的发票号一致，采购资产是否按照会计要求的及时性进行了记录。核实已发生的采购业务记录的完整性、准确性，确认采购业务不存在瞒报的情况。购买价格的折扣需要谨慎处理。贴现是否存在，贴现的合理性需要有效评估。检查物流设备的采购过程是否经过相关部门的识别和采购前的测试，确定企业的适用范围。检查公司采购制度，检查采购负责人是否应定期轮换，防止采购部门“一家独大”的情况发生，验证供应商的资质和信誉。检查企业验收过程是否不当，确定质检员资格，确认质量检验证书与采购货物的一致性。

3. 对快递作业流程领域的控制性测试

在运输管理方面，审计人员检查了圆通公司快运设计方案和货物运输标准规定，确定了运输方案的合理性和货物运输时间的刚性规定，验证了 GPS、GIS 等物流定位技术的应用。检查运输人员和车辆维修人员的资质。

由于圆通公司下属网点较多，加盟商管理可能不到位。因此，审计人员选择网点进行检查。首先，在仓储管理方面，检查了采购订单、仓储订单、仓储记录、运输订单的一致性，验证了 POS、FF ~ RF 技术和 DPS 在快递网点的应用。检查各网点的主管人员是否执行了规定的定期清点和监督检查程序，对货物的储存环境进行了监控，是否有必要的设备防止安全隐患的发生。在配送管理方面，观察配送中心的地理位置是否合理，询问技术人员快递路线，分析路线的合理性，是否会造成物流资源的浪费。此外，检查客户投诉，审查基层人员对快递管理规定的执行情况。

（二）对实施实质性程序的分析

1. 针对营业收入的实质性测试

对于主营业务收入，主要检查业务是否存在，ERP 系统是否完整记录业务凭证，收入是否准确。审计人员重点对主营业务收入进行截止检验，看主营业务收入的入账期间是否正确，是否存在通过盈余管理调整企业利润的行为。圆通公司的收入截止检验主要是检查是否有客户提前接受物流运输协议并确认收入。同时，检查会计系统中的货物运输分界点与信息管理系统中的货物运输分界点是否一致，确认期间是否存在不同情况。

2. 针对研发支出的实质性程序

支出项目审核的最终目的是核实和确认企业支出的真实性、完整性和记录项目的准确性。在快递行业的上市公司中，主营业务成本的总账、明细账审计与其他行业的审计基本相似。然而，由于快递公司对物流设备的需求量很大，公司为了提高自身的市场竞争力，也投入了大量的资金来开发运营系统，增加研发支出，这应该引起审计人员的足够重视，见表3。

表 3　　针对研发支出的实质性测试

风险点	实质性程序
（1）设备订购数量超支或者金额过大，导致企业支出过大，资金浪费	（1）分析复核企业的订购计划和相关预算，通过与财务部门和监督部门的交流，确定采购计划的合理性。采购合同是否经过企业律师顾问的认定，检查采购项目是否具有合法性
（2）虚假采购报告的列支	（2）首先与供货商提供的收据进行验证，其次进行追溯比对相应的应付款项
（3）研发支出费用化	（3）通过分析性程序分析企业所处阶段，在此阶段研发支出费用化或者资本化是否出于主管的偏好
（4）无验收报告，却存在付款行为	（4）查询采购部门对付款行为的处理情况，查证这项资金的去向，追溯订购记录同时查看验收实施程序是否有记录

3. 针对政府补贴的实质性程序

首先，对于大量的政府对快递企业的补贴，审计人员在这一期间仔细查阅了与交易有关的国家文件和地区法规，仔细审查了合同和协议，注意了交易目的和双方的权利义务交易各方对交易性质作出判断，无论是属于政府采购的商业性质，还是因为企业符合相关条件，给予了许可。同时，根据企业会计准则，按照实质重于形式的原则，不局限于政府补贴文件，要慎重判断补贴的性质。

其次，通过核对补贴资金的发送者和接收者的姓名，可以判断补贴资金渠道是否直接来自政府。检查单据中银行收据的付款人与拨款单位是否一致，以确定补贴单位的真实性；向政府有关部门发函，询问补贴对象即补贴对象的真实性。但在此过程中，作为第三方中介，审计人员只能通过上市公司与政府相关部门进行谈判和沟通。因此，在此过程中，审核员应在审稿中记录详细的审核执行程序，并在收到完全可靠的答复后提出审核意见。

四、完善上海圆通速递有限公司防范审计风险的实践措施

（一）针对审计环境的风险防范措施

1. 整合现有的有关快递的法律法规

市场监管以市场为基础，关键是监管。因此，要赋予市场监管在行业中的主导地位和法律地位，营造有利于快递业发展的公平约束的市场环境，确保我国快递业转型升级和规模发展。长期以来，人们从行政管理的角度审视我国快递业的市场监管主体和市场监管体制。在这种情况下，缺乏法律监督和法律监督是困难的。各部门和社会的利益不平等，存在着一个重一个轻的局面。因此，我国快递业的法律监管应该从行政导向转向市场导向，更加注重效率和市场专业化水平，满足人民群众的内在需求和快递企业的发展。目前，我国现行法律体系中没有专门的法律法规。中国暂时将快递纳入邮政法管理。目前，随着快递业和市场的快速发展，制定一部地位更高、能够调整快递业的专门法律十分必要。邮政管理部门作为快递企业的监管主体，对快递业的发展和实践有

了更深刻的认识，未来快递业立法的主要模式仍然是邮政管理部门的主导立法。同时，要切实弥补立法的不足，在立法过程中增加透明度和公众参与度，做到充分公开、充分落实，使包括民营快递企业在内的各方利益都得到保障，而人民群众可以全程参与立法，拓宽反馈渠道，让各方通过合法高效的渠道向有关部门反映意见和要求，把好大门，及时处理。此外，相关机构要做好对接工作，如与交通部门的密切沟通，对市场监管模式、市场准入条件等进行详细规定，有利于公众更准确、更深入地了解立法意图，实现和保持维护各方利益，维护市场竞争的合法性，避免立法上的漏洞和缺陷。

2. 健全我国快递业的自律机制

在我国快递业的监管中，政府监管部门是主力军，但除了政府监管部门之外，快递业的自律组织和消费者保护组织对快递业的监管也有着非常重要的影响。在快递业务的许多具体环节，政府监管部门对其监管得不是很准确，同时，也有很多次。政府监管滞后。此时，快递业需要形成自己的自律机制，提高监管效率。快递行业协会的作用可以作为政府监管的补充。在没有相关信息的情况下，快递行业协会与邮政管理部门沟通协调，与邮政管理部门合作，更好更快地落实快递行业监管政策。此外，快递行业自律机制也有利于形成公平良好的市场竞争环境。自律机制是一种市场化的监督方式。在快递行业自律组织中，联合制定相关规定，对快递企业进行约束，促进快递行业发展，实现行业内部监管。

3. 对快递企业进行分级

我国快递业虽然发展迅速，但是缺乏具有公信力的品牌企业。快递企业缺乏市场竞争力，而且投诉情况较为严重，没有很好的优质服务，无法与国际快递巨头竞争。快递公司如果要想提高市场竞争力，就要转变经营发展方式，提高服务水平，由“价格战”转向“服务战”，改变单一的价格竞争方式。采用“按规模分等，按服务分级”和“同城、国内异地、国际”的原则，选择关键性指标能够反映市场规模、服务水平、竞争力和信息化水平等，以此作为定级的重要依据。若快递公司在等级评估中获得较高等级，且快递等级评定能够发挥作用，这样等级高的快递公司会获得品牌战略发展的重点关注。这些参与评估定级的公司也会依照评估依据和相关过程，发现公司发展过程中的不足，找到相关问题并不断完善，提高公司的经营发展水平。对快递企业进行分级，在建立行业标准的同时提高了行业门槛，形成优者生存、劣者淘汰的局面，促进行业间进行资源的重组和兼并，促进转型升级和提高竞争力。在企业进行分级管理的情况下，有利于缓解快递业中发展混乱的局面，同时可以提高快递公司的内部管理和内部控制水平。从快递业的监管机构提出相关措施，在一定程度上降低了快递业上市公司审计过程中的控制风险，提高审计质量。

（二）针对审计对象的风险防范措施

在现代快递企业的审计过程中，既要体现审计步骤的创新性和灵活性，又要不断创新审计模式和方法。比如，要灵活处理审计时间，将审计工作渗透到快递企业的各个方面，及时有效地开展审计工作。此外，要在空间上创新，采取因地制宜的创新办法，在货物运输、装卸、运输、配送过程中随时审计。这样才能获得相对真实的审计信息，提高审计绩效。

1. 注重快递企业审计特点

快递公司进行审计时，需要将其划分为一个有序的整体，构建一个全面、清晰的综合审计评价体系。这样，快递企业的审计就具有以下特点：①复杂性。快递企业是一个服务型行业，满意度评价是一个非常重要的指标。消费者满意度评价可以进一步细化为以下指标：补偿是否及时、投诉处理时间长短、售后服务质量。通过这些指标，我们可以了解快递公司审计工作的复杂性。②等级制度。在对快递公司的审计中，应考虑更多的因素，将其有序地分为不同层次，完善快递公司的审计评价体系。③多目标。快递公司的审计目标一般要求快递公司的审计要体现真实性、完整性和准确性的存在和特点。快递业上市公司的财务目标是实现利润和经济效益的最大化，但在一些特殊时期，也要注意企业价值的最大化，因为这些多目标的审计原则使快递公司的审计工作变得越来越复杂多变。④多样性。快递企业的审计需要考虑的因素很多，包括物流技术水平、设备配置与运行、服务质量和发展前景等，这些都是审计的重要内容。从研发费用的风险反应来看，现阶段研发费用占我国快递业总运营成本的比重较大。审计人员应当关注和了解企业对研发费用资本化的态度以及研发费用是否符合会计准则的要求。在审计成本时，审计人员需要借助外部第三方专家或行业标准来判断是否能够为企业带来较大成本的研发活动带来经济流入。由于国家政策的支持，政府对快递行业上市公司的补贴形式多种多样，数额巨大。各种形式造成快递公司误报的可能性，政府补贴难以确认。在这种情况下，审计人员应仔细审查与政府补贴有关的国家政策。合同约定等，以确定该金额是否属于企业会计准则规定的政府补助范围。同时，对于快递公司收到的专项资金，检查被审计单位是否将其划分为资产和收入，划分是否有依据，会计处理是否正确。从快递业上市公司的营业收入来看，快递业上市公司的营业收入具有较强的季节性和区域性，具有吸引外部资金、增加收入的动力。现阶段，快递业的利润也在不断稀释。因此，审计师应采用多元化的业务收入分析程序。首先，要明确企业在行业中的地位和与竞争对手的竞争战略，确定哪些因素会影响公司的盈利能力；其次，要利用公司适当的数据分析公司的营业收入和毛利率，如趋势分析、比率分析、合理性检验等。在这个过程中，要注意国际经济政策的影响和行业的变化会对公司的收入产生什么样的影响。

2. 构建快递企业审计体系

在审计指标体系中，快递公司的审计活动以经济效益为中心，同时综合考虑快递公司的市场信誉、业务能力、服务便利性和财务状况等，同时，还有一些需要兼顾的指标组合问题。快递公司审计需要兼顾的指标主要有：①薪金指标。该指标是指托运方委托快递公司快递产品的过程中，为其提供的物流服务给出的价格和快递公司的质量和托运方心理价位相一致的，如果快递公司价格过高，客户就可能会选择其他快递公司。②适用性指标。适用性是快递公司的管理风格和经营方向符合托运方的需求，某些快递企业在规模上可能具有优势，但是不能满足客户的具体需要，所以适用性更侧重于供需双方的具体要求。③可靠性指标。这一指标对于快递公司而言就是快递公司在市场内的信用和口碑，良好的企业信誉来源于快递公司平时的经营运作完善和问题积极处理，良好的信誉和认可有利于企业以后更好地发展。④业务能力指标。业务能力指标是快递公司开展快递活动所具有的能力和优势，这一能力一般体现在快递公司的市场占有率和经营管理质量。

3. 建立一体化财务信息共享体制

首先，要建立完整的财务信息共享体系，优化管理层、员工和制度层面。一是对管理者，提高财务系统优化的战略意识；二是对员工，培训他们利用财务共享信息中心的数据进行会计处理，在一定程度上提高了业务的科学性和合理性；三是，通过财务信息共享系统规范和控制快递行业的业务流程，实现财务信息的科学合理。其次，快递企业不同于普通企业。它们在多个链接中流动。货物的运输需要经过网点、销售、经营等部门。各部门联系紧密。因此，我们需要协调各部门，加强各部门之间的联系和沟通，建立定期沟通机制，对系统中不合理或延误的文件进行复核，确保金融中心数据信息的准确性。

（三）针对审计人员的风险防范措施

审计效率和效果的提高需要提高审计人员的道德素质和道德水平。在此基础上，可以为快递公司的审计实践提供更好的智力支持。首先，我们可以运用社会物流培训机构或在线教育课程，了解物流从业人员的职业教育和技能教育，让审计人员提高自身的技能和职业道德。其次，要运用多种方式，使快递公司审计人员客观了解资金收支和企业资源控制活动，对审计业务中可能遇到的经营活动作出更加客观、公正、科学的评价。更加公正客观的企业审计活动，达到更高的效率和效果。

1. 增强审计人员的专业胜任能力

快递业上市公司具有高成长性、分散化、信息化程度高等特点，涉及对公司核心技术的评价，对注册会计师的业务能力提出了更高的要求。一方面，技术更新的速度随着经济发展的加快而加快。在这种情况下，如果注册会计师知识面狭窄，不了解相关技术知识，就增加了找不到企业问题的概率，影响审计报告的准确性。因此注册会计师不仅要熟悉专业的审计知识，还要掌握快递业随着时代的发展而发生的变化，包括快递业先进的行业技术和成本核算方法，不断学习和改进审计方法，提高审计效率和效果。另一方面，由于快递市场的形成和发展时间不长，注册会计师对快递行业上市公司的审计经验不足。这对审计人员提出了新的要求。在掌握快递行业知识的基础上，积极借鉴国内外上市公司的审计经验和审计方法，结合我国实际，提高业务能力和风险识别能力。但在实际操作过程中，注册会计师可能无法全面掌握快递业上市公司的全部信息及其核心技术。在这种情况下，注册会计师需要依靠行业专家的具体意见，同时聘请外部专家提供审计意见，要保证自己的专业判断能力和意见的独立性，制定正确的审计计划，实施相应的审计程序，规避审计风险，更好地保证审计工作质量，提高审计报告的准确性。

2. 提升职业道德水平并保持独立性

在降低审计风险的对策中，审计人员的职业能力和职业判断也是非常重要的一部分。目前，我国证券市场监管体系不完善，监管不严，审计人员的监管意识有待提高。在实际审计工作中，如果注册会计师在审计执行过程中受到利益的诱惑，会扰乱其正常判断和独立性，甚至有出具虚假审计报告的可能。因此，重视审计人员职业道德和能力的培养，对于降低审计风险具有重要意义。

3. 完善会计师事务所内部质量控制体系

快递市场的形成和发展是一个短暂的过程，但同时也是一个非常复杂的过程。审计人员在实际执行中应严格审核快递公司的上市细节。会计师事务所作为一个专业、公正的第三方监管机构，应当保证其专业能力和独立性。在会计师事务所已形成明确、完整的审计监督和质量标准的情况下，能够有效帮助审计师提高工作效率，解决难题。此外，还要在审计工作中形成一系列完整有序的工作标准。同时，要结合检查、沟通、函电等审计程序，了解审计单位的详细情况，有助于审计人员有效检查被审计单位的财务信息和相关信息，全面掌握各类审计信息，落实相关审计程序，降低审计风险。此外，审计人员还应保持专业的怀疑态度和专业的判断，使其在法律纠纷中合法合理地维护自身权益，降低快递行业上市公司的审计风险。

上述规避措施从一线审计机构和审计人员的角度，控制审计风险因素中的检查风险，从而进一步规避快递行业上市公司的审计风险。

参考文献

[1] 杰里.D. 沙利．蒙哥马利审计学（第十版）[M]. 北京．中国商业出版社，2013.

[2] 国际内部审计师协会.IIA. 内部审计实务标准 [M]. 中国内部审计协会，译．北京：中国时代经济出版社，2003.

[3] 张楚堂．论审计风险的概念 [J]. 审计研究，2011 (2)：39—41.

[4] 高琦．快递业上市公司审计风险及其防范研究 [D]. 西南政法大学，2018. 57.

[5] 秦荣生．审计风险与风险导向审计 [J]．当代财经，2013 (7)：83—88 .

[6] 杨志国，常志安．关于上市公司审计风险成因的调查研究 [J]. 审计研究，2014 (4)：27—32.

[7] 陈琦琦．借壳上市审计风险研究 [D]. 天津财经大学，2017.

[8] 陈正林．审计风险、审计师风险及制度风险 [J]. 审计研究，2016 (3)：88—92.

[9] 戴煜彤，何平，陈滢霞，龚志伟，樊伶．高校校园快递研究——以南京审计大学为例 [J]. 时代金融，2017 (11)：335—336.

[10] 任柏熹．物流企业财务管理问题分析及思路探讨 [J]. 商，2013 (7)：90.

[11] 陈辉赞．快递行业财务管理现状与创新优化 [J]. 财经界（学术版）. 2017 (5)：34—35.

[12] 宋林．快递行业如何加强财务内部控制 [J]. 企业研究，2014 (14)：95.

[13] 马翠微．快递公司内部审计问题及对策 [J]. 河北企业，2017 (08)：68—69.

[14] 刘书蔓．持续审计在企业内部审计中运用研究 [D]. 厦门大学，2017.

[15] 谭平．快递企业 ERP 实施规划研究 [D]. 云南财经大学，2018.

[16] 周竹敏．我国快递业监管法律问题研究 [D]. 西南大学，2015.

[17] 龙子午，王云鹏．大数据时代对 CPA 审计风险与审计质量的影响探究 [J]. 会计之友，2016 (8)：112—114.

[18] 吴聪聪．圆通速递借壳上市案例分析 [D]. 深圳大学，2017.

致　谢

论文的完成标志着四年的本科学习即将结束，也意味着，新的生活又将开始了。这篇论文所涉及的领域非常广阔，以我个人的能力只能对其略窥一斑，所幸网络提供了很丰富的资料来源，让我能够继续下去，并最终完成了论文。我希望尽自己最大的努力，能够写出一点真正有现实意义的文字。回首这四年来的点点滴滴，感慨万千，我成长很多，收获很多，我要向我的老师们、同学们以及一直在学习阶段鼓励我、关心我的家人们，表示最真心的感谢。首先，我要感谢自己的恩师，××老师为人随和、治学严谨、工作态度认真负责。我的毕业论文是在老师的悉心指导下完成的，从论文的选题、资料的收集、框架的形成，到论文的修改和最终定稿，老师都提出了宝贵的指导意见。在这里对老师表示深深的感谢！其次，我要感谢身边的同学和朋友，在我遇到挫折时，他们给我提供了莫大的帮助和支持，是他们对我的理解、关爱和鼓励，让我有信心、有勇气面对学习和生活中的一切挑战和困难，他们是我永远的精神财富。再次，我还要感谢四年来给予我关心的父母，是他们的鼓励和支持才让我能够在两年学习生活中专心完成学业，没有顾虑地去追寻自己的梦想。最后，对参加此次论文评阅和答辩的各位老师致以衷心的感谢！由于学生理论水平和实践水平所限，本文错漏之处恳请谅解和指正！

思考·讨论·练习

1. 毕业论文与一般议论性文章的区别是什么？
2. 从研究对象看，毕业论文可分为哪两类？
3. 从确定论题到撰写论文，中间需要经过怎样的准备？
4. 怎样选好毕业论文的课题？选题的途径和方法是什么？
5. 论文写作中，怎样获取资料？
6. 毕业论文的形式包括哪些项目？
7. 怎样写好毕业论文的提纲？
8. 怎样才能写好毕业论文的本论部分？
9. 结合所学专业或所从事的职业，搜集有关材料，自行选题，写一篇论文，字数在4000字左右。